Wandern
im
Taunus

W0189287

Stefan Etzel

Inhalt

Wandern im Taunus

Wandersaison

Die beste Wanderzeit für den Taunus sind die Monate April bis Oktober. Die Saison ist dank der klimabegünstigten Lage am Rande des Oberrheingrabens also etwas länger als in vielen anderen deutschen Wandergebieten.

Rechnen Sie bei der Planung einer Tour noch etwa ein Fünftel bis ein Viertel der Zeit hinzu, um Pausen für die Rast oder zum Fotografieren, Abstecher oder schlimmstenfalls ein Verlaufen zu berücksichtigen. Auch ein Wettersturz, abgerutschte Wege oder angeschwollene Bäche können die Wanderzeit erheblich verlängern.

Anspruch

In der Rubrik ›Die Wanderung in Kürze‹ wird jeweils darauf hingewiesen, ob es sich bei der Wanderung um eine einfache (+), eine mittelschwere (++) oder eine anspruchsvolle (+++) Tour handelt.

Wege und Markierungen

Das vom »Taunusklub« sowie vom »Rhein- und Taunusklub« betreute Wegenetz ist überwiegend in gutem bis sehr gutem Zustand. Das betrifft sowohl die Qualität der Markierungen wie auch der Wege selbst.

Gehzeiten

Bitte beachten Sie: Alle in diesem Wanderführer aufgeführten Zeiten verstehen sich als reine Gehzeiten.

Ausrüstung

Wegen der eher günstigen Klimabedingungen spielt die Ausrüstung keine so wichtige Rolle wie in manch rauerem Mittelgebirge. Dennoch gilt auch hier die goldene Regel, dass das »System Zwiebel« sich am besten an wechselnde Witterungsbedingungen anpassen lässt: Besser zwei dünne als einen dicken Pullover, T-Shirt und langärmliges Hemd ergänzen einander je nach Wetterlage, Anorak und/oder Faserpelz schirmen das Ganze nach außen ab, gekrönt vielleicht noch von einem Regen-/Sonnenhut. Feste Wanderstiefel (Trekkingstiefel) sind bei längeren Touren unbedingt empfehlenswert. Sie sollten leicht, aber dennoch möglichst wasserdicht sein. Der zusammenschiebbare Wanderstock entlastet nicht nur, er leistet mitunter auch als »Rutschbremse« gute Dienste. Seine Länge lässt sich den Geländegegebenheiten anpassen und auf Rucksackformat zusammenschieben, wenn man ihn nicht braucht. Regen- und Sonnenschutz sollte man immer dabei haben.

Wanderkarten

Ganz aktuell und sehr genau sind die vom »Rhein- und Taunusklub«, dem »Taunusklub« und dem Hessischen Vermessungsamt gemeinschaftlich herausgegebenen Wanderkarten 1:50 000, deren drei Blätter (Taunus östlicher, mittlerer und westlicher Teil) fast das gesamte Wandergebiet abdecken.

Mit Bus und Bahn

Haupt-›Einfallstore‹ für den Taunus sind die ICE-Haltepunkte Frankfurt und Limburg. Mit den Linien des Rhein-Main-Verkehrsverbundes (RMV) sind fast alle Startorte der hier vorgestellten Touren zu erreichen. Auskunft erhält man am einfachsten über das Internet: www.rmv.de oder telefonisch: 0180/2351 451 (für Anrufe von innerhalb des Verbundgebietes) bzw. 069/273 0762 (von außerhalb des Verbundgebietes oder per Mobiltelefon).

SYMBOLE IN DEN KARTEN

- ⌂ Gasthaus, Berghütte (bewirtschaftet)
- ⌂ Schutzhütte, Unterstand (unbewirtschaftet)
- ⌀ Kirche
- ⌀ Kapelle
- ⌀ Kloster
- ⌀ Burg, Schloss
- ⌀ Burgruine
- ⌀ Aussichtsturm
- ∴ Archäologische Stätte
- ⌀ Denkmal, Monument
- ✗ Bergwerk (in Betrieb)
- ✗ Bergwerk (aufgelassen)
- ✿ Mühle
- t Wegkreuz
- ᴖᴖ Rastplatz
- ⌀ Höhle
- ⌇ Wasserfall
- ○ Quelle
- ⌘ Hervorragender Nadelbaum
- ⌀ Hervorragender Laubbaum
- ⌀ Sendemast

Der Taunus

Berge, Bäder, Burgen, Wein zwischen Lahn und Rhein-Main

Im 19. Jh. zählte der Taunus zu den berühmtesten Wanderlandschaften Deutschlands. Damals kurten Kaiser und Könige in dem bäderreichen Land, die Freiluftmaler entdeckten das »schönste Mittelgebirge der Welt« (Humboldt) und 1868 wurde der »Bund der Feldbergläufer« als erster deutscher Gebiets-Wanderverein gegründet, aus dem dann der Taunusklub hervorging.

Heute ist es stiller geworden um den Ruhm dieses Südausläufers des Rheinischen Schiefergebirges, der mit seinem Hauptkamm in Frontlage die Mainebene bei Frankfurt wie eine Theaterkulisse begrenzt und das Naherholungsgebiet der Rhein-Main-Region ist. Fragen Sie dort aber mal jemanden, *was* der Taunus denn nun genau ist, so werden Sie auf eine erstaunliche Unsicherheit stoßen: Gehört der Hintertaunus dazu, oder liegt der nur ›hinter dem eigentlichen Taunus‹, also dem Hauptkamm? Und was ist mit dem Rheingau, dem Wispertal, der Loreley? »Na, die liegt aber am Rhein« werden sie hören – und doch gehört der Schieferfels über dem Rheintal geografisch ebenfalls zum Taunus.

Der Taunus ist eben kaum zu fassen und steckt voller Widersprüche – eine Haupteigenschaft mit gravierenden Nebenwirkungen, nämlich Vielfalt und Abwechslungsreichtum wie in kaum einem anderen deutschen Mittelgebirge: Endlose Wälder sind genauso ›typisch‹ für den Taunus wie weite Offenlandschaften, Berggipfel mit Paradeblick auf

Dich, o Taunusgefild, umschwebt
ein göttlicher Geist oft,
Und in menschlicher Brust wehet
beseelend sein Hauch.

Von Gerning berief sich bei seinem Taufakt auf Tacitus, der um 109 n. Chr. in den »Annalen« von einem »Monte Tauno« spricht, zu dem 100 Jahre zuvor Germanicus von Mainz aus über den Rhein vorgestoßen war. Die Gelehrten streiten bis heute, welcher Berg genau gemeint gewesen sein könnte, manches spricht fürs Feldbergmassiv.

Als erstes griff das Bildungsbürgertum von Gernings klassisch beseelten Taunus-Begriff auf, der sich zunächst auf den Hauptkamm beschränkte. Der in den 1850er Jahren einsetzende Eisenbahnbau erschloss auch den Hintertaunus bis zur Lahn, und zwar in zweifacher Hinsicht: Die armen Taunusbewohner konnten endlich – statt nach Amerika auszuwandern – zur Arbeit in den Ballungsraum pendeln, während die Städter zur Erholung ins Gebirge zogen. Diese »Taunustiroler« brachten gutes Geld in die Dörfer und kurbelten so einen Wirtschaftszweig an, der bis heute Bestand hat.

Wann genau der Taunus im allgemeinen Bewusstsein in seinen heutigen Grenzen endgültig Gestalt annahm, lässt sich nicht genau sagen. Es ließe sich das Jahr 1883 nennen, in welchem über Rüdesheim an der Südwestspitze des Taunus das Niederwalddenkmal eingeweiht und der »Bund der Feldbergläufer« in »Taunusklub« umbenannt wurde, der nun sein Wegenetz auch durch den Hintertaunus bis zur Lahn zu spinnen begann.

die Wolkenkratzer einer Weltstadt genauso wie golden wogende Feldfluren oder windzerzauste Höhen, auf denen sich schiefergraue Häuser ducken – bis man dann ein, zwei Wanderstunden weiter ein Weindorf erreicht, das sich behaglich in der Sonne aalt. Dieses Wechselspiel malerischer Kleinräume mit ausgeprägtem Eigencharakter macht den Charme unseres Wandergebietes aus.

Als zusammengehöriges Ganzes wurde es übrigens erst gegen Mitte des 19. Jh. bekannt, zuvor war es praktisch namenlos! Man sagte »die Höhe« (daher Bad Homburg »vor der Höhe«) und sprach von den dahinter liegenden Siedlungen als den »überhöhischen Dörfern«. Der Name »Taunus« taucht erst in romantischer Zeit auf und wurde seit 1813 von dem Schwärmer Isaac von Gerning (1767–1837) propagiert, der in einem »Taunium« getauften Kronberger Wehrturm saß und hymnische Preisgesänge auf sein heimisches Arkadien sang:

Dunkle Schale, weißer Kern

Am Anfang war das Meer, das vor 400 Mio. Jahren das Gebiet des heutigen Taunus bedeckte (und noch viel mehr), ein flaches Meer, auf dessen Grund sich Schicht um Schicht – rund 50 Mio. Jahre lang – Schlamme absetzten, sich zu Tonschiefern verfestigten und dann unter dem zunehmenden Druck der auflagernden Schichten versteinerten.

All das kam in Bewegung. Urkontinente prallten aufeinander, der versteinerte Meeresboden wurde gestaucht, Schollen schoben sich übereinander und falteten sich schließlich zu einem Hochgebirge auf. Das wurde dann wieder fast abgetragen, weitere Hebungs- und Abbauprozesse folgten. Bleibender Schaden war ein Knacks, eine Bruchzone im Vorland des heutigen Taunus-Hauptkamms.

Sie war die Schwächenaht, entlang derer die vor 65 Mio. Jahren einsetzende Absenkung des Oberrheingrabens im Norden abriss, wobei gleichzeitig das Taunusgebiet angehoben wurde und sich das heutige Profil herausbildete –

mit dem Hauptkamm in Frontlage. Dessen extrem harter Kern war aus den Dünen an den Küsten des Urmeeres entstanden. Über die Jahrmillionen waren dort weiße Kieselsande Hunderte von Metern hoch aufgeweht worden und hatten den Bruchschollen des berstenden Meeresbodens wenig entgegenzusetzen, als diese sich darüberschoben. Das erst verhalf den Sanddünen zu wahrer Langlebigkeit, denn durch den Druck der auflagernden Gesteinsschichten wurden die Quarzkörnchen in enger Korn-an-Korn-Verbindung zu einer homogenen Masse verschweißt, zu hellem Quarzit, dessen Härte fast schon sprichwörtlich ist.

Beide Hauptgesteine des Taunus waren über die Jahrhunderte ein wichtiges Abbauprodukt: Zunächst der Schiefer als haltbare Hausverkleidung (s. z. B. Tour 31), seit Ende des 19. Jh. auch der Quarzit als hochfeste Grundlage für den Gleis- und Straßenbau und als feuerfestes Material z. B. für Jenaer Glas (s. Tour 1).

Wenn wir den heutigen Taunus von Frankfurt aus betrachten, so können wir uns in der einfachsten Form also vorstellen, dass der Hauptkamm, den wir sehen, die verhärteten Dünen sind, die am längsten dem Zahn der Zeit widerstanden, während das eher sanftwellige Hinterland aus Resten des einstigen Urmeerbodens besteht, die die mannigfachen Umwälzungen der Erdgeschichte ›überlebt‹ haben – alles schön herausmodelliert von den Eiszeiten der letzten 2 Mio. Jahre.

Wenn wir auf unseren Wanderungen zwischen Main und Lahn immer wieder den schönsten Schieferfelsen begegnen, seien sie im Walde versteckt, von einer Burg gekrönt oder schlicht zu Dachschindeln verarbeitet, dann fügt sich nach und nach dann doch die vielfältige Taunuslandschaft zu einer Einheit. Hochtaunus und Hintertaunus gliedern den Südostausläufer des Rheinischen Schiefergebirges in seine beiden Haupträume, wobei der Hintertaunus sich von maximalen Höhen um 600 m auf solche um 300 m am Rande des Lahntals absenkt. Rheintaunus, Lahntaunus und Wispertaunus kommen als differenzierende Kleinräume hinzu, aber auch Goldener Grund und Usinger Becken – und natürlich der Vordertaunus als beste Wohnlage des Rhein-Main-Gebiets.

Wasser und Wein

Man nehme ein gut halb volles Glas Rheingauer Riesling und fülle den Rest mit echtem Selters auf: Fertig ist die Taunusschorle, in der sich die flüssigen Landschaftsessenzen prickelnd zum geschmacklichen Sinnbild mischen.

Edle Tropfen wasserklarer wie weinseliger Natur haben gemeinsam den Taunus wie keine andere Region als Kulturlandschaft geprägt, weswegen man gern von der »kurbäderreichsten Zone Europas« spricht, in der auch »die besten Weine der Welt« gedeihen.

Dieser Ruhm wurde von der englischen Königin Victoria über den ganzen Erdball verbreitet. Sie schwor nämlich auf ihren Hochheimer, den sie kurz »Hock« nannte. »Good Hock keeps off the Doc«, diese königliche Empfehlung befeuerte die Nachfrage aus dem reichsten Land der Welt ungemein, wobei mit »Hock« bald überhaupt die Weine des Rheingaus gemeint waren.

Im 20. Jh. festigte sich der Ruf der westlichen Taunussüdlagen, den »besten Wein der Welt« hervorzubringen. Solch unbedingtes Urteil ist vielleicht typisch amerikanisch, aber muss es darum falsch sein? Jedenfalls war es der amerikanische Weinguru Frank Schoonmaker, der in seinen Büchern das hohe Lied französischer Lebensart und ihrer wundervollen Vermählung von Küche und Keller sang – um dann trotz Bordeaux und Bourgogne den Rheingau als das Fleckchen Erde zu rühmen, »wo Sonne und Boden und eine besondere Traubensorte mit menschlicher Nachhilfe ein Wunder vollbringen, das nirgendwo sonst gewirkt oder wiederholt werden kann«.

Wunder fallen auch in einem »gottgesegneten Landstrich« nicht vom Himmel. Der Aufschwung zum Produzenten des besten Weins der Welt begann, als der Fürstabt von Fulda 1716 den Johannisberg erwarb und den Weinbau dort konsequent auf Riesling umstellen ließ, jene Traube also, die allein – und das nur in unseren Breiten – den »geistigsten« Wein der Erde hervorbringt. Dass es dazu noch eines einzigartigen Klimas bedurfte, versteht sich von selbst. Ein Übriges tut schließlich der Taunusschiefer-Boden, der die Wärme gut speichert und sie nachts von unten gegen die Weinstöcke abstrahlt.

Ohne jenen uralten Knacks in der Erdkruste entlang des gesamten Taunussüdrandes (s. S. 10) wären wir des besten Weins der Welt verlustig gegangen. Denn dann hätte es kein Absinken des Oberrheingrabens bis just an diese Stelle gegeben, keine Emporhebung des Hauptkamms mit seinen geschieferten Südhängen. Dieser Knacks brachte aber auch ein weiteres wirtschaftliches Standbein des Taunus zu Tage: die heilsamen Wässer. Denn es ist genau diese 70 km lange Bruchzone, in deren Klüften die Wasser aus dem Erdinneren Aufstiegsmöglichkeiten finden. Unser Wandergebiet zählt über 200 heilkräftige Quellen in rund 60 Quellorten, manche auch im Hintertaunus und an der Lahn.

Waren die Römer mehr an den warmen Thermalquellen interessiert wie z. B. Wiesbaden, wo die Wassertemperatur bis 66° C beträgt, so das Mittelalter mehr an den Mineralquellen, wobei die Salzgewinnung im Vordergrund stand und so manche landesherrliche Kasse füllte. Bad Soden hat diese Nutzung noch im Namen, aber auch in Homburg und andernorts wurde zunächst nur Salz gesotten, bevor man den gesundheitlichen Wert der im Wasser gelösten Mineralien erkannte. Den Anfang machte Schwalbach, dessen Wasser seit 1568 in ganz Europa verschickt wurde, später wurde Selters unter den Versandwässern geradezu zum Gattungsbegriff für die sprudelnde Sommerfrische aus der Flasche. Nicht vergessen sei auch das Fachinger von der Lahn als Inbegriff eines medizinischen Heilwassers mit besonders hohem Mineralgehalt.

Als man sich vom Dreißigjährigen Krieg allmählich erholt hatte, schossen nach und nach die Kurbäder aus dem Boden bei den Quellen, denen der wackere Taunus-Dichter Isaac von Gerning (s. S. 9) natürlich auch manchen Vers gewidmet hatte:

Taunus! dich fey're mein Lied,
    fey're die heilenden Quellen,
Die mit verjüngender Kraft fließen
    aus deinem Geklüft.

Im 19. Jh. waren die Taunusbäder ein Anziehungspunkt ersten Ranges, insbesondere für den europäischen Adel und Hochadel, so dass sich die hohe Politik in den Sommermonaten geradezu in die »Weltbäder« am Taunusrand verlagerte. Besonderen Rang nahmen Bad Homburg, Wiesbaden und Bad Ems ein, was noch heute nachvollziehbar ist.

Kelten, Römer und Barbaren

Auf fast der Hälfte unserer Wanderungen treffen wir auf Reste des **Limes** (lat. »Grenze, Grenzweg«), einer 548 km langen römischen Grenzanlage zwischen Neuwied (Koblenz) und Regensburg, die über gut 100 km quer durch den heutigen Taunus verlief.

Dieses »größte Kulturdenkmal Europas« war auf dem Hochtaunus begonnen worden, dessen Kamm sich als natürliche Grenzlinie anbot, als Kaiser Domitian während der Chatten-Kriege (83–85 n. Chr.) Schneisen in die Wälder schlagen und einen Postenweg anlegen ließ, um die Flanke der römischen Vormarschstraße entlang des Taunus zu sichern. Anfangs nur ein Kontrollweg mit Holztürmen, zwischen denen Sichtverbindung bestand, wurde bald eine Palisade aus Holzstämmen vorgebaut, um die Grenzdurchgänge zu beschränken. Um 150 n. Chr. wurden die Holz- durch Steintürme ersetzt, später zwischen Kontrollweg und Holzmauer noch Graben und Wall eingezogen (Rekonstruktionen s. Touren 4 und 19). Alle 15–20 km – an sensiblen Stellen noch dichter – wurden größere Truppenlager angelegt, dazwischen gegebenenfalls Stützpunkte mit bis zu mehreren Dutzend Mann Besatzung. Bei Angriffen eilten Signale von Turm zu Turm zum nächsten Kastell und im Notfall darüber hinaus. Kam im Taunus z. B. die Saalburg-Kohorte (500 Mann) in Bedrängnis, wurde die schnelle Eingreiftruppe (1000 Reiter) in Echzell/Wetterau alarmiert, in größerer Bedrängnis auch die Mainzer Legion (6000 Mann).

Obwohl ›völkerrechtlich‹ verbindliche Grenze zwischen dem römischen Weltreich und den Germanengebieten, war der Limes mehr als Wirtschaftsgrenze denn als undurchlässige Sperre und strategische Verteidigungslinie konzipiert wie etwa die chinesische Mauer. Sechs Generationen lang hatte es in Wetterau und Goldenem Grund einen blühenden römischen Wirtschaftsraum gegeben, der durch dieses Annäherungshindernis mit kontrollierten Durchgängen für Menschen und Waren vor der Begehrlichkeit der Germanenverbände geschützt wurde. Erst als es zu immer konzentrierteren Angriffen kam, zogen sich die Römer 260 n. Chr. endgültig hinter den Rhein zurück.

Auf der zur Main-Ebene hin liegenden Sonnenseite des Taunus-Hauptkamms entstanden schon um 800 v. Chr. die ersten größeren Fliehburgen. Als »Volk« werden dann erstmals die Kelten greifbar, die seit etwa 400 v. Chr. zahlreiche Höhen mit Ringwällen sicherten, darunter den Altkönig, den dritthöchsten Taunusgipfel (798 m). Einige der Fliehburgen wurden später zu befestigten Stadtanlagen ausgebaut (Touren 3, 8, 9), deren Mauern

bis zu 6 m hoch und 4 m breit waren. Warum sind davon aber nur noch meist eher flache Geröllwälle zu sehen, während doch die rund tausend Jahre älteren »zyklopischen« Mauern Mykenes und Troias z. T. noch in beachtlicher Höhe stehen?

Weil die Kelten nicht so massiv bauten, sondern letztlich nur den guten alten Erdwall ums Stammeslager immer mehr perfektionierten. Als sie ihre größer werdenden Siedlungen durch eine senkrechte Steinfront besser sichern wollten, setzten sie die Mauer einfach vor den Wall und füllten den Zwischenraum mit Erde und Geröll auf. Außenpfosten aus bis zu 6 m hohen Baumstämmen stützten das Ganze ab, hölzerne Queranker ins Siedlungsinnere wirkten dem Druck des Mauerkerns (Wall) entgegen. In der entwickeltsten Form wurden die Queranker durch eine zweite Pfostenreihe mit Mauer gehalten, so dass sich quasi ein Kasten ergab, der mit Erde und Geröll aufgefüllt wurde. Dieser Mauerkern floss auseinander, als die Siedlungen aufgegeben wurden und die Holzanteile der Konstruktion allmählich verfaulten.

Als die Römer in den Taunus vordrangen, fanden sie schon nur noch Ruinen vor, obwohl die Kelten erst seit ein-, zwelhundert Jahren von den Germanen verdrängt worden waren. Die hatten sich aber nicht für die verlassenen Höhensiedlungen interessiert, weil sie in ihren lockeren Stammesverbänden eine eher unstete, mobile Lebensweise pflegten – also offenbar noch nichts von *»german Gemütlichkeit«* hielten...

Der Kern des Gebirges

Von der Saalburg zum Quarzitbruch im Köpperner Tal

Die hell glitzernden Einsprengsel im Taunusgestein haben natürlich ihren Grund – der auf dieser Wanderung anschaulich wird: Der Kern des Gebirges ist nämlich voll weißen Quarzits. Unweit von Bad Homburg liegt er in einem großen Steinbruch zu Tage.

DIE WANDERUNG IN KÜRZE

+
Anspruch

4.30 Std.
Gehzeit

15 km
Länge

Charakter: Eher leicht, mit einem längeren Anstieg

Wanderkarte: Topografische Freizeitkarte 1:50000 Taunus (östlicher Teil), hg. vom Taunusklub e.V. und dem Hessischen Landesvermessungsamt

Einkehrmöglichkeiten: Lochmühle; Saalburg

Anfahrt: Mit dem **Auto:** A 661 Frankfurt – Oberursel bis zur Ausfahrt Oberursel-Nord, dort weiter auf der B 455 Richtung Weilburg/Usingen zur Saalburg.

Vom Parkplatz gegenüber der **Saalburg** (s. S. 30) kreuzen wir die B 455 über die Fußgängerbrücke, dahinter links und dann gleich wieder rechts (Markierung »Birkenblatt« u. a.). **Achtung:** Hinter der Linkskurve folgen wir am Wegestern kurz vor dem Waldausgang links dem zunächst grasigen Waldpfad (Birkenblatt auf Rückseite des ersten Baumes links).

Wir kreuzen bald die Stromleitungsschneise und nehmen dahinter den geradeaus in den Wald führenden Weg (weiterhin Birkenblatt).

An der nächsten Wegekreuzung gehen wir geradeaus auf unmarkiertem Weg weiter (Birkenblatt rechts). Wenn der Wald sich nach einer Weile linker Hand lichtet, werden kurze Ausblicke frei auf den oberen Rand des Quarzitbruchs auf der anderen Talseite. Dort steht eine Bank, auf der wir später rasten und einen Einblick ins Taunusinnere nehmen können, dessen Kern hier ganz aus hellem Quarzit besteht.

In der S-Kurve des Forstfahrweges nehmen wir den rechten, schnurge-

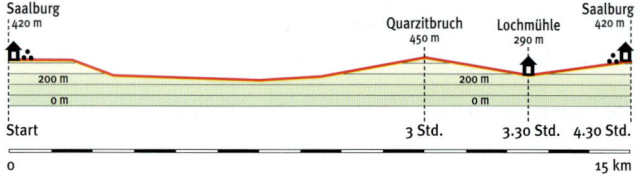

Saalburg 420 m — Start — 200 m — 0 m — Quarzitbruch 450 m — 200 m — 0 m — 3 Std. — Lochmühle 290 m — 3.30 Std. — Saalburg 420 m — 4.30 Std.

0 — 15 km

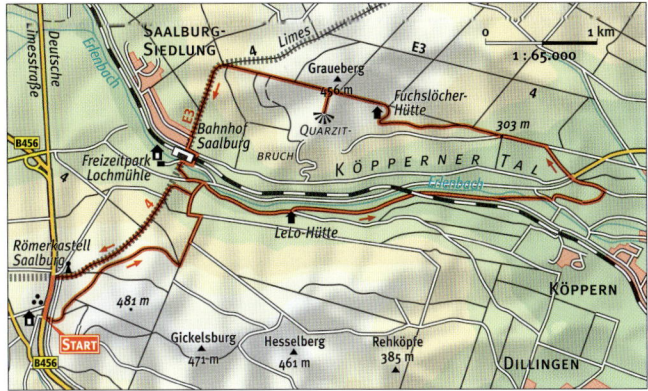

rade zu Tal führenden Weg, der bald von alten Grenzsteinen begleitet wird. Von rechts trifft dann auch der Wanderweg »schwarzer Balken« auf die Route. Dieses Markierung führt uns ganz in den Talgrund hinab, wo wir dem Hauptweg Richtung Lochmühle/Bahnhof Saalburg folgen, der schließlich im Rechtsbogen parallel der Straße ins Köpperner Tal führt.

Am Abzweig zum Fußgängertunnel gehen wir geradeaus weiter (jetzt schwarzer Punkt u. a.). Wir halten uns immer auf dem taluntersten Weg, also auch bei dem Abzweig an der **LeLo-Hütte** (1 Std.), wo wir halb links dem **Pionierweg** folgen (Markierung »Hirschgeweih« u. a.). Die 1965 erbaute Schutzhütte wurde scherzhaft nach dem Köpperner Bürgermeister Levermann und dem Re vierförster Lotz benannt, die sich für den Bau stark gemacht hatten.

Der Weg kreuzt nach gut 1 km die Bahnlinie. Unten dann biegen wir links über das Brückchen zur Straße ab und begleiten diese dann nach rechts auf dem Fußgänger/Radler-Weg. Nach knapp 1 km kreuzt unser Weg die Klinikzufahrt (ZSP = Zentrum für soziale Psychiatrie; diese

Einrichtung ist der Grund, warum es im Frankfurter Raum den Spruch »Der kommt wohl von Köppern« gibt.). Wir wandern nun durch schattigen Hochwald und biegen dann 200 m hinter den rechter Hand liegenden Häusern scharf links ab (»roter Vogel«).

Auf dem Hauptweg bleibend erreichen wir bald wieder die Straße, kreuzen sie schräg nach links und folgen dann geradeaus dem **Fuchslöcherweg** (Markierung »Geweih«). Hinter der Linkskurve liegt rechter Hand der Wall eines einstigen (jetzt zugeschütteten) kleineren Quarzbruchs. An einer Dreifachgabelung folgen wir weiter der Markierung geradeaus bergan und bleiben an Abzweigen einfach auf dem Hauptweg, der oben an der **Fuchslöcher-Hütte** vorbei führt, später an der T-Gabelung links.

Kurz hinter dem Gipfelpunkt des Weges biegen wir links auf einen Weg ab, der direkt an den oberen Rand des gewaltigen **Quarzitbruchs** führt (3 Std.).

Wir gehen zurück und folgen weiter dem **Fuchslöcherweg.** Unten an der Weggabelung führt die Markierung »Hirschgeweih« geradeaus auf

17

Die Saalburg, ein beliebtes Ausflugsziel

untrassierter Schneise weiter und trifft nach kurzem Abstieg wieder auf den Forstfahrweg, dem wir geradeaus folgen. Rechter Hand ist am Waldrand ein Wall zu sehen: der Limes. Unser Wanderweg kreuzt ihn unten in der Kurve und begleitet ihn dann links hinab, ab jetzt bis zum Ende der Wanderung mit der Markierung »Wachturm« (Limesweg).

Ein Dreimärker markiert die Stelle, wo das Herzogtum Nassau (HN), die Landgrafschaft Hessen-Homburg (LH) und das Großherzogtum Hessen-Darmstadt (GH) im 19. Jh. aneinander grenzten. Es folgen Steine der Grenze HN/LH von 1822, die dem Limesverlauf folgte.

Der Wanderweg erreicht bald den kleinen Wehrheimer Ortsteil **Bahnhof Saalburg.** Unten, am Ende der Limesstraße gehen wir links und hinter dem Bahnübergang rechts Richtung Lochmühle u. a. Das hätte sich wohl niemand der Altvorderen träumen lassen, was heute hier im **Freizeitpark Lochmühle** (3.30 Std.) mit Riesenrutsche, Trampolin, Floßfahrt, Streichelzoo usw. so alles abgeht. Entstanden ist der Park aus einem leibhaftigen Bauernhof, dessen Besitzer 1970 die Zeichen der Zeit erkannte und die Landwirtschaft aufgab. Der Name der 1482 erstmals erwähnten Mühle geht auf das mittelhochdeutsche Wort *lache,* »Grenze« zurück. Ihre Lage an der nassau-homburgischen Grenze machte sie als Unterschlupf für lichtscheue Zeitgenossen interessant. 1763 wurde die Lochmühle denn auch von einem Räuberhauptmann auf der Flucht vor den nassauischen Gendarmen in Brand gesetzt, bevor er sich durch einen kühnen Sprung

übers Mühlrad auf landgräfliches Gebiet retten konnte.

Unmittelbar vor dem Freizeitpark führt der Fuß- und Radweg nach links, vorne an der Mauerecke nochmal links, wo er den Limeswall schneidet. Eine Infotafel weist wenig später darauf hin, dass hier ein Kleinkastell einst den Taldurchgang sicherte.

Der Weg führt schließlich durch die Straßenunterführung, dahinter rechts Richtung Saalburg, weiter auf dem Limeswanderweg. Dieser zweigt dann im Wald bald rechts ab. Nach etwa 200 m treffen wir wieder auf den Limes und begleiten ihn nun bei seinem Aufstieg zur Saalburg.

Oben macht der römische Grenzwall einen Rechtsbogen zur Straße, neben der die **Landgrafen-Grenzsäule** von 1854 mit dem Metallschild des hessischen Löwen steht. Der Limes war ja ab dem Dreimärker Grenze der Homburger Landgrafschaft mit

dem Herzogtum Nassau – und hier an der auch seinerzeit schon stark frequentierten Landstraße markierte die Säule den Übergang von einem Kleinstaat in den anderen. Wir gehen nun links hinauf bis zur Brücke über die Bundesstraße und kehren zur **Saalburg** (4.30 Std.) zurück.

Der Quarzitbruch im Köpperner Tal

Bis zum Bau der Eisenbahnlinie Homburg–Usingen zu Beginn der 1890er Jahre war das enge, walddunkle Köpperner Tal vielen Zeitgenossen eher unheimlich, zumal noch Räubergeschichten aus der Zeit nach dem Dreißigjährigen Krieg kursierten. Der Bahnbau war ein Segen für die armen Bewohner des Hintertaunus, die nun zur Arbeit ins Rhein-Main-Gebiet pendeln konnten. Zugleich war er Voraussetzung für den Abbau des

großen Quarzitvorkommens an der Steinernen Wand, der sich im Laufe der Zeit zur größten Quarzförderung Europas entwickelte.

Sein hoher Abnutzungswiderstand ist der Grund, weswegen Quarz/Quarzit (s. a. S. 10) heute ein vielverlangter Rohstoff ist. Hinzu kommt seine Widerstandsfähigkeit gegen hohe Temperaturen und Säurewirkung. Quarzitschotter bildet daher ein hervorragendes Gefüge für den Gleiskörperunterbau von Schienenstrecken, Quarzitsplitt wird gern für die Oberdecke beim Straßenbau benutzt. Dort kommt neben der Griffigkeit noch die Fahrbahnaufhellung bei nächtlicher Lichteinwirkung hinzu. Schließlich findet Quarzit, der Temperaturen bis 1780° C aushalten kann (mit Beimengungen noch viel höher) überall dort Verwendung, wo feuerfeste Materialien gebraucht werden, wie etwa Hochofenauskleidungen oder Jenaer Glas.

Kaiser, Kneipen und Kohorten

Von Bad Homburg zur Saalburg und auf den Herzberg

Kaiser Wilhelm II. war ein großer Homburg-Freund – und hat Spuren in der Umgebung hinterlassen. Saalburg und Herzbergturm sind die prominentesten dieser Wegmarken, die auch den Vorzug eines veritabelen Biergartens bieten.

DIE WANDERUNG IN KÜRZE		
+++ Anspruch	**Charakter:** Ziemlich langer Aufstieg auf den Taunushauptkamm – doch dann geht´s nur noch bergab...	Saalburg; Herzberg (Mo Ruhetag); Hirschgarten; Gotisches Haus (Stadtmuseum und Café; ab 14 Uhr, Mo Ruhetag)
5.30 Std. Gehzeit	**Wanderkarte:** Topografische Freizeitkarte 1:50000 Taunus (östlicher Teil), hg. vom Taunusklub e.V. und dem Hessischen Landesvermessungsamt	**Anfahrt:** Mit dem **Auto:** Auf der A 5 Richtung Homburger Kreuz, dort auf die A 661 bis Ausfahrt Oberursel-Nord, weiter auf der B 456 Richtung Weilburg/ Usingen bis zur Saalburg
23 km Länge	**Einkehrmöglichkeiten:**	

Wir beginnen unser Wanderung im nordöstlichen Bereich des **Bad Homburger Kurparks,** wo die Kisseleff-Straße durch den Park an **Spielkasino** und **Kaiser-Wilhelm-Bad** vorbeiführt. Gräfin Sophie Kisseleff war eine bekannte Spielerin in den 1860er Jahren. Dostojewski, ein anderer bekannter Homburger Gast jener Zeit, setzte ihr in seinem Roman »Der Spieler« in Gestalt der »Babuschka« ein literarisches Denkmal.

Am Ende der Kisseleff-Straße folgen wir nach links dem Paul-Ehrlich-Weg, biegen aber schon bei nächster Gelegenheit rechts ab und gehen hinter der Fußgängerbrücke geradeaus in den Wald (roter Balken u. a.)

Wir wandern bald am Zaun eines Grundstücks entlang, dahinter weiter geradeaus durch den Talgrund. **Achtung** dann in der langgezogenen Linkskurve: Vor dem zweiten Bachübergang zweigt unser Wanderweg

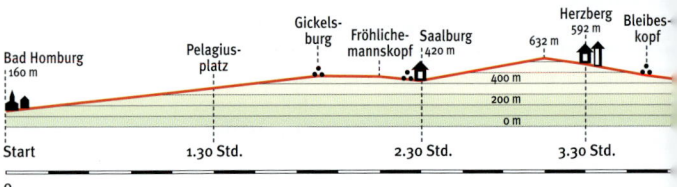

rechts auf einen Pfad ab. Oben gehen wir geradeaus an Reithalle und Hotel vorbei, dahinter rechts – auf dem linken der beiden Wege!

An dem Spielplatz bei der **Otto-Rahn-Schutzhütte** zweigt unser Weg halb links vom Hauptweg ab (Köhlerpfad), am großen Wegestern gehen wir links. Auf breitem Forstfahrweg passieren wir bald den **Waldfriedhof,** kreuzen die B 455 und gehen weiter immer geradeaus – auch dort, wo die asphaltierte Fahrstraße schließlich einen Linksbogen macht (roter Balken, Richtung Saalburg).

Nach gut 500 m (hinter dem Zwischenabsatz des Weges) biegt dieser markierte Wanderweg rechts ab. An den beiden nächsten Wegekreuzen geradeaus, dann geht es etwas steiler bergan, hinter dem umzäunten Pumpwerk links (nun auch schwarzer Balken).

Kurz vor der Kuppe biegt der Wanderweg halb links auf einen Hangpfad zum **Pelagiusplatz** ab (1.30 Std.): schöner Blick über Bad Homburg hinweg nach Frankfurt, am Horizont die Ausläufer des Odenwalds. Der Aussichtspunkt wurde 1863 von der Homburger »Samstagsgesellschaft« angelegt, einem fidelen Vorläufer des Taunusklubs. Alljährlich wanderte man am 8. Oktober, dem Tag des hl. Pelagius, hier herauf. Warum gerade dessen Gedenken gefeiert wurde, ist nicht mehr bekannt. Womöglich steckte jener Sinn für

höheren Jokus dahinter, der im Bildungsbürgertum der Gründerzeit Saison hatte: Pelagius hatte die Erbsünde geleugnet und hielt den Menschen für fähig, aus eigener Kraft selig zu werden...

Wir erreichen wieder den Hauptweg, biegen von ihm aber gleich wieder rechts ab (jetzt nur noch schwarzer Balken). Der Weg schlängelt sich bald durch den Wald und folgt später wieder einem breiteren Forstfahrweg. Achtung: 30 m hinter einem Wegedreieck zweigt unsere Route in der Rechtskurve auf einen schmalen Pfad links ab und führt einer Schneise folgend bergan.

Auf der Kuppe dann treffen wir auf einen Forstweg und folgen ihm nach rechts etwas bergab und um die Kuppe des Hesselberges herum. Wir erreichen den Wegestern am – leider verdorrten – **Batzenbaum.** Um die alte Eiche ranken sich sagenhafte Namensdeutungen, die alle mit einem Batzen Geldes zu tun haben.

Wir setzen unseren Weg geradeaus Richtung Gickelsburg/Saalburg fort (blauer Balken). An der gleich folgenden Gabelung geradeaus, so auch an der nächsten Wegkreuzung, und an der gleich folgenden rechts.

Der Weg führt schließlich durch eine S-Kurve auf die **Gickelsburg,** die Anhöhe einer vorkeltischen Ringwallanlage (ca. 500 v. Chr.), deren flache Reste sich oberhalb des Weges um die Gipfelkuppe ziehen. Es ist der einzige Taunusringwall östlich des Saalburgpasses.

Wir wandern durch lichten Laubwald über den Höhensattel, an der Wegkreuzung dann links. Der Weg führt nun – an Abzweigen auf dem Hauptweg bleiben! – durch wechselnde Waldbilder über den **Fröhlichemannskopf,** an dessen Südsporn

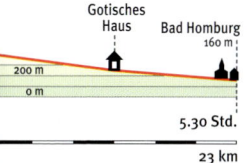

wir dann den Wandermarkierungen rechts bergab folgen.

Am nächsten Abzweig geradeaus und in der Linkskurve dann links ab vom Hauptweg. An weiteren Abzweigen gehen wir geradeaus und schließlich links zur Fußgängerbrücke über die B 456. Drüben liegt schon schon die **Saalburg** (2.30 Std.; Gaststätte links unterhalb des Kastells; s. S. 30).

Wir gehen nach links am Kastell entlang (Grundmauern des Gästehauses und Bades) und an dessen Ecke halb rechts am Forsthaus vorbei. Dahinter verzweigen sich die Wanderwege: Wir halten uns links Richtung Sandplacken (»Limes-Wanderweg«, Markierung »Wachturm«).

Der **Limesweg** folgt zunächst dem asphaltierten Forstfahrweg, von dem er nach etwa 300 m nach links ansteigend abzweigt. 10 m zuvor wird der Limes durchschnitten, dessen noch gut erkennbarer Wallgraben uns nun links begleitet.

Auf der Kammhöhe liegen links die Grundmauern eines römischen Wachturms, rechts dann der **Weißestein.** Der Limesweg erreicht bald eine Lichtung und führt dann geradeaus stracks bergan. Wir wandern nun auf dem sich immer mehr verengenden Grat des Taunushauptkamms.

Kurz hinter dem Gipfel des **Rosskopfes** mit dem Funkmast der Telekom zweigt der Limesweg halb links vom Forstfahrweg ab. An der gleich folgenden Wegkreuzung führt er geradeaus weiter, wir aber biegen hier links ab Richtung Herzberg (blaues Andreaskreuz u. a.).

Nach wenigen Metern wird der flache Limesrestwall durchschnitten, dahinter gleich links. Bleiben Sie an Abzweigen auf dem gut markierten

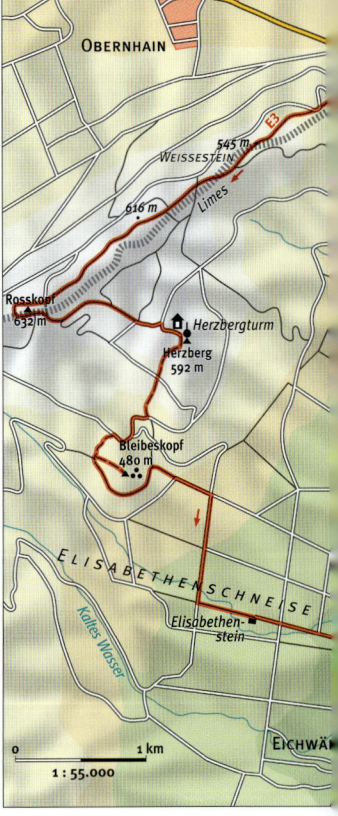

Hauptweg, der über eine große, mit jungen Fichten aufgeforstete Freifläche führt.

Eingangs des Waldes folgen Sie weiter dem Hauptweg und gehen am Wegedreieck dann rechts zu den schon sichtbaren Gebäuden des Berggasthofs auf dem **Herzberg** hinauf (3.30 Std.). **Achtung:** Der Weiterweg zweigt schon hinter dem Wegedreieck rechts ab (blauer Punkt), so dass wir wieder hierher zurückkehren.

Der Herzbergturm »... fand den ungeteilten Beifall des Kaisers ...« – allerdings erst der zweite Entwurf.

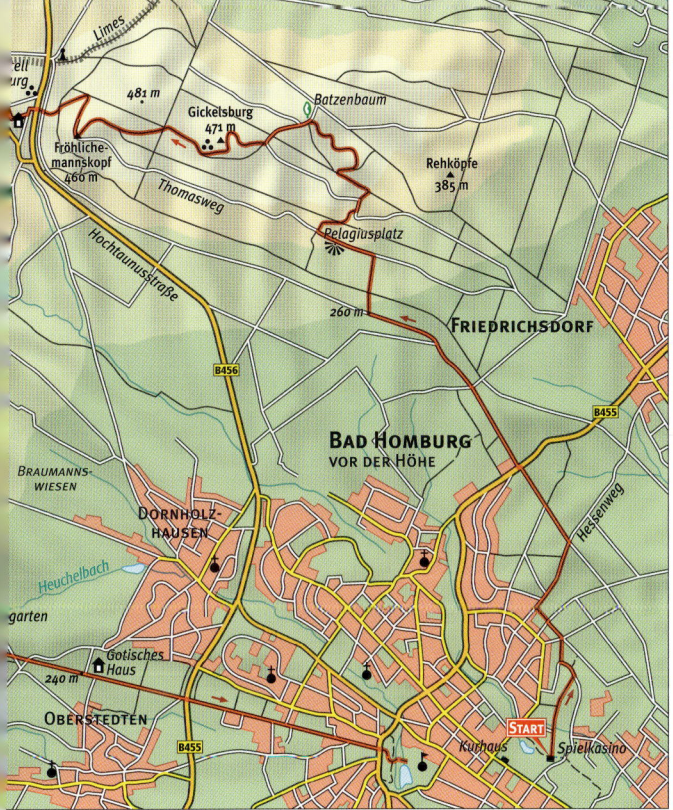

Der erste hatte nicht den rechten historischen Pfiff, und das missfiel Seiner Majestät, »da Allerhöchstdieselbe der Meinung waren, dass mit Rücksicht auf die Lage der Saalburg und den in unmittelbarer Nähe des Turmes vorüberführenden Limes dem Aussichtsturm die Form eines altrömischen Wachturms zu geben sei.« So wurde der Turm dann auch 1910/11 gebaut.

Wir kehren also zu bezeichneter Stelle zurück und folgen dem blauen Punkt bergab. Zweimal kreuzt der Wanderpfad einen Forstfahrweg. Dem zweiten – unmarkierten – folgen wir nach rechts, leicht bergab, durch die Linkskurve, an der T-Gabelung rechts und am bald folgenden Wegedreieck links.

Achtung: Am nach knapp 100 m folgenden Abzweig gehen Sie wenige Meter links und folgen dann dem rechts abzweigenden Pfad zum **Bleibeskopf.** Auf der Höhe der Felsklippen schneidet der Pfad die flachen Reste des Ringwalls, der hier um 800 v. Chr. die Gipfelkuppe sicherte, die älteste vorgeschichtliche Befestigungsanlage am Taunushauptkamm, 400 Jahre, bevor die Kelten kamen (s. a. S. 30).

Gotisches Haus

Wir gehen wieder zurück zum Hauptweg und folgen diesem nach links bergab. Unten gehen wir links (Markierung »Wildschwein«) und wandern nun auf einem schönen Hangweg durch lichten Eichen- und Buchenwald an der Flanke des Bleibeskopfes entlang und dann rechts steil bergab. Unten an der Wegkreuzung gehen wir geradeaus und an der folgenden Kreuzung rechts in die **Krausbäumchenschneise** (weiter »Wildschwein«).

Nach Durchqueren der Talsenke wenden wir uns dann links in die **Elisabethenschneise.** Voraus liegt gleich der **Elisabethenstein.** Die Schneise führt als Fortsetzung der vom Schloss bis zum Gotischen Haus führenden Tannenwaldallee an diesen Felsen vorbei auf den Taunuskamm. Für den Weg musste freilich ein Teil des romantischen Felsens weggesprengt werden...

Wir gehen jetzt bis zum Homburger Schloss immer geradeaus, bald am **Hirschgarten** vorbei (Restaurant; kleiner Tierpark, Gehege mit verschiedenen Damwild-Arten, Mi-

nigolf). Geradeaus geht es dann auch an der Straßengabelung, nun wieder Waldboden unter den Wanderschuhen – und schon haben wir den Rand der Taunuswälder beim **Gotischen Haus** erreicht. Bei der Grundsteinlegung 1823 gehörte ein solcher Bau im Geiste der Neugotik zum Standardinventar eines Landschaftsgartens. 90 Jahre später verkaufte Kaiser Wilhelm II. das Gotische Haus, das darauf einen steten Verfall erlebte mit dem Tiefpunkt als »Ponderosa Saloon« in den wilden 1968er Jahren. Als der Denkmalschutz endlich einschritt, blieb nur Wiederaufbau nach den alten Plänen. Eine Infotafel erläutert ausführlich die landgräfliche Gartenlandschaft, die ab 2002 im Rahmen des »Regionalparks RheinMain« neu belebt wird.

Wir gehen in Fortsetzung der Elisabethenschneise durch die **Tannenwaldallee** auf Bad Homburg zu. Die Allee führt(e) vom Schloss aus schnurgerade zum »Großen Tannenwald«, der beim Gotischen Haus begann und das bevorzugte Jagdrevier des Landgrafen war. Sie erreicht hinter der Fußgängerbrücke über die B 456 das Stadtgebiet von **Bad Homburg,** wo sich Prinzenpalais, Gärten, Landhäuser und Villen in Fortsetzung des Schlossparks die Allee entlang reihten. Heute ist das meiste kleinflächig parzelliert. Das einzig erhaltene größere Areal ist der Park der Neurologischen Klinik (nach knapp 1 km rechter Hand), der mit seinem schönen alten Baumbestand noch einen gewissen Eindruck von der einstigen Gartenlandschaft vermittelt (kann betreten werden).

Die Tannenwaldallee mündet schließlich in die am Schlosspark entlang führende **Hindenburgallee.** Links zur Ampel und drüben rechts zum Eingang in den Bad Homburger **Schlosspark** (5.30 Std.). Eine Infotafel erläutert die weiträumige Anlage.

Bad Homburg

Den Namen Homburg in alle Welt getragen haben ein Prinz, eine Spielbank und ein Hut. Prinz Friedrich von Homburg hatte großen Anteil an der »Geburtsstunde Preußens« in der siegreichen Schweden-Schlacht bei Fehrbellin (18. Juni 1675). Er mag etwas eigenmächtig gehandelt haben, zog sich den – milden – Tadel des Großen Kurfürsten zu, aber kein Kriegsgericht.

1679 wurde Friedrich Landgraf von Hessen-Homburg, das Schloss ist sein Werk. Um die Kosten einer gesteigerten Hofhaltung zu decken, suchte Friedrich II. sein Ländchen – nicht viel mehr als die Homburger Gegend –, wirtschaftlich zu entwickeln. So legte er im heutigen Kurpark Gradierwerke zur Salzgewinnung an.

Die Salzquellen hatten schon die Römer genutzt, ihre Heilwirkung wurde aber erst hundert Jahre nach Friedrich erkannt. Richtigen Aufschwung als Modebad nahm Homburg dann, als 1841 die Spielbank eröffnet wurde – und die Badeärzte klagten, das Amüsement gehe in Homburg über die Gesundheit, was freilich den Ruf als Modebad eher stärkte. 1866 fiel den puritanischen Preußen das Erbe ihres einstigen Geburtshelfers zu – und sie verboten das Glücksspiel! Die Pächter wurden übrigens in einem Fürstentum unter mediterraner Sonne mit offenen Armen aufgenommen, weswegen sich die heutige Homburger Spielbank (seit 1949) gern »Mutter von Monte Carlo« nennt – und die Ralley Monte Carlo alljährlich hier startet.

Die Preußen formten das »Spielbad« in ein echtes Heilbad um, in dem die Ärzte wieder den Ton angaben – und der Kaiser. Kern dieser neuen Zweckbestimmung war der Bau des Kaiser-Wilhelm-Bades 1887–1890. Bei Baubeginn herrschte noch der alte Wilhelm I., bei Fertigstellung schon sein Enkel Wilhelm II., der herrliche Kindheitssommer in Homburg verlebt hatte. Die Gunst des Kaiserhauses beförderte den neuen Aufschwung enorm, die gekrönten Häupter Europas gaben sich am Taunus die Ehre. Wilhelm griff aber auch in die Gestaltung der Gegend ein und ließ auf dem Pass über der Stadt die Saalburg wieder aufbauen.

Der »Homburger« schließlich ist übrigens keine Pickelhaube, sondern ein weicher Filzhut mit leicht nach oben gebogener Krempe, den sich der Prince of Wales und spätere König Edward VII. während einer Sommerfrische nach eigenem Entwurf fertigen ließ und der rasch modebewusste Nachahmer fand.

Tour 3

Als die Römer frech geworden...

Von der Saalburg zur Goldgrube

Vom bekanntesten Römerkastell Deutschlands folgen wir – dem Limes natürlich! Schon 1700 Jahre vor dem Eisernen Vorhang zog sich ein 548 km langer ›hölzerner‹ Vorhang durch Germanien. Die gewaltigen Mauern der Gallier sind einen näheren Blick wert, bis wir bei »Handkäs'und Mussick« die Aussicht vom Herzberg genießen.

DIE WANDERUNG IN KÜRZE	
+++ Anspruch **5.15 Std.** Gehzeit **20 km** Länge	**Charakter:** Ziemlich lang mit einigem Auf und Ab. Wegens des steilen Herzberg-Abstiegs bei feuchter Witterung nur für trittsichere Wanderer. **Wanderkarte:** Topografische Freizeitkarte 1:50000 Taunus (östlicher Teil), hg. vom Taunusklub e.V. und dem Hessischen Landesvermessungsamt	**Einkehrmöglichkeiten:** Sandplacken; Herzberg (Mo Ruhetag); Saalburg (Mo Ruhetag; Biergarten) **Anfahrt:** Mit dem **Auto:** Auf der A 661 Frankfurt–Oberursel bis zur Ausfahrt Oberursel-Nord, von dort weiter auf der B 456 Richtung Weilburg/Usingen bis zur Saalburg. **Saalburg:** tägl. 8–17 Uhr.

Vom Parkplatz vor der **Saalburg** gehen wir an deren Eingang vorbei nach links – linker Hand die Mauern von Gästehaus und Lagerbad –, an der Ecke des Kastells dann halb rechts und vorne am Forsthaus vorbei. Dahinter verzweigen sich die Wanderwege: Wir halten uns links Richtung Sandplacken (Limesweg, Markierung »Wachturm«).

Der **Limesweg** folgt zunächst dem asphaltierten Forstfahrweg, wendet sich nach 300 m dann aber bergan. 10 m zuvor wird der Limes durchschnitten, dessen noch gut erkennbarer Wallgraben uns nun links der Aufstiegsroute begleitet.

Auf der Kammhöhe liegen dann links Grundmauern eines römischen Wachturms, wenig später rechts der

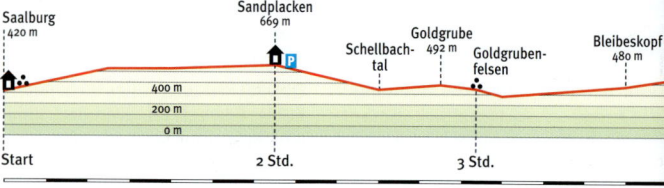

Saalburg
420 m

Sandplacken
669 m

Schellbach-tal

Goldgrube
492 m

Goldgruben-felsen

Bleibeskopf
480 m

400 m
200 m
0 m

Start

2 Std.

3 Std.

0

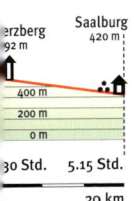

Weißestein (Taunusquarzit). Dort dürften vor 1700 Jahren oft Legionäre gesessen, um den Wachdienst geknobelt, einen Becher Germanen-Met geschlürft und anständige Lieder geschmettert haben...

Der Wanderweg führt dann über die Lichtung stracks bergan. Der sich immer mehr verengende Grat des Taunushauptkamms verläuft oben durch lichten Laubwald zum **Rosskopf** (Telekom-Funkmast). Nach kurzem Abstieg zweigt der Limesweg halb links vom Forstfahrweg ab. An der gleich folgenden Kreuzung geht es geradeaus Richtung Sandplacken. An der nächsten Gabelung geht es noch rechts, dann folgen wir immer geradeaus dem gut markierten Weg, der den Limes weiter begleitet.

Schließlich erreichen wir die Grundmauern des **Kleinkastells Heidenstock,** eines Festpostens zwischen Saalburg und Feldbergkastell, dessen Grundmauern z. T. noch erstaunlich gut zu erkennen sind. Auf unserer Strecke Saalburg–Sandplacken standen 12 Wachtürme, darunter zwei solcher Kleinkastelle für eine Besatzung von rund 30 Mann.

Achtung dann nach etwa 500 m: Hier schneidet der Limesweg den Wall

27

nach links, um phantasielos auf breiter ›Wandererautobahn‹ zum Sandplacken zu führen. Wir gehen daher hier besser wenige Meter rechts Richtung Schmitten, biegen aber sofort links auf einen unmarkierten Pfad ab, der bald in einen deutlicher erkennbaren Weg übergeht, von dem sich später auch ein schöner Ausblick in den Hintertaunus bietet.

Schließlich treffen wir aber doch wieder auf die Wanderautobahn, von der der Limesweg aber schon nach 200 m wieder links abbiegt (Elisabethenschneise), um dann gleich rechts weiter der einstigen Grenze des Imperium Romanum zu folgen (roter Vogel). Am Abzweig geht es weiter geradeaus, nun auf der Wallkrone (Grenzsteinwanderweg, s. Tour 7).

Beim **Kleinkastell Altes Jagdhaus** wird eine Fahrstraße gekreuzt. Es geht noch ein Stück auf dem Limes weiter, der kurz vor dem Parkplatz gegenüber dem Gasthaus Tannenheim auf dem **Sandplacken** (2 Std.) mündet, dem wichtigsten Hochtaunus-Pass nahe dem Feldberg.

Vom Parkplatz aus geht es links bergab (roter Punkt). Nach etwa 1 km erreichen wir einen Forstfahrweg, gehen kurz nach links und an der Gabelung weiter geradeaus. Die Markierung roter Punkt führt dann rechts hinab zum Wegestern am runden **Viermärker.** Auf dem Kopf des Grenzsteins weisen Sektoren die jeweiligen Segmente der vier Waldmarken aus, die hier nach der Teilung von 1826 aufeinander trafen. Die beteiligten Herrschaften gehen aus den oberen Initialen auf den Seitenflächen hervor (s. S. 43).

Wir folgen weiter dem roten Punkt nach links, auf einem zunächst die Höhe haltendem Weg, bevor es dann ziemlich steil ins **Schellbachtal** hinab geht.

Unten gehen wir rechts, weiter bergab – weiter unten dann an der Wegkreuzung halb links bergan auf breitem Forstfahrweg. Am Wegedreieck nach 500 m folgen wir dem rotem Punkt nach rechts, biegen dann aber an der Gabelung nach 200 m links ab, nun Markierung »Keltenkopf« (fehlte hier) des »Archäologischen Rundwanderweges«. Gehen Sie aber erst noch ein paar Meter weiter geradeaus: Nach 25 m durchschneidet der Weg den Außenwall des keltischen **Heidetränk-Oppidums.** Dahinter (Schild am Baum) sind unterhalb des Weges noch Reste des Zangentores zu erkennen, durch das man hier, von unten kommend, die um 200 v. Chr. größte Keltenstadt Hessens betrat. Der zu Tal führende Hohlweg nutzte den Graben vor dem keltischen Außenwall links. Zangentore waren parallel stadteinwärts gezogene Mauerenden, die Angreifer in eine ›hohle Gasse‹ zwangen, in der sie von drei Seiten unter Beschuss genommen werden konnten. Leider wurde die Anlage durch den forstlichen Wegebau stark beschädigt.

Auf dem voraus liegenden Bergrücken lag seit etwa 300 v. Chr. eine kleinere befestige Keltensiedlung, die in einer zweiten Ausbauphase durch einen Umfassungswall mit einer Siedlung auf der anderen Talseite zu einem 130 ha großen *Oppidum* zusammengeschlossen wurde, das durch sechs Zangentore wie dieses hier betreten werden konnte (s. a. S. 14 und Tour 2).

Wir folgen also dem **Archäologischen Rundwanderweg,** der am übernächsten Abzweig rechts auf eine Höhe namens »Goldgrube« führt, nach der die Keltensiedlung auf dieser Talseite heute benannt wird. Zurück öffnet sich der Blick zum

Feldberg, drüben auf der anderen Talseite liegt die bewaldete Höhe der Schwestersiedlung Altenhöfe (Tour 8), dahinter der Altköniggipfel.

Nach kurzem Abstieg gehen wir am Wegedreieck links. Der Weg schneidet bald einen Innenwall der Anlage und führt beim weiteren Abstieg wieder durch ein Zangentor des Umfassungswalls (erstaunliche Reste linker Hand) zu dem Plateau vor dem **Goldgrubenfelsen** (3 Std.). Dort links halten und sofort dem rechten der beiden breiteren Wege (schwarzer Balken) folgen und von diesem wiederum sofort rechts auf einen schmaleren, vergrasten Weg abzweigen. Am Fuß des Felsens wurde im 18. Jh. nach Gold geschürft, daher der Name des ganzen Areals. Wie mag es vor 2000 Jahren hier auf dem Vorplatz der Keltenstadt zugegangen sein? Die Berghang war wohl weitgehend entwaldet, man konnte von hier gut das Siedlungsgebiet überschauen, dessen Bewohner bei Gefahr hier herauf flüchteten. Am Rand des Plateaus fand man Hinweise auf einen Friedhof. Links etwas unterhalb des Felsens steht einer der beiden **Adelheidsteine.**

Beim Abstieg treffen wir auf die alte Markierung »schwarzer Balken« und den zweiten Adelheidstein. Die Obelisken zeigen unter einer verwitterten Krone ein Blattmedaillon, in dem man mit Mühe den Schriftzug »Adelheidsweg« lesen kann. Als der Landgraf von Homburg in den 1820er Jahren (s. Tour 2) romantische Wege zu markanten Naturdenkmälern anlegen ließ, benannte er den zum Goldgrubenfelsen nach seiner mit dem englischen König verheirateten Schwägerin, die den Weg 1825 »mit ein paar zierlichen Schritten« einweihte.

Wir kreuzen oberhalb einer schmalen Waldwiese einen Forstfahrweg und folgen geradeaus dem unmarkierten, etwas ruppigen Weg. Immer ungefähr geradeaus gehend, erreichen wir schließlich wieder einen Forstfahrweg und wandern auf ihm jetzt nach links leicht bergan, (Markierung »Wildschwein« u. a.).

Nach knapp 1 km gehen wir hinter der **Homburger (Schutz-)Hütte** rechts Richtung Hessenpark und folgen dann dem Forstfahrweg, an der Gabelung unten in der Kurve links abzweigt (weiter »Wildschwein«).

Auf dem Goldgrube-Gipfel

Nach etwa 1 km auf dem die Höhe haltenden Hangweg gehen wir an der Gabelung ausgangs der Rechtskurve auf dem linken Zweig leicht ansteigend weiter, an der nächsten Gabelung geradeaus.

Vorne dann folgen wir nicht mehr weiter dem markierten Weg geradeaus, sondern wandern links bergauf, auf der Höhe rechts und dann sofort noch einmal rechts, auf einen kleinen Weg, der auf den nahen Gipfel des **Bleibeskopf** führt. Wir sehen hier und da schon ein paar helle Brocken Taunusquarzit aus dem Waldboden leuchten, dann liegt auch schon das malerische und so typisch taunensische Felsriff vor uns, das die Gipfelkuppe krönt. Auf seiner Höhe durchschneidet der Weg die Reste des Ringwalls, der den Felszug geschickt in die Fortifikation einbezogen hat. Es ist dies die älteste vorgeschichtliche Ringwallanlage des Hochtaunus (vorkeltisch, um 800 v. Chr.). Der Weg führt noch zu einer weiteren Felsengruppe, von der sich ein atemberaubender Blick über die vorgelagerten Taunuswälder und Oberursel hinweg nach Frankfurt bietet, wo die Hochhäuser wie Pilze aus der Mainebene schießen.

Wir gehen auf dem Zugangspfad wieder zurück zum Hauptweg und dann vorne am Wegedreieck rechts, an der nächsten Gabelung links. Dann aber **Achtung:** Gut 50 m hinter der Rechtskurve kreuzt ein Weg mit der Markierung blauer Punkt. Wir folgen ihm nun nach links steil bergan zum Plateau unterhalb des Gipfels und gehen nach rechts hinauf zu den schon sichtbaren Gebäuden des Berggasthofes auf dem **Herzberg** (4.30 Std.; Aussichtsturm, s. S. 22).

Der Weiterweg zweigt noch vor dem Areal rechts ab (Markierung »Reh«). Der Weg zieht sich zunächst

dicht unterhalb des Anwesens hin, an der Gabelung hinter diesem links und dann rechts in gerader Linie steil bergab. Beim übernächsten Querweg der Markierung folgend nach links, am Wegestern halten wir uns halb rechts (nun auch wieder blaues Andreaskreuz, »T« u. a.) Nach 20 m biegen wir halb rechts vom Forstfahrweg ab.

An der bald folgenden Wegegabelung rechts, voraus sind schon die Felsen des **Marmorsteins** zu sehen, wo man noch einmal ganz in Stille den Blick in die Main-Ebene genießen kann.

Unterhalb des Felsenriffs folgen wir dem Weg nach links (»T«; schwarzes Rechteck u. a.) und treffen auf einen Forstfahrweg. Dieser erreicht schließlich die **Jupitersäule**, die Kopie eines 1905 in Mainz gefundenen Originals, das zwei römische Kaufleute dort um 60 n.Chr. zum Ruhme Kaiser Neros gestiftet hatten. Reliefs von 28 gallo-römischen Gottheiten schmücken die Säule, gekrönt wird sie von einer Jupiterstatue, die im Original aus vergoldeter Bronze war. Kurz nach der Säule erreichen wir wieder die **Saalburg** (5.15 Std.)

Die Saalburg

Die Saalburg war das für den Hochtaunus-Limes zuständige Hauptkastell. Ihre Geschichte begann gleich zu Beginn des Limesbaus um 83 n. Chr. und hielt dann Schritt mit dessen vier Ausbaustufen: Als permanetes Truppenlager zur Sperrung des Saalburgpasses wurden zunächst zwei kleinere Erdschanzen angelegt, deren Reste noch heute 70 m östlich der Saalburg zu erkennen sind. Schon um 90 n. Chr. richtete man sich dann aber auf Dauer in einem kleinen Holzkastell (80 x 84 m) ein, das wohl für einen *numerus* angelegt war (150 Mann). Es lag ungefähr in der Mitte des späteren Steinkastells (147 x 221 m) und wurde bei dessen Anlage um 135 eingeebnet, als eine Kohorte (500 Mann) auf den Saalburgpass verlegt wurde. Im friedlichen 2. Jh. entstand neben der Saalburg ein Kastelldorf, das nach dem katastrophalen Alamanneneinfall von 233 nicht wieder aufgebaut wurde. In ihrer Blütezeit dürfte die Saalburg mit Dorf bis zu 2000 Einwohner gehabt haben! Der Niedergang der rechtsrheinischen Besitzungen war nicht aufzuhalten, spätestens 260 gaben die Römer mit dem Limes auch die Saalburg auf.

Was wir heute sehen, ist das einzige vollständig wiederaufgebaute Kastell am gesamten Limes. Überdauert hatten die Zeitläufte nur Grundmauern. Die aufwendige Rekonstruktion veranlasste 1897 Kaiser Wilhelm II., der schon als Knabe bei den Bad Homburger Sommerfrischen der Familie von den Ausgrabungen des Römerkastells fasziniert war, die seit etwa 1870 systematisch betrieben wurden. Sein Verdienst war die Forderung eines möglichst originalgetreuen Wiederaufbaus. Es wurden daher ähnliche, aber besser erhaltene Kastelle zum Vergleich herangezogen, so dass die Annäherung an das Original ein hohes Maß an Wahrscheinlichkeit erlangt haben dürfte – auf dem Stand des damaligen Wissens. Heute weiß man, dass die Außenmauern der Römerkastelle leuchtend weiß verputzt waren mit roten Linien entlang der Mauerfugen (Beispiel an Südostecke). Außerdem war das Innere nicht so weitläufig, sondern mit Holzbaracken dicht bebaut.

Im Saalburg-Museum kann man zahlreiche Grabungsfunde betrachten, vor allem Gebrauchsgegenstände, die einen schönen Einblick in das Alltagsleben der Zeit geben, daneben u. a. rekonstruierte Wehrtechnik (Katapulte mit Seilfedern). Vor dem Kastell liegen die Grundmauern der Badeanstalt und des benachbarten Gästehauses.

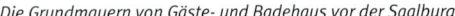

Die Grundmauern von Gäste- und Badehaus vor der Saalburg

4

Tour

Einblicke beim Hessenpark

Von der Saalburg an den Rand des Hintertaunus

Der Taunuslehrpfad erklärt nicht nur kurzweilig die Besonderheiten unseres Gebirges, er verbindet auch Saalburg und Hessenpark, so dass das Erlebnis nach Belieben erweitert werden kann. Ein kleiner Schlenker bietet dann einen ersten Einblick in die Hintertaunuslandschaft, bevor wir zum Lehrpfad zurückkehren.

DIE WANDERUNG IN KÜRZE

+
Anspruch

Charakter: Einfach, um den einzigen Anstieg muß man sich keine große Sorgen machen.

Einkehrmöglichkeiten: Hessenpark; Talmühle (Mo/Di Ruhetag); Wintermühle (Mo); Saalburg (Mo).

3.30 Std.
Gehzeit

11 km
Länge

Wanderkarte: Topografische Freizeitkarte 1:50000 Taunus (östlicher Teil), hg. vom Taunusklub e.V. und dem Hessischen Landesvermessungsamt

Anfahrt: Mit dem **Auto:**Auf der A 661 Frankfurt –Oberursel bis zur Ausfahrt Oberursel-Nord, dort auf der B 455 Richtung Weilburg/ Usingen zur Saalburg.

Vom Parkplatz an der **Saalburg** (s. S. 30) gehen wir rechts vom Kastell auf breitem Weg neben dem Graben durch die Parkanlage. Auf Höhe des Seitentores liegen rechter Hand Grundmauern römischer Gebäude, dahinter deutlich erkennbar der Doppelwall von Schanze B, im Wald neben ihr weniger deutlich Schanze A. Diese war das erste befestigte Lager auf dem Saalburgpass, das spä-

testens zu Beginn des Limesbaus um 85 n. Chr. (s. S. 14) als zusätzliches Marschlager angelegt und durch eine Palisadenwand befestigt wurde (Zeltunterkunft, Graben mit Aushub als Wall). Wenig später wurde Schanze B mit Doppelwall, höherer Wand und festen Holzunterkünften angelegt, um 90 n. Chr. entstand schon das Holzkastell drüben auf dem gleichen Platz wie das spätere

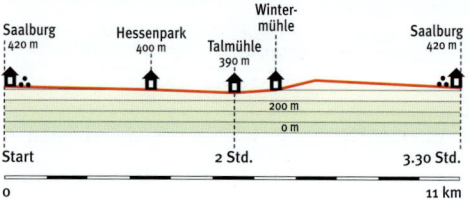

Saalburg 420 m — Hessenpark 400 m — Talmühle 390 m — Wintermühle — Saalburg 420 m

200 m / 0 m

Start — 2 Std. — 3.30 Std.

0 — 11 km

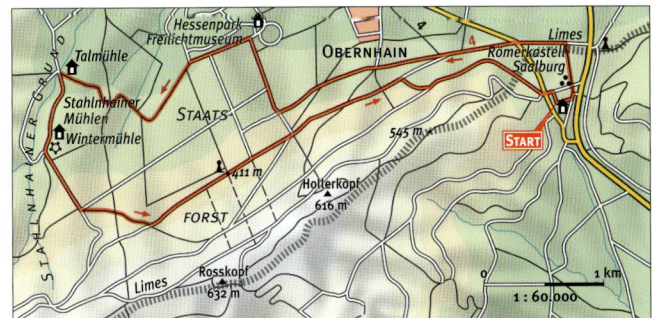

Steinkastell. Daß Schanze B so gut erhalten ist, verdanken wir einem archäologischen Experiment von 1913, als ein Mainzer Pionierbataillon auf Befehl Wilhelms II. die antike Wehranlage nach dem Grabungsbefund rekonstruierte.

Immer geradeaus gehend, erreichen wir den **Limes,** der hier auf einem kurzen Stück mit zugehörigem Palisadenzaun anschaulich rekonstruiert ist. Tafel 14 des Taunus-Lehrpfades erklärt das Gesamtkonzept der römischen Grenzanlage, die sich über 548 km von der Gegend südlich von Köln bis nach Regensburg erstreckte. Wenn man bedenkt, wie viele Baumstämme allein für den Palisadenzaun in die germanische Erde gerammt werden mussten, kann man die Anlage dieses »hölzernen Vorhangs« nur bewundern.

Wir gehen nun nach links weiter (Markierung »Ahornblatt«), parallel zum noch gut erkennbaren Limeswall, von dem selbst nach fast 2000 Jahren mehr übrig geblieben zu sein scheint, als vom »eisernen Vorhang« nach gut einem Jahrzehnt...

Nachdem der Limes in der Kurve nach links abknickt, um auf die Taunushöhe anzusteigen, kreuzt der Wanderweg einen asphaltierten Fahrweg. Für gut 2 km bleiben wir nun einfach auf dem die Höhe hal-

tenden Hauptweg. Infotafeln des Lehrpfades erläutern Taunusbewaldung, Funktion des Waldes als Wasserspeicher usw.

An der großen Wegkreuzung (Schutzhütte) schließlich folgen wir der Markierung »Ahornblatt« u. a. rechts hinab zum **Freilichtmuseum Hessenpark.** Der Eingang liegt rechts, unser Weiterweg führt auf der asphaltierten Fahrstraße nach links Richtung Schmitten u. a. weiter. Was den 1974 gegründeten Hessenpark so interessant macht, ist, dass an über 85 Gebäuden aus ganz Hessen die ländliche Entwicklung der letzten 400 Jahre nachvollziehbar wird. Die Kneipe befindet sich natürlich im entsprechenden Ambiente...

Der Weiterweg hat die Markierung »liegendes U«. Wir bleiben an Abzweigen immer auf dem die Höhe haltenden Hangweg, der nach einem Rechtsbogen leicht bergab führt und das Weideland am Rande des Usinger Beckens erreicht.

Achtung dann unmittelbar vor einer Feldscheune: Hier biegt der markierte Weg an der Ecke des umzäunten Jagdhausareals vom Hauptweg links ab. Der Waldweg kreuzt bald den »Metzgerpfad« (schwarzer Punkt) und führt zum nahen Waldrand, wo wir rechts und gleich wie-

Dorfschule im Freilichtmuseum Hessenpark

der links zwischen den Weiden hindurch auf den **Gasthof Talmühle** zu gehen (2 Std.). Auf der gegenüberliegenden Talseite liegt am Waldrand der **Opelhof.** Vor der Mühle dann links und auf der asphaltierten Fahrstraße zum **Reiterhof Wintermühle.**

An der Gabelung unmittelbar hinter den weitläufigen Hofanlagen folgen wir dem halb linken Weg geradeaus bergan in den Wald (Markierung »Geweih«). **Achtung:** An der Doppel-Wegkreuzung nach 500 m – noch vor der Linkskurve (Lichtung mit Birkenjungwald u. a.) – nehmen wir den zweiten links abzweigenden Weg (unbefestigt, unmarkiert) in den Wald. Linker Hand liegt eine Waldwiese, dahinter führt unser schmaler werdender Pfad halb rechts leicht bergan, kreuzt bald den »Metzgerpfad« (schwarzer Punkt) und erreicht schließlich einen geschotterten Forstweg, dem wir nach links bergab folgen. Nach knapp 1 km steht linker Hand das **Birckenauer-Denkmal** für einen 1917 hier »von Wildererhand« erschossenen königlichen Forstmeister.

Nach gut 500 m trifft der obere Teil des Taunus-Lehrpfades auf unseren Hangweg, dem wir weiter geradeaus folgen. **Achtung:** Bald nach Tafel 6 biegen wir mit dem Lehrpfad rechts ansteigend vom Hauptweg ab.

Von besonderem Interesse ist Tafel 4: Wie entstand der Taunus? Man kann hier auch wenige Meter zu einem **Aussichtspunkt** mit Schutzhütte hinauf gehen, von wo sich das Usinger Becken gut überschauen lässt. Jetzt sind es nur noch wenige Minuten zurück zur **Saalburg** (3.30 Std.), wobei der Wanderweg noch einmal den Limes schneidet.

Schau'n wir mal hinter den Taunus

Vom Sandplacken ins Mühlental

Wer mal schnell in den Hochtaunus will, fährt am besten auf den Sandplacken – und trifft dort an schönen Wochenenden Heerscharen Gleichgesinnter. Diese Tour zweigt schnell von den Trampelpfaden ab und führt durch zwei stille Täler an den Rand des Hintertaunus, von wo man nach zünftiger Einkehr den steilen Heimweg antritt.

DIE WANDERUNG IN KÜRZE

++
Anspruch

3 Std.
Gehzeit

11 km
Länge

Charakter: Mittelschwer; der Direktanstieg aus dem Mühlental hat es in sich – sonst wäre die Wanderung auch etwas zu leicht...

Wanderkarte: Topografische Freizeitkarte 1:50000 Taunus (östlicher Teil), hg. vom Taunusklub e.V. und dem Hessischen Landesvermessungsamt

Einkehrmöglichkeiten: Talmühle (Mo/Di Ruhetag)

Anfahrt: Mit der **U 3** von Frankfurt (z.B. Hauptwache) bis Endstation Oberursel-Hohemark, dort **Bus** auf den Sandplacken. Mit dem **Auto:** A 661 Frankfurt–Oberursel. Nach deren Übergang in die B 455 erste Abfahrt (Feldberg u. a.), im Kreisel dann wieder erste Ausfahrt und hinauf zur Passhöhe Sandplacken. Dort rechts ab, an der Gaststätte Tannenheim vorbei und 200 m weiter in den Wald zum Parkplatz.

Am Rande des hinteren Parkplatzes auf dem **Sandplacken** führt unser Wanderweg mit der Markierung grüner Balken u. a. von der Fahrstraße weg in den Wald. An der T-Gabelung geht es links hinunter, unten an der ersten Wegkreuzung geradeaus, an der folgenden dann biegt unser Weg rechts ab.

An der Kreuzung mit dem Weg mit dem rotem Balken gehen wir weiter geradeaus, nach etwa 200 m dann aber links (jetzt »Geweih« u. a.). **Achtung:** Unten am Ende der Gefällstrecke biegt unser Wanderweg links vom Hauptweg ab und dann sofort an der Gabelung rechts. Unten am Wegedreieck gehen wir geradeaus und am Rande des Naturschutzgebiets Aubach-Wiese entlang durch den stillen Talgrund.

Wieder im Wald, bleiben wir an der Weggabelung geradeaus auf dem Hauptweg durch den schönen Buchenwald. Unten im Linksbogen geht es rechts leicht bergan weiter (nun »roter Pilz«).

Oben hinter den beiden Waldwiesen marschieren wir weiter geradeaus, vor der Felsgruppe geht es rechts herum auf dem Hauptweg weiter, dahinter an der T-Gabelung links, bald wieder mit der Markierung grüner Balken. Unten am Waldrand öffnet sich dann der Blick in den Hintertaunus.

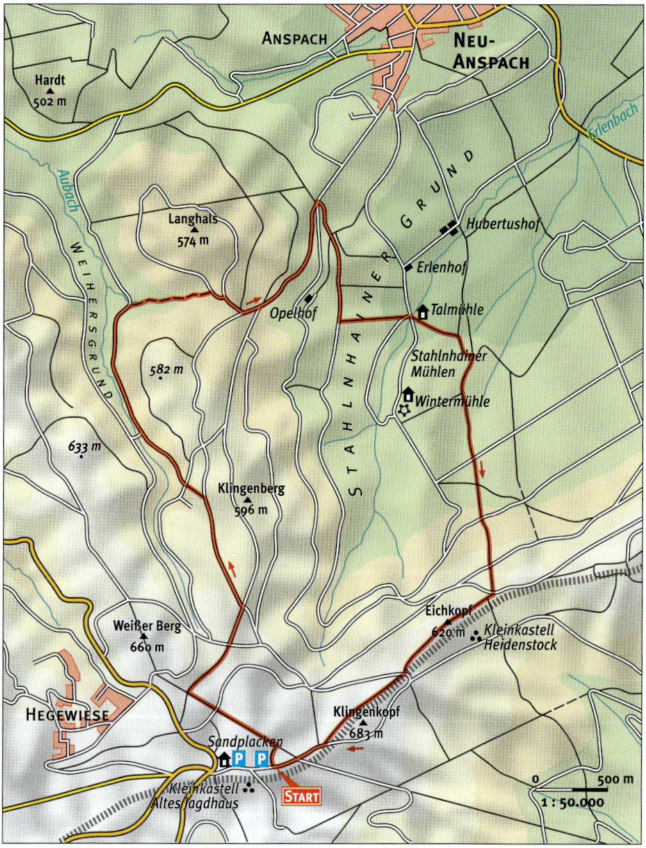

Wir folgen hier jetzt dem unteren Weg nach rechts (Markierung »liegendes U« u. a.). Über den Stahln-hainer Grund hinweg ist der Hessenpark zu sehen (Tour 4), ein Stück dahinter der obere Teil des Quarzitbruchs im Köpperner Tal (Tour 1) und links davon der Fernsehturm auf

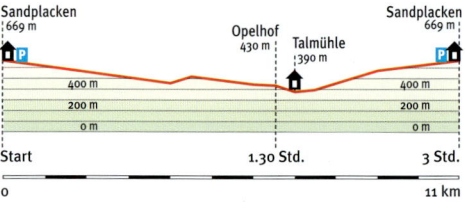

dem Steinkopf (Tour 35). Ausgangs des Waldes liegt rechter Hand am Hang der **Opelhof** (1.30 Std.), der in den 1950er Jahren von Martha von Opel aus der weitverzweigten Autobauer-Dynastie erbaut wurde.

Hinter dem Areal biegt unser Wanderweg links ab, führt zwischen den Pferdekoppeln hindurch, unten über die Brücke und rechts zur **Talmühle.** Dahinter biegt der Weg (Markierung »liegendes U«) links ab, wieder zwischen Pferdekoppeln hindurch und dahinter in den Wald. An der bald folgenden Wegkreuzung halten wir uns rechts – der Aufstieg auf den Hochtaunuskamm beginnt (nun schwarzer Punkt). Der Weg heißt auch »Metzgerpfad«: Auf diesem über »die Höhe« führenden Weg haben die Oberurseler Metzger einst ihren vierbeinigen Rohstoff aus dem viehreichen Usinger Becken bezogen.

An der Gabelung hinter der Waldweide gehen wir halb rechts und steigen oben über die Kreuzung weiter bergan. Der Metzgerpfad führt ziemlich schnurstracks – und entsprechend steil – auf den Taunuskamm, kreuzt dabei mehrere Hangwege und kurz hinter der Höhe dann auch den **Limeswall.** Diesem folgen wir jetzt nach rechts (Markierung »Wachturm« u. a.).

Etwa 500 m hinter dem **Kleinkastell Heidenstock** (s. S. 27) schneiden die Hauptwanderwege den Limes. Wir gehen hier aber kurz nach rechts und folgen sofort dem links abzweigenden, unmarkierten Pfad, der bald in einen deutlicher erkennbaren Weg übergeht. Später bietet sich ein schöner Ausblick in den Hintertaunus (Landmarke: Aussichtsturm auf dem Pferdskopf, Tour 15). Schließlich erreichen wir die große ›Wandererautobahn‹, auf der wir nach rechts in knapp 10 Minuten wieder den **Parkplatz am Sandplacken** erreichen (3 Std.).

Tour 6

Spaziergang im Hochtaunus

Ein- und Ausblicke beim Sandplacken

Der Sandplacken ist der am schnellsten von Frankfurt (30 Autominuten) oder der Autobahn (15 Min.) erreichbare Hochtaunuspass. Dieser Spaziergang gewährt erst einen schönen Einblick ins Herz des Gebirges und dann einen weiten Ausblick in den Hintertaunus.

DIE WANDERUNG IN KÜRZE

+
Anspruch

1.15 Std.
Gehzeit

5 km
Länge

Charakter: Sehr einfach, kaum Steigungen

Wanderkarte: Topografische Freizeitkarte 1:50000 Taunus (östlicher Teil), hg. vom Taunusklub e.V. und dem Hessischen Landesvermessungsamt

Einkehrmöglichkeiten: Sandplacken

Anfahrt: Mit der **U 3** von

Frankfurt Hauptwache bis Endstation Oberursel-Hohemark, dort **Bus** auf den Sandplacken. Mit dem **Auto:** A 661 Frankfurt–Oberursel. Nach deren Übergang in die B 455 erste Abfahrt (Feldberg u. a.), im Kreisel dann wieder erste Ausfahrt und hinauf zur Passhöhe Sandplacken.

Wir starten vom **Parkplatz** beim Café-Restaurant Tannenheim (von Frankfurt kommend: rechts) auf dem **Sandplacken.** An der Wegkreuzung unterhalb des Parkplatzes folgen wir dem unmarkierten Weg nach links (geradeaus Markierung roter Punkt, nach rechts Andreaskreuz u. a.). Dieser schöne Hangweg gibt nach etwa 300 m den Blick auf den Höhenkern

des Gebirges mit Großem Feldberg, Altkönig und Weißer Mauer frei.

Im Wald dann folgen wir an der Wegkreuzung dem **Grenzsteinrundwanderweg** (s. Tour 7) nach links leicht bergan (Markierung geteilter Kreis). Er führt uns – an Abzweigen geradeaus, linker Hand ist durch die Bäume bald die US-Funkstation auf dem Kolbenberg zu sehen – auf den Taunuskamm hinauf, wo wir auf den **Limes** treffen (niedriger Wall und Graben). Diesem folgt der Grenzsteinweg nun nach links, wir aber gehen rechts (»roter Vogel«) und erreichen gleich die **Elisabethenschneise,** der wir kurz nach links folgen – auf ihren letzten Metern vor Erreichen des Taunuskamms!

Vorne geht es dann nach rechts auf der ›Wandererautobahn‹ weiter,

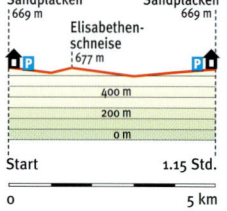

von der wir aber schon nach 100 m wieder abbiegen, und zwar auf den zweiten, halb links abzweigenden Weg (Loipenmarkierung), der bald als schöner Hangweg um den Gipfel des Klingenkopfes herum führt. Einmal wird der Blick auf den Hintertaunus frei: Entdecken Sie den Turm auf dem Pferdskopf (Tour 15)?

Wenn der Weg den hohen Fichtenwald erreicht, gehen wir nach rechts durch den Durchbruch des noch gut erkennbaren Limeswalls, kreuzen gleich darauf einen geschotterten Fahrweg nach halb rechts und folgen dann der Markierung rotes Rechteck bergab.

Wenn dieser Weg einen geschotterten Forstfahrweg kreuzt, folgen wir diesem nun nach rechts bergan. Der Weg führt weiter oben an einer Waldlichtung entlang, an deren Ende wir dem grasigen Weg nach rechts folgen, der bald einen geschotterten Fahrweg kreuzt (Elisabethenschneise, »roter Vogel«) und

dann entlang eines Streifens in den Fichtenwald eingestreuter Buchen leicht bergab führt.

Etwa 200 m nachdem dieser Weg als schmale, grasige Schneise wieder bergan führt, biegen wir an der etwas verwachsenen Fichte (oberhalb ein Hochstand) halb links in den Wald ab. Oben kreuzen wir den Grenzsteinwanderweg und spazieren auf dem Herweg zum **Sandplacken** zurück (1.15 Std.).

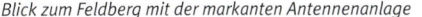

Blick zum Feldberg mit der markanten Antennenanlage

Tour 7

Die Marken der Hohen Mark

Grenzsteinwanderung vom Sandplacken zur Weißen Mauer

Die Endstation Hohemark der Frankfurter Taunus-U-Bahn ist allen Ausflüglern ein Begriff. Aber woher komt der Name? Das erfahren wir auf einer Wanderung durch die deutsche Kleinstaaterei, in die das Auf und Ab eingebaut ist wie die Wechselfälle der Geschichte.

Vom Parkplatz beim Café-Restaurant Tannenheim auf dem **Sandplacken** queren wir die Straße schräg nach links zum Café-Restaurant Sandplacken, an dessen linker Ecke der Wanderpfad Richtung Großer Feldberg in den Wald führt – parallel zum Limes (Wall linker Hand).

Wir folgen der Markierung »Kreis mit Mittellinie« des Grenzstein-Rundwanderweges (»Siegfried-Rumbler-Weg«), der schon nach 70 m links vom Hauptwanderweg abzweigt. An der Ecke steht ein **Dreimärker** mit den Initialen der drei hier aneinandergrenzenden Wald-

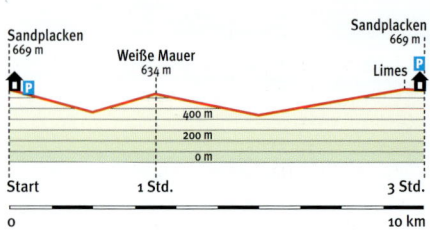

40

herren (s. S. 43). Nach Überqueren der Straße führt die Grenzschneise schnurgerade bergab und kreuzt mehrere Wege. Linker Hand lag der kurhessische Waldbesitz, den der Grenzsteinwanderweg umrundet. Zwischen den Dreimärkern markierten einfache Steine den Grenzverlauf, von denen einige unseren Weg säumen.

Unten erreichen wir die Wegkreuzung am **Buchborn,** der eigentlichen Quelle des Heidtränkbachs, der noch von manch anderem Wässerlein der Feldbergmulde gespeist wird. Als in den 1950er Jahren die US-Funkstation auf dem Kolbenberg mit Wasser versorgt werden musste, wurde der Born kurzerhand in einen hässlichen Behälter gefasst.

Wir gehen auf dem Fuhrweg geradeaus weiter bergab. Nach 25 m steht linker Hand vor dem Bachübergang ein kleiner Gedenkstein für einen 1894 hier von seinem Fuhrwerk überrollten Waldarbeiter.

Wir wandern hier nun auf dem Hauptweg durch die Rechtskurve weiter (die alte Grenze verläuft links durchs Gestrüpp und kreuzt unseren Weiterweg unbemerkt). Unten am Wegestern gehen wir scharf rechts kurz bergan. Kurz hinter der Kuppe dann links ab und durch den Bachgrund auf die Anhöhe (wieder entlang der Grenzlinie). Von dort hat man einen schönen Blick halb links zum Blockmeer der Weißen Mauer, dem Wendepunkt unserer Tour.

Wir gehen hinunter zum **Parkplatz Lange Meile,** kreuzen die Straße schräg nach rechts in den Forstfahrweg, von dem unser Wanderweg jedoch gleich links ziemlich ›weglos‹ abzweigt und an der Fichtendickung entlang zu Tal führt.

Wir folgen weiter geradeaus der gut erkennbaren Grenzschneise, die

ganz in den Talgrund hinabführt, wo wir den Massbornbach überqueren und dem Unteren Massbornweg kurz nach rechts folgen, bis der Grenzpfad links steil und schnurgerade bergan führt, oben z. T. über Stufen. Zum Schluss wird noch ein Forstfahrweg gekreuzt und wir erreichen nach 20 m einen weiteren **Dreimärker.** Er zeigt nur noch die Initialen zweier Herren, ist also nach 1866 gesetzt, als Preußen sich das Herzogtum Nassau einverleibt hatte, dessen Waldbesitz hier ursprünglich auch angrenzte.

Der Wanderweg führt nun nach links weiter, kreuzt einen Forstfahrweg (auf dem wir später von rechts

41

Blick von der Weißen Mauer zum Feldberg

kommend den Grenzsteinweg kreuzen) und führt in schnurgerader Linie bis an den Fuß der **Weißen Mauer,** eines Blocksteinmeers, das man bald rechter Hand bis an die Bäume herabreichen sieht.

Am Übergang vom Fichten- zum Buchenhochwald steht rechter Hand der nächste **Dreimärker.** Unmittelbar dahinter führt der Grenzsteinweg als schmaler Pfad links bergab. Wir aber gehen geradeaus weiter, um einen Aussichtspunkt über das Gebiet dieser Tour zu erlangen, und folgen dem Pfad, der bald im Zickzack am linken Rand der Blockhalde bergan steigt und erste Ausblicke bietet. Auf der Kammhöhe dann führt der Pfad direkt rechts durch Heidelbeerkraut zum **Gipfel der Weißen Mauer** (1 Std.). Sie hat ihren Namen von dem bei Sonnenschein hellen Schimmer des Blockmeeres aus Taunusquarzit, das die eiszeitliche Verwitterung hier ablagerte.

Der Pfad führt uns weiter entlang der ›Abbruchkante‹ und dahinter noch 100 m in den Wald. Hier treffen

wir auf einen Forstfahrweg , dem wir nach rechts folgen. Am Wegestern geht es auf dem bergab führenden Hauptweg weiter, der später den Grenzsteinweg an bezeichneter Stelle kreuzt. **Achtung** dann in der Linkskehre, wo wir wieder auf den Grenzsteinweg treffen und ihm geradeaus auf steil bergab führendem Pfad bis ganz hinab in den Talgrund folgen. Dort gehen wir kurz rechts (Unterer Massbornweg), biegen aber gleich wieder links über den Bach ab. An Abzweigen geradeaus, führt der Grenzsteinweg ins nächste Bachtal, dort an der T-Gabelung links (»Sigurdweg«). Der eigentliche Grenzverlauf muss jetzt etwas umgangen werden: Oben gehen wir nach rechts und kreuzen die Straße, drüben gleich rechts auf dem Pfad Richtung Sandplacken, der unten den Bach kreuzt (Schwarzer Balken) und dann einen Forstfahrweg. Wir bleiben noch kurz parallel zur Straße, folgen an der Dreifachgabelung dem »Siegfried-Rumbler-Weg« auf dem rechten, unteren Zweig, der dann nach 200 m in altbekannter Manier links steil ansteigend abzweigt – nun wieder auf der alten Grenze.

Beim Aufstieg kreuzen wir den »Guntherweg« schräg nach links, gehen weiter oben kurz nach links und dann gleich wieder rechts zum Wegestern am **Viermärker,** auf dessen Kopf die hier einst aneinandergrenzenden Waldbesitzungen abzulesen sind. Der Grenzsteinweg steigt nun nach links weiter schnurgerade bergan. Linker Hand ergibt sich bald Durchblick zur Funkstation auf dem Kolbenberg.

Schließlich erreichen wir wieder den Taunuskamm mit dem gut erkennbaren Limeswall, an dem der letzte **Dreimärker** unserer Wanderung steht und auf dem der Grenzsteinweg nun nach links verläuft. Vor dem **Kleinkastell Altes Jagdhaus** (Infotafel) kreuzen wir die Zufahrt zur Funkstation und folgen dem Limes zurück zum **Parkplatz am Sandplacken** (3 Std.).

Die Marken der Hohen Mark

Die Nutzung der Hochtaunuswälder auf der Linie Feldberg–Saalburg war von den bis zur Nidda vorgelagerten Ortschaften mit Homburg als Machtzentrum spätestens seit dem 14. Jh. genossenschaftlich organisiert. Ein kleiner Zipfel weiterer Markorte mit den Reifenberger Burgen reichte noch über den Taunuskamm und zog sich rechts der Weil bis hinter Schmitten hinab, die »überhöhischen Dörfer«.

Der Homburger Schlossherr war Obermärker und berief als »Waldbote« alljährlich zu Pfingstmittwoch das »Märker-Thing« auf die Oberurseler Aue ein. Alle Gemeinden der Hohemark-Genossenschaft schickten einen »Märker« als Vertreter zu

dem »Thing«, das der Waldbote »hegte«: Anstehende Probleme wurden geklärt, Frevler bestraft, Wahlämter erneuert und Termine der kommenden Saison wie die Holz- und Waldtage festgelegt .

Mit der Zeit spielten immer mehr hoheitliche Interessen in die Nutzung der Hohen Mark hinein. Landesherren gewannen zunehmend Einfluss auf die Markgemeinden und setzten eigene Interessen durch. Schließlich waren die alten Genossenschaftsrechte so ausgehöhlt, daß eine Handvoll Fürsten die Hohe Mark 1813 unter sich aufteilte – mit dem Lineal, was das Abgehen der Grenzlinien heute etwas beschwerlich macht.

Der Grenzsteinwanderweg folgt der Versteinung von 1829 um den kurhessischen Waldbesitz. Anrainer waren fünf Herren mit sieben Gebieten – zu denen sich aber nach 1866 ein sechster gesellte, das Königreich Preußen, das außer dem Großherzogtum Hessen-Darmstadt alle geschluckt hatte. Im einzelnen begleiten uns Grenzsteine mit folgenden Initialen:

KH = Kurfürstentum Hessen-Kassel
LH = Landgrafschaft Hessen-Homburg
GH = Großherzogtum Hessen-Darmstadt
HN = Herzogtum Nassau
 F = Großherzogtum Frankfurt (Hohemarkverband)
KP = Königreich Preußen (schluckt nach 1866 alle außer GH)

DW = Domainen Wald
 P = Praunheimer Wald
NU = Niederurseler Wald
NE = Niedereschbacher Wald

Tour 8

Große Hochtaunustour

Von der Hohemark auf Feldberg und Altkönig

Superlative am laufenden Band: Von der höchstgelegenen U-Bahn-Station des Rhein-Main-Gebiets auf den höchsten Taunusgipfel, runter zum höchstgelegenen Doppelbiergarten des Gebirges und dann mit Schwung auf den schönsten Taunusberg – und so nebenbei nimmt man auch noch die größte Keltenstadt Hessens mit...

DIE WANDERUNG IN KÜRZE

+++ Anspruch	**Charakter:** Anspruchsvoll; zuerst schlaucht der lange Feldbergaufstieg, später geht´s dann nochmal steil auf den Altkönig. Variante: etwas leichter, ohne Altkönig-Aufstieg.	**Einkehrmöglichkeiten:** Sandplacken; Feldberg; Fuchstanz
5.30 Std. Gehzeit		**Anfahrt:** Mit der **U-Bahn:** U 3 von Frankfurt Hauptwache bis Endstation Oberursel-Hohemark. Mit dem **Auto:** A 661 Frankfurt – Oberursel. Nach deren Übergang in die B 455 erste Abfahrt (Oberursel-Hohemark u. a.), im Kreisel dann zweite Ausfahrt und rechts zum Parkplatz.
20 km Länge	**Wanderkarte:** Topografische Freizeitkarte 1:50000 Taunus (östlicher Teil), hg. vom Taunusklub e.V. und dem Hessischen Landesvermessungsamt	

Hinter der **U-Bahn-Haltestelle Hohemark** weist die Fußgängerbrücke den Weg auf die rechte Talseite. Dort gehen wir geradeaus in den Wald, am ersten Abzweig links Richtung Sandplacken (Markierung roter Punkt). Oben an der Kreuzung noch weiter geradeaus, an der Gabelung dann aber rechts auf den »Goldgrubenweg« (Markierung jetzt »Keltenkopf«; Archäologischer Rundwanderweg). Es geht bald gut bergan, oben an der Kreuzung geradeaus (auch schwarzer Balken). Nach 25 m

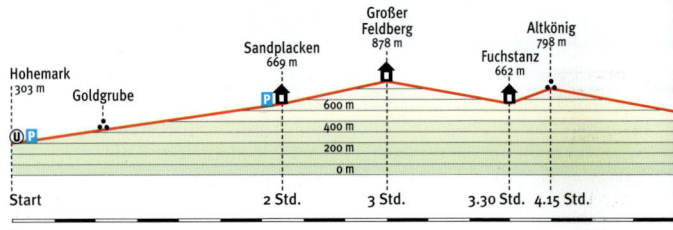

Auf dem Brunhildisfelsen

sind linker Hand schwache Wallreste eines Zangentors der einstigen Keltenstadt zu erkennen, deren äußerer Umfassungswall hier ins Heidetränktal hinunter lief, um am Gegenhang eine zweite Siedlung in die Befestigungsanlage einzubeziehen: die Altenhöfe, die wir gegen Ende der Wanderung passieren. Diese Gesamtanlage wird heute als **Heidetränk-Oppidum** bezeichnet. Über 2000 Menschen dürften permanent in dieser größten Stadt Hessens in den Jahrhunderten vor der Römerzeit gewohnt haben! In unruhigen Zeiten kamen noch die schutzsuchenden Bewohner des Vorlandes dazu, das man von der Aussichtsbank überschauen kann, die wir bald erreichen.

Wir erreichen das Plateau am **Goldgrubenfelsen,** nach dem die Bergkuppe links benannt ist (im 18. Jh. wurde unterhalb nach Gold geschürft). Auf ihr lag eine der beiden Kernanlagen des keltischen Heidetränk-Oppidums.

Der »Archäologische Wanderweg« führt links weiter bergan. Wir betreten die frühere Keltenstadt durch ihr **nordöstliches Zangentor,** dessen nach innen eingezogenen Mauern (rechts und links des Weges) den Zweck hatten, Angreifer in eine ›hohle Gasse‹ zu zwingen, wo

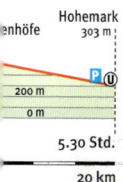

enhöfe
Hohemark
303 m
200 m
0 m
5.30 Std.
20 km

45

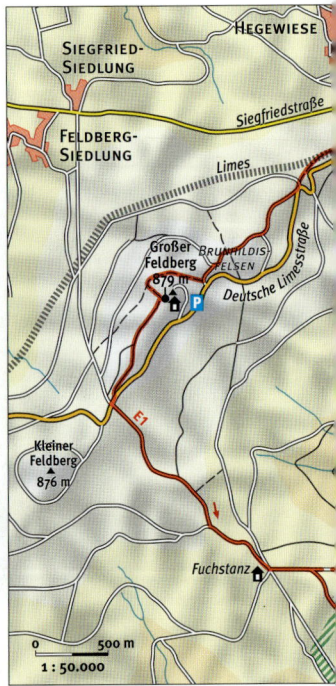

...en aus unter Be-
...en werden konnten.
...s zieht sich der noch im-
...beachtliche Wall, zu dem die
einst 6 m hohe Stadtmauer ausein-
andergeflossen ist. Ihr waren noch
hölzerne Brustwehren abwechseln-
der Höhen aufgesetzt – Vorläufer
steinerner Mauerzinnen.

Am Wegedreieck hinter dem öst-
lichen Randwall wendet sich der Archäologische Wanderweg nach
rechts und führt geradenwegs über
die Kuppe der **Goldgrube** (490 m),
von der man einen schönen Blick
zum Hauptkamm des Taunus hat:
Der Turm auf dem Großen Feldberg
markiert den höchsten Punkt des
Gebirges – und unserer heutigen
Wanderung. Linker Hand lugt der
Altköniggipfel über die ihm vorgela-
gerte Höhe der Schwestersiedlung
Altenhöfe – weitere Stationen der
heutigen Wanderung.

Nach kurzem Abstieg – der
Außenwall wird gekreuzt – gehen wir
an der Gabelung links, am nächsten
Abzweig geradeaus und an der T-Gabelung unten dann rechts (nun wieder roter Punkt). 30 m linker Hand
sind rechts unterhalb des Weges
noch Reste des **nordwestlichen Zangentors** zu erkennen (Schild an
Baum). Kurz davor durchschneidet
der Weg den Umfassungswall. Durch
das – vom forstlichen Wegebau
schwer beschädigte – Tor betrat man
schräg von unten kommend die
Stadt. Der zu Tal führende Hohlweg
nutzte den Graben vor dem Umfassungswall links.

Wir folgen der Markierung roter
Punkt nach rechts und dann immer
geradeaus hinab ins **Schellbachtal.**
An der Kreuzung unten geht es dann
wieder rechts bergan, oben über die
Kreuzung weiter, an der Gabelung
links und dann steil bergan.

Oben säumen Grenzsteine des
ehemals großherzoglichen (GH) und
landgräflichen (LH) Waldbesitzes
den Weg, die am **Viermärker** auf den
kurhessischen (KH) Waldbesitz und
den der Stadt Frankfurt (F) trafen (s.
a. Tour 7).

Wir steigen jetzt auf der Grenzschneise rechts steil bergan. Nach
70 m zweigt unser Weg halb links ab
und trifft auf einen Forstfahrweg,
dem wir geradeaus folgen. Kurz
nachdem von rechts ein Weg ein-
mündete, zweigt unser Weg mit dem
roten Punkt rechts ansteigend ab
und führt uns gemütlich entlang der
Kolbenbergflanke auf den **Sandplacken** (2 Std.), den zweithöchsten
Straßenpass über den Taunus. So-
bald rötlicher Weguntergrund auftaucht, haben wir die namengeben-

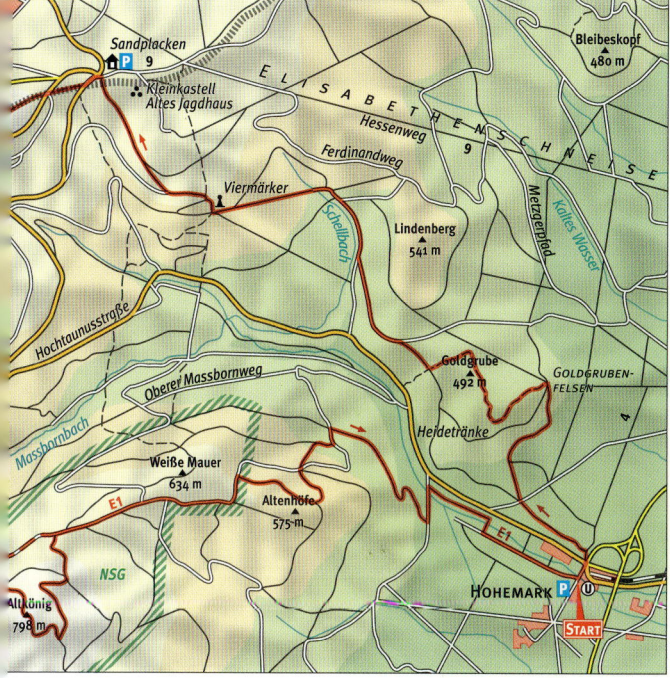

de Sandsteinscholle in dieser Taunusregion erreicht.

An der Wegkreuzung vor dem Parkplatz geht es links weiter (Andreaskreuz u. a.). Die Straße wird schräg nach links zum Café-Restaurant Am Sandplacken gekreuzt, an dessen linker Ecke der Hauptwanderpfad auf den Großen Feldberg in den Wald führt (links der Rest des Limes).

Wir kreuzen die Feldbergstraße und bleiben dann einfach auf dem Hauptwanderweg, der sich immer in Straßennähe hält und zum Schluss eine Abkürzung auf den Gipfel des **Großen Feldberges** nimmt (3 Std.).

Dort geht's rechts um das Gipfelplateau zum **Brunhildisfelsen** – und dem Paradeblick in den Hintertaunus. Als »lectulus Brunhildi« (Bettlein der Brunhilde) wurde der Felsen schon 1043 in einer Urkunde erwähnt, in der auch erstmals der Name »veltberc« auftauchte. Der Sage nach soll Siegfried hier mit dem Pferd durch die Waberlohe gesprengt sein, die schlafende Brunhilde zu erwecken.

Die große Wiese am Feldberg ist das Sportfeld des seit 1844 alljährlich veranstalteten Turnfestes auf dem Feldberg, der im 19. Jh. ein Ausflugsziel ersten Ranges war. Ein Aussichtsturm und drei Gasthäuser sorgten für Gemütlichkeit in der ›Wildnis‹, heute wird der Gipfel vom Sendeturm beherrscht.

Wir gehen vom Brunhildisfelsen weiter um das Gipfelplateau und zum **Feldberghof** (links zum Kiosk, dort auch Zugang zum Aussichtsturm), wo der Wanderweg rechts an der Bergwachtstation vorbei bergab führt (Markierung »Rotfuchs«), kreuzen unten die Straße und folgen der Markierung immer geradeaus bergab zum **Fuchstanz** (3.30 Std.), wo zwei Gasthäuser Atzung vor dem letzten Aufstieg dieser Wanderung bieten.

Wir folgen dem breiten, schnurgeraden Weg an den beiden Gasthäusern vorbei (römischer »Pflasterweg«), bis dann an der Gabelung nach 300 m rechts der mit dem Andreaskreuz markierte Weg Richtung Altkönig abzweigt.

Abkürzung: Wenn Sie den Altkönig auslassen möchten – bei verhangenem Wetter z. B. –, gehen Sie einfach auf dem »Pflasterweg« weiter (gelber Balken), auf den die Hauptroute bei der alten Buche 1 km weiter dann wieder trifft.

Achtung: Nach etwa 200 m biegt unser Weg links Richtung Altkönig vom Hauptweg ab. Gegen Ende des Aufstiegs passieren wir die Reste der beiden um 400 v. Chr. angelegten Ringwälle – und stehen mit einem Mal auf dem Gipfelplateau des **Altkönigs** (4 Std.), dem dritthöchsten Taunusgipfel.

Die Keltenburg auf dem Altkönig (um 400 v. Chr.) ist mindestens 100 Jahre älter als die ersten Befestigungen des Heidetränk-Oppidums. Es gibt keine Spuren, die auf ein Heiligtum, einen Fürstensitz oder sonst eine permanente Siedlung hier oben in 800 m Höhe hindeuten. Der Altkönig dürfte vielmehr eine Fliehburg für die Menschen des Vorland in Zeiten großer Gefahr gewesen sein.

Wir gehen auf der linken Seite des Gipfelplateaus weiter zur nächsten Sitzgruppe und dort an der Gabe-

lung halb links (Andreaskreuz; grüner Balken). Der Weg begleitet die recht ansehnlichen Reste des inneren Walls, den er dann bald am alten Tordurchlass schneidet, wo sich (bei entsprechender Sicht) ein fantastischer Blick auf die Mainebene öffnet.

Vorne an der Gabelung gehen wir links, bald wird auch die Sicht auf die Hochhäuser von Frankfurt frei. Voraus rollen die Wellen des Taunushauptkamms.

Der Hauptweg führt durch zwei Serpentinen bergab und erreicht unten im Wald den Wegestern am »Pflasterweg«, wo wir rechts gehen (von links trifft die Abkürzung wieder auf die Hauptroute). Für die folgenden 1,4 km bleiben Sie an Abzweigen immer geradeaus auf dem Höhenweg (Andreaskreuz u. a.), am großen Wegedreieck dann links Richtung Hohe Mark (Dalbesbergweg).

Nach 200 m biegen wir vom markierten Wanderweg rechts auf den **Altenhöfer Weg** ab. 500 m später, noch bevor der Weg zum Rechtsbogen ansetzt, kann man sich die Höhe rechts gut als keltischen Burgsitz vorstellen: Wir haben den zweiten Siedlungskern des Heidetränk-Oppidums auf der heute **Altenhöfe** genannten Bergkuppe erreicht. Der Name entstand aus einer ursprünglichen Fehldeutung der Wälle als Reste alter Höfe. Die Mauer schnitt unseren Weg etwa im Ansatz des Rechtsbogens, Wallreste sind dem geübten Auge noch erkennbar.

Im Bogen dann aber **Achtung:** Hier biegen wir vom Weg links hinab ab, gehen kurz weglos durchs Gelände bis zum Fichtenwald und an dessen Rand dann nach links. Das Geröll, auf dem wir bald gehen, sind Reste eines Keltenwalls, der die

Kernanlage (Wallreste rechts) mit einem Vorwerk verband. Im weiteren Verlauf wurde er in den 1960er Jahren beim Wegebau einfach eingeebnet (die Steine liegen rechts und links), da sich der baumlose Steinwall ja so gut zur Anlage einer Fahrschneise eignete... Beim Abstieg sieht man voraus – jenseits des Querweges – einen Rechtsbogen des Walls: Hier war ein zwingerartiges Vorwerk der Kernburg vorgelagert. Geht man über den Weg hinweg zu dem ›Steinhaufen‹, so sieht man, daß es sich um einen Zwickel handelt, wo zwei Wälle aneinanderstoßen: nach rechts biegt der – ältere – Zwingerwall ab, an den der aus dem Tal heraufkommende – jüngere – Umfassungswall der Gesamtanlage angelegt wurde. Dieser lief bis zum Weg und knickte dort zum Inneren der Anlage ab – als untere Wange eines Zangentors, die noch schwach erkennbar ist (die andere jenseits des Weges ist verschwunden). Der eingeebnete Wall oben schloss die Lücke zwischen Zwinger bzw. Tor und der Kernburg. Wir haben jetzt übrigens alle vier noch in Spuren erhaltenen Tore des Oppidums gesehen, die beiden im Talgrund liegenden wurden durch Straßenbau u.ä. zerstört.

Wenn wir jetzt also auf dem Querweg – aus der bisherigen Richtung betrachtet – nach rechts weitermarschieren, dann gehen wir auf einem über 2000 Jahre alten Weg... Kurz vor der Rechtskurve (Aussichtspunkt!)

gehen wir dann scharf links hinunter zum Fahrweg, und auf diesem weiter bergab.

Unten am Wegedreieck treffen wir wieder auf die Markierung Andreaskreuz, biegen aber rechts auf den unmarkierten Hangweg ab, der zu einem Blockmeer führt, wo sich die Burgbauer großzügig bedient haben dürften. **Achtung:** Hier folgen wir dem Pfad halb links bergab.

Wenn der Pfad unten wieder in einen Hangweg übergeht, taucht linker Hand bald eine Felsgruppe auf, an der vorbei wir durchs Gelände absteigen, um dem Weg unterhalb nach links zu folgen. Die Felsgruppe lag übrigens noch innerhalb des Oppidums, der Umfassungswall verlief durch das frühere Steinbruchgelände, auf das der Weg nach rechts zuführt.

Am nächsten Abzweig gehen wir halb rechts und hinab ins Heidetränktal – aber **Achtung:** 30 m hinter der scharfen Rechskehre führt halb links ein kaum noch erkennbarer Pfad steil bergab. Unten dann gehen wir rechts und dann gleich links auf dem Fahrweg weiter: dem **Kaiserin-Friedrich-Weg,** auf dem die Mutter des letzten deutschen Kaisers zwischen ihrem Witwensitz in Kronberg (s. Tour 10) und Bad Homburg kutschierte. Vorne gehen wir vor der Kaiserin-Friedrich-Brücke (Wappenstein über dem Bach) rechts und folgen nun dem markierten Wanderweg zurück zur S-Bahn-Station **Hohemark** (5.30 Std.).

Tour 9

Die Gallierburg auf dem Altkönig

Von der Hohemark schnurstracks auf den schönsten Taunus-Gipfel
Vor den Römern saßen lange schon die Kelten am Taunuskamm. Ihre beiden größten Fliebürgen stehen heute auf dem Programm, das einem Tag mit guter Fernsicht die Ehre geben sollte.

DIE WANDERUNG IN KÜRZE

+++
Anspruch

Charakter: Anspruchsvoll; es geht ziemlich lang und ziemlich steil bergan und dann ebenso bergab.

3.30 Std.
Gehzeit

Wanderkarte: Topografische Freizeitkarte 1:50000 Taunus (östlicher Teil), hg. vom Taunusklub e.V. und dem Hessischen Landesvermessungsamt

15 km
Länge

Einkehrmöglichkeiten: Unterwegs keine

Anfahrt: U 3 von Frankfurt Hauptwache bis Endstation Oberursel-Hohemark. Mit dem **Auto:** A 661 Frankfurt–Oberursel. Nach deren Übergang in die B 455 erste Abfahrt (Oberursel-Hohemark u. a.), im Kreisel dann zweite Ausfahrt und rechts zum Parkplatz.

An der **U-Bahn-Station Hohemark** kreuzen wir die Straße an der Fußgängerampel, gehen kurz nach rechts und überqueren dann die links, Richtung Klinik Hohemark, abbiegende Zufahrt zum Parkplatz (auf dem Sie bei Anreise mit dem Auto parken).

Von der rechten Parkplatzecke (Wanderwegweiser) folgen wir dem **Unteren Massbornweg** Richtung Feldberg u. a. ins Heidetränktal

(Markierung weißes Andreaskreuz, E 1 u. a.). Auf den beiden vorausliegenden Höhen rechts und links des Tals lag vor über 2000 Jahren die größte Keltenstadt Hessens.

An der großen Wegkreuzung vor Beginn des Waldes folgen wir den Hauptwanderwegen nach rechts und dann links entlang dem Heidtränkbach, den später ein Holzsteg kreuzt. Wir betreten hier schon den Bereich des **Heidetränk-Oppidums**,

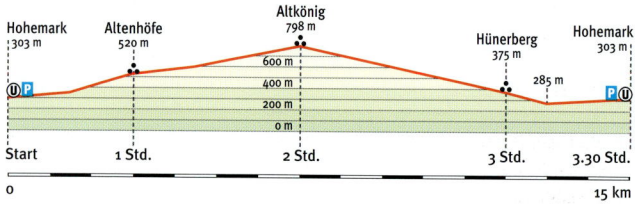

| Hohemark | Altenhöfe | Altkönig | | Hünerberg | Hohemark |
| 303 m | 520 m | 798 m | | 375 m | 303 m |

Start — 1 Std. — 2 Std. — 3 Std. — 3.30 Std.

0 — 15 km

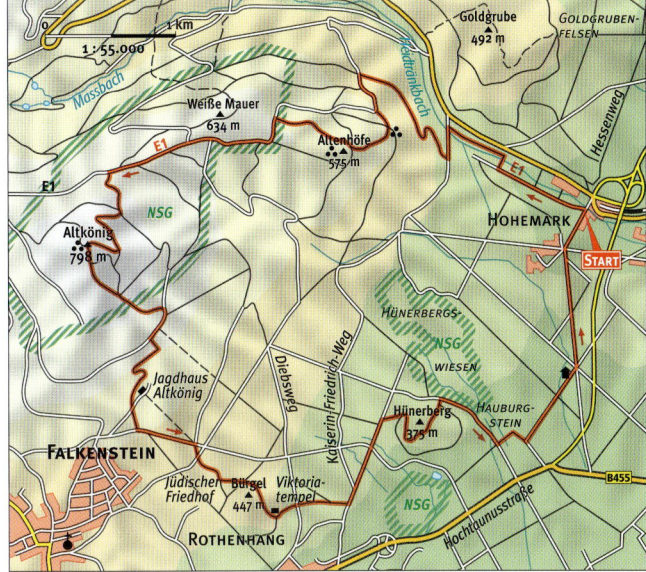

dessen Umfassungswall ungefähr hier das Tal querte.

Vorne am Wegestern bei der Kaiserin-Friedrich-Brücke (Wappenstein über dem Bach) gehen wir links. Dieser Weg wurde in den 1890er Jahren für die Kaiserin Friedrich angelegt, damit die Mutter des letzten deutschen Kaisers zwischen ihrem Witwensitz in Kronberg (Tour 10) und Bad Homburg durch den Wald kutschieren konnte.

Bei erster Gelegenheit steigen wir rechts entlang des Fichtenwaldes bergan (unmarkiert). **Achtung:** Nach etwa 200 m – linker Hand wurde gerade eine Rinne mit Blockgestein passiert – biegen wir vom Hauptweg halb links auf einen etwas steiler ansteigenden Pfad ab. Oben gehen wir hinter dem Fichtenhain links und nach 60 m wieder rechts, nun ziemlich eben am Berghang entlang; an der Gabelung nach etwa 200 m halb links, weiter die Höhe haltend.

An der großen Wegkreuzung dann folgen wir dem nach links ansteigenden Weg (Andreaskreuz u. a.), an der bald folgenden Dreifach-Gabelung aber dem mittleren, geradeaus ansteigenden Weg (unmarkiert). Ungefähr hier verlief in direkter Berg-Tal-Linie der nordwestliche Abschnitt des Umfassungswalls – wir hatten das Oppidum also kurz verlassen –, von dem noch die Rede sein wird.

Achtung: In der Rechtskurve des Hauptweges folgen Sie nun dem geradeaus abzweigenden Pfad bergan. Rechter Hand sind erstmals deutliche Wallreste einer Keltenmauer zu sehen, die der Pfad durchschneidet. Diese Mauer gehörte zu einem zwingerartigen Vorwerk der etwas oberhalb gelegenen Kernanlage auf der Höhe **Altenhöfe** (1 Std.), einer der beiden Kernanlagen des Heidetränk-Oppidums. Der Name »Altenhöfe« entstand aus einer ursprünglichen

Fehldeutung der Wälle als Reste alter Höfe.

An der T-Gabelung dann gehen wir nach rechts weiter (links: Aussichtspunkt), linker Hand sind bald Reste des Außenrings der Kernburg zu sehen.

Wenn links ein Weg abzweigt, sollten Sie die Stelle einmal etwas genauer in Augenschein nehmen: Von rechts sieht man einen Wall im Bogen herauf kommen: Das ist das Ende der Zwingermauer, an die der Umfassungswall angelegt war, der direkt am Wegrand zur Wange eines Zangentors abknickte.

Der Weg nach links, dem wir nun folgen, verläuft auf einem eingeebneten Verbindungswall zwischen Zangentor und Kernanlage, der hier in den 1960er Jahren einfach planiert wurde, weil er eine so praktische natürliche Waldschneise bildete. Die Steine rechts und links des Weges stammen aus der keltischen Mauer. Oben sieht man dann links Reste des Außenrings der Kernanlage (rechts weniger deutlich).

Wir gehen geradeaus und folgen oben der Nadel-/Laubwaldgrenze über den kleinen Höhensattel. Man kann sich gut vorstellen, warum diese durch Stufen schön gegliederte Anhöhe als befestigter Siedlungsplatz gewählt wurde.

Am höchsten Punkt dann steigen wir nach rechts kurz weglos bergan und treffen dann gleich auf einen Forstfahrweg, dem wir nach rechts um die Gipfelkuppe herum folgen und dabei ausgangs der Linkskurve das Heidetränk-Oppidum verlassen (Wallreste dem geübten Auge noch erkennbar).

Schließlich erreichen wir ein Wegedreieck, bei dem wir links gehen (Andreaskreuz u. a.), am bald folgenden Wegedreieck rechts und nun

an Abzweigen stets geradeaus (bald auch Markierung grüner Balken).

Nach 1,4 km erreichen wir einen Wegestern, wo wir halb links den ›Gipfelsturm‹ auf den Altkönig beginnen (Andreaskreuz; grüner Balken). Bald liegt dann auch schon der von den Stürmen Anfang 1990 freigelegte Gipfelaufbau des Altkönigs vor uns. Gut ist oben die doppelte Ringwallanlage der keltischen Gipfelbefestigung zu sehen.

Wir bleiben auf dem Hauptweg, der durch Rechts- und Linkskurve – erster Blick zum Feldberg – bergan und dann am Hang entlang führt. Die Aussicht in die Main-Wetterau-Ebene, nach Frankfurt und darüber hinaus ist grandios. Schaut man nach links zurück, sieht man die Wellen des Taunushauptkamms nach Nordosten ziehen.

Der Weg durchschneidet die Reste des unteren Walls und führt dann rechts hinauf, wo wir den inneren Bezirk der um 400 v. Chr. gebauten Wehranlage durch den originalen Tordurchlass betreten. Dahinter geht es rechts und hinauf aufs Gipfelplateau des **Altkönigs** (2 Std.). Oben gabelt sich der Weg: Später geht es hier links Richtung Kronberg, jetzt aber gehen wir erst einmal rechts vor zu dem Rastplatz, von dem man einen schönen Feldbergblick genießen kann (Tour 8).

Zurück an bezeichneter Stelle gehen wir also jetzt halb rechts Richtung Kronberg (Markierung schwarzer Balken u. a.). Dieser Wanderweg führt etwas im Rechtsbogen zum inneren Wall hinunter, schneidet dann auch den äußeren – und dann geht's steil bergab.

Unten wird ein Forstfahrweg gekreuzt, dann noch einer, aber hier **Achtung:** Unser Weg mit dem schwarzen Balken biegt gleich rechts von der senkrechten Schneise ab und führt dann am Hang entlang und teils in Serpentinen bergab.

Hinter dem Forsthaus Altkönig kreuzt der Wanderweg die Zufahrt und folgt dann weiter unten dem Forstfahrweg nach links. An der nächsten Wegkreuzung gehen wir rechts und an der gleich folgenden geradeaus, Richtung Kronberg (nun auch schwarzer Punkt).

An der nächsten Gabelung halb links, **Achtung:** An der folgenden Gabelung aber vom markierten Weg weg geradeaus durch zum Jägerzaun, der den alten **Jüdischen Friedhof** umgibt. Der Eingang ist auf der rechten Seite, von wo wir dann am Zaun entlang zum Wanderweg zurückkehren und ihm nach rechts weiter folgen. Rund 500 Jahre lang diente dieser Platz den Kronberger Juden als Begräbnisstätte. In der Nazizeit wurde ein Großteil des ursprünglich fast 5000 m² großen Areals eingeebnet und aufgeforstet. Geschont wurde denkwürdigerweise ein Zehntel der ursprünglichen Fläche, auf der heute noch 38 Grabmäler stehen.

Zurück auf dem Hauptweg, gehen wir nun an Abzweigen weiter geradeaus, bergab, über den Gipfel des **Bürgel** mit seinen anmutigen Felsgruppen, darunter ein 140 m langer und bis zu 5 m hoher Quarzgang linker Hand. Der Name der Anhöhe könnte von einem »Bürglein« stammen, das hier einst gestanden haben soll.

Nach kurzem Abstieg erreichen wir den **Viktoriatempel,** von wo sich ein schöner Blick über Kronberg mit seiner Burg hinweg ins Rhein-Main-Gebiet bietet. Der Metallpavillon wurde 1897 zu Ehren der »Kaiserin Friedrich« errichtet, der Mutter Kaiser Wilhelms II., die auf den Namen

ihrer Mutter, der Queen Victoria, getauft war. Das nahe Kronberg hatte sie 1890 zu ihrem Witwensitz erkoren (s. S. 59). Im Inneren des Pavilons sind unter dem Dach die Himmelsrichtungen verschiedener Sehenswürdigkeiten der Umgebung angegeben.

Unser Weg führt nun Richtung Wald-Café Bürgelstollen weiter bergab. Wir passieren bald eine Wand aus schönem quarzgespicktem Taunusschiefer. Hinter der nächsten Felswand dann links (nun nur noch schwarzer Punkt).

Der Weg führt bald halb rechts sacht bergab und kreuzt unten einen Forstfahrweg. Wir wandern durch lichten Buchenwald, durchqueren weiter unten nach links einen dunklen Fichtenhain, dahinter wird wieder ein Forstweg gekreuzt und weiter geht es bergab auf schmalem Pfad, der nicht optimal markiert sein mag, sich aber doch ganz gut verfolgen lässt.

Viktoriatempel

Schließlich treffen wir auf einen geschotterten Forstfahrweg, der sich gleich linker Hand gabelt: Gehen Sie auf dem halb rechten Zweig weiter und an den beiden folgenden Abzweigen geradeaus.

Achtung dann: nach etwa 250 m zweigt die Markierung schwarzer Punkt u. a. rechts auf den »Forstmeister-Valentin-Pfad« Richtung Hünerberg ab. Der Pfad führt unten vielleicht etwas unübersichtlich halb rechts durch den Buchenwald, steigt aber am rechten Rand des vorausliegenden **Hünerberges** (3 Std.) ganz malerisch auf den Gipfel. Der stellenweise noch zu erkennende Befestigungswall führte zu einer namengebenden Fehldeutung, wonach hier vorgeschichtlichen ›Hünen‹ am Werke gewesen wären. In Wahrheit wurde der Hünerberg aber erst in fränkischer Zeit (7./8. Jh.) mit einer kleinen Burg befestigt. Von der **Kappen-Bank,** die den Kronberger Narren gewidmet ist, bietet sich dann ein schöner Blick auf Kronberg.

Hier zweigt der Wanderweg nach links ab und folgt dann dem Kamm des kleinen Höhenrückens. Eine weitere Sitzbank über der Felsgruppe bietet Ausblick in Richtung Altkönig. Bei der folgenden Bank dann wendet sich der absteigende Weg wieder nach rechts. Vor dem Übergang vom Buchen- zum Fichtenwald wird der alte Burgwall durchschritten, der linker Hand gut zu sehen ist (besonders anschaulich aber, wenn man kurz etwas nach rechts geht).

Unten treffen wir auf einen Waldweg und folgen ihm nach links. An der nächsten Wegkreuzung dann rechts auf geschottertem Forstfahrweg bergab (»schwarzer Kreis«), am markigen **Hauburgstein** vorbei.

Unten an der großen Wegkreuzung geht es links Richtung Hohe Mark (nun schwarz umrandetes Rechteck). An den folgenden Abzweigen bleiben Sie geradeaus auf dem Hauptweg und gehen dann oben an der T-Gabelung rechts.

Wenig später zweigt der Wanderweg halb links ab und trifft bald auf einen geschotterten Forstfahrweg, der uns – immer geradeaus – zum Wegestern an der **Ravenstein-Hütte** führt. »Taunusvater« August Ravenstein (1809–1881) war auch »Frankfurts Turnvater« – und ein echter Vertreter der Gründerzeit, der gründete und gründete: 1833 die »Turngemeinde« und dann die »Turn Anstalt«, den ersten Fitnessklub der Mainmetropole. 1844 begründete Ravenstein das bis heute alljährlich begangene Turnfest auf dem Feldberg. Und 1830, mit erst 21 Jahren, gründete Ravenstein einen Kartenverlag, dessen Taunuskarten bis heute zur Standardausrüstung der Wanderer gehören. 1868 schließlich gründete der Unermüdliche – auf dessen Initiative auch der Frankfurter Palmengarten zurückgeht – den »Bund der Feldbergläufer« als ersten Gebiets-Wanderverein Deutschlands, aus dem später der heutige Taunusklub hervorging.

Wir folgen dem halb linken Weg Richtung Hohemark mit den bisherigen Markierungen. Immer geradeaus gehend, kommen Sie schließlich an der Kurklinik vorbei zum **Parkplatz an der Hohemark** zurück (3.30 Std.).

Bei Kronberg ist's schön

Von Kronberg durch den Vordertaunus nach Falkenstein

Am Südosthang des Vordertaunus wurde nicht nur die sonnen-
hungrige Esskastanie heimisch, auch die Landschaftsmaler zog es
ins malerische Kronberg und seine aussichtenreiche Umgebung, die
auch Wiege des heimischen Obstbaus war.

DIE WANDERUNG IN KÜRZE

++ Anspruch	**Charakter:** Mittelschwer; der Anstieg bis auf Burg Falkenstein zieht sich doch ziemlich, weist aber keine kniffligen Wegpartien auf.	**Einkehrmöglichkeiten:** Tennisclub Bad Soden; Falkenstein; Café Bürgelstollen (Mo Ruhetag); Schloss Friedrichshof; Kronberg
4.30 Std. Gehzeit	**Wanderkarte:** Topografische Freizeitkarte 1:50000 Taunus (östlicher Teil), hg. vom Taunusklub e.V. und dem Hessischen Landesvermessungsamt	**Anfahrt:** Mit der **S 4** von Frankfurt. Mit dem **Auto:** Auf der A 661, bis diese in die B 455 übergeht, auf dieser bis zur Abfahrt Kronberg.
16 km Länge		

Aus dem **S-Bahnhof Kronberg** tretend, folgen wir der Straße nach rechts und vorne am Park links hoch in die Stadt. Oben kreuzen wir die Straße und schlendern geradenwegs über den **Berliner Platz**. In der kleinen Anlage rechts steht das Denkmal für Hartmuth von Kronberg (1488–1549), den »Reformator«, der starken Anteil am Durchbruch der Reformation in Kronberg und Frankfurt hatte.

Hinter dem Platz gehen wir links durch die Heinrich-Winter-Straße und dann rechts steil den Kronthaler Weg hinunter (Markierung schwarzer Punkt und Kreis). Unten geht es geradeaus auf asphaltiertem Gehweg weiter, der sich durch die Gärten schlängelt und auf der anderen Talseite auf die Höhe führt. Oben erinnert die **Erlebnis-Obstwiese** dar-

an, dass Kronberg die »Wiege des Obstanbaus im Vordertaunus« war.

Vor dem Haus folgen wir kurz links der Anliegerstraße Richtung Mineral- und Heilquellen Kronthal und gehen hinter dem Grundstück rechts in den Ferdinand-Küster-Weg, der sich vorne an der Gabelung halb links fortsetzt und über eine Treppe zu den **Kronthaler Quellen** (30 Min.) hinabführt. Dort am Wegestern gehen wir halb links an der Infotafel »Kronthaler Heilquellen seit 1568« und einem Wassertretbecken vorbei.

Hinter dem Quell-Trio – im Park rechter Hand liegt zudem die älteste Kronthaler Quelle – folgen wir links dem Weg zum Parkplatz (jetzt gelber Balken), kreuzen oben die Straße und folgen dem asphaltierten Fahrweg kurz auf die Höhe. Oben geht es dann an der Gabelung nach links durch den Rechtsbogen und dann am Waldrand entlang. Wir bleiben an Abzweigen geradeaus auf dem Hauptweg, geradeaus auch am Wegestern, nun auf schmalerem Waldweg an einem tief eingeschnittenen Bachbett entlang (Markierung roter Kreis).

Kurz vor Erreichen der Landstraße treffen wir auf einen asphaltierten Wirtschaftsweg und folgen ihm nach rechts durch die Feldflur auf die Ausläufer von Bad Soden-Neuenhain zu. Vor der **Gaststätte des Tennisclubs Bad Soden** geht es dann rechts bergan (nun schwarzes Andreaskreuz).

An der Gabelung hinter dem Sportplatz halb links, an der folgenden halb rechts, der Asphalt endet und nun im Prinzip immer geradeaus (d .h. an der folgenden Gabelung an der Sitzbank links!). Unser Pfad führt bald durch lichten Eichen-Mischwald (an der Gabelung halb links), in den einige Exemplare der in der Kronberger Gegend früher weit verbreiteten Edel- oder Esskastanien (ortsüblich: »Kesten«) eingestreut sind, erkennbar an den feingezackten, lanzettförmigen Blättern. Möglicherweise wurden der wärmeliebende Baum schon von den Römern in den sonnenbegünstigten Vordertaunus gebracht.

Schließlich erreichen wir einen asphaltierten Wirtschaftsweg und folgen ihm nach links bergan. Bald öff-

net sich ein schöner Blick hinüber nach Kronberg. Wir biegen vom Asphaltweg links Richtung Königstein ab (weiter schwarzes Andreaskreuz).

An der folgenden Gabelung rechts Richtung Hardtbergturm u. a., am Rand des Fichtenwaldes rechts. Wir marschieren nun für 1 km immer geradeaus auf dem gekiesten Hauptweg. Vor den ersten Häusern von **Königstein** dann geht es rechts Richtung Opel-Zoo weiter. Der **Hardtbergturm** (2 Std.) ragt voraus bald über die Baumwipfel und bietet eine prächtige Aussicht über den Vordertaunus.

Wir folgen am Turm vorbei dem bisherigen Weg, an den folgenden Abzweigen geradeaus (schwarzer Punkt u. a.) und hinab zur Mammolshainer Straße, die wir zum Parkplatz kreuzen. An dessen Ende gehen wir rechts und dann gleich links über die Wiese hinab zum **Opelzoo,** unten auf dem Weg nach links und über die Parkplätze zum Haupteingang an der B 455. 1956 hatte Georg von Opel hier das »Freigehege für Tierforschung« angelegt, das einem doppelten Zweck dienen sollte: In großen Gehegen sollten sich Tiere in weitgehend natürlichen Sozialverbänden möglichst frei bewegen dürfen, um einerseits von Verhaltensforschern studiert werden zu können und andererseits den Stadtmenschen Erholung, Freude am Tier und zoologisches Wissen zu vermitteln.

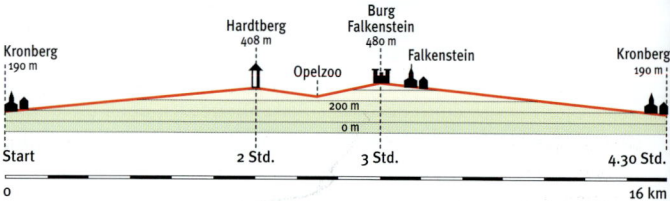

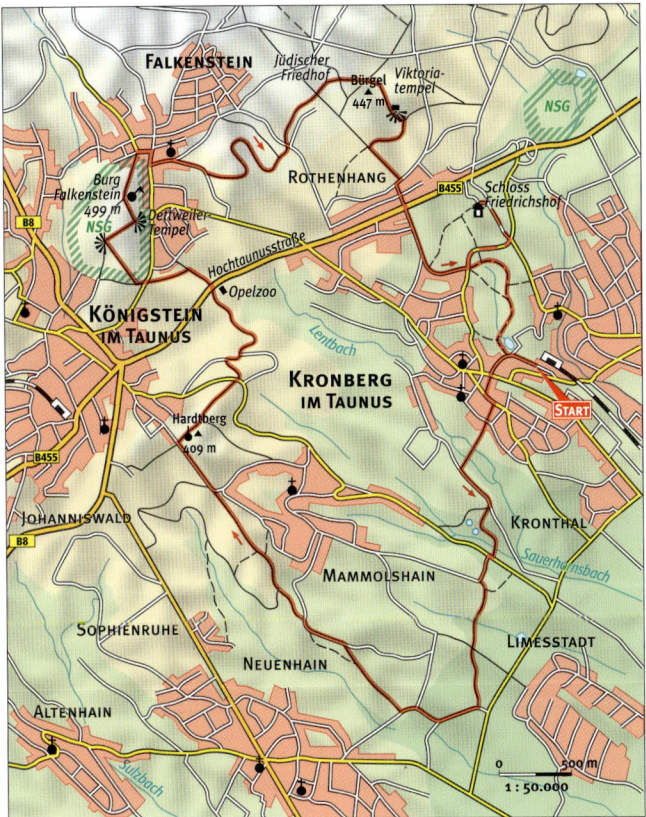

Wir kreuzen die Straße bei der Fußgängerampel und folgen dem Wiesenweg bergan auf Burg Falkenstein zu. An der Gabelung vor der Heckenreihe halb links. Zurück der herrliche, oft gemalte Blick über Kronberg hinweg und über die Mainebene bis hin zum Spessart.

Oben kreuzen wir neben dem Parkplatz der Taunusschule die Falkensteiner Straße schräg nach rechts und erreichen nach wenigen Metern Anstieg einen Gehweg, dem wir kurz nach links folgen, an der Gabelung dann halb rechts. Schöne Schieferfelsen schmücken den lich-

ten Laubmischwald. An der folgenden Gabelung gehen wir rechts und dann geradeaus weiter, so auch an der folgenden Kreuzung, Richtung Falkenstein.

An der nächsten Gabelung (davor rechts altes Gemäuer) gehen wir zunächst links zum **Hildablick.** Von dem Aussichtsfelsen bietet sich der Paradeblick auf Königstein. Der Name »Hildablick« leitet sich von einem 1865 hier errichteten Aussichtstempel her, der auf den Namen der Tochter des letzten Herzogs von Nassau getauft war.

Wir gehen zur Gabelung zurück,

Der Taunus bei Königstein

dort links und dann gleich rechts auf kleinerem Pfad Richtung Dettweiler-Tempel/Burg Falkenstein (Markierung schwarzes Andreaskreuz).

Weiter oben kreuzen wir den Rundweg um den Burgberg und steigen geradeaus weiter bergan, an der schwach erkennbaren Gabelung halb rechts zu den Felsen. Bald erreichen wir den **Dettweiler-Tempel** auf der **Teufelskanzel,** von wo sich eine prächtige Aussicht über den Vordertaunus zur Mainebene mit Frankfurt hin eröffnet.

Wir folgen weiter unserem Wanderweg zur nahen **Burg Falkenstein** (3 Std.). Von der 1330 erstmals erwähnten Burg sind bedeutende Mauerreste des Berings mit Burgtor (1855 erneuert) sowie der quadratische Bergfried erhalten, der geschickt auf den anstehenden Fels gebaut ist. Genießen Sie den Blick über Kronberg nach Frankfurt.

Vom Burgtor aus gehen wir dann hinab nach **Falkenstein,** am Ortseingang geradeaus an der Kirche vorbei und unten rechts zur Durchgangsstraße. Dieser folgen wir kurz rechts bergab und biegen dann links in den Debus Weg ein.

Wir gehen an der Kirche geradeaus auf dem die Höhe haltenden Weg weiter (schwarzer Kreis) und am folgenden Platz halb links ansteigend (Jakob-Seibel-Weg). Zahlreiche Grünschiefer-Aufschlüsse künden den voraus liegenden **Kocherfelsen** an, zu dem der Weg dann halb rechts ansteigt. Auf dem Sattel unter dem über Stufen zugänglich gemachten Felsgipfel (Aussichtspunkt mit Blick zur Burg) zweigt unser Wanderweg rechts ab und steigt zu einem Hangweg hinab, dem wir nach links folgen.

Wir wandern nun durch lichten Eichenwald am Berghang entlang. Nun müssen wir Acht geben: nach kaum 200 m – die Stelle ist etwas schlecht zu erkennen –, zweigt der markierte Weg rechts ab und führt leicht bergab auf die Gebäude der Bildungsstätte zu. An der oberen Ecke des Areals kreuzen wir den Forstfahrweg, gehen am Zaun entlang weiter (unmarkiert) und kreuzen hinter der Anlage einen weiteren Forstfahrweg.

Am Rande der Fichtenwaldung dann treffen wir wieder auf einen markierten Wanderweg (schwarzer

Balken u. a.) , dem wir rechts bergab folgen. Unten an der Gabelung geht es halb links, wir aber gehen hier geradeaus zum Jägerzaun durch, der den alten **Jüdischen Friedhof** umgibt (s. S. 53; Eingang auf der rechten Seite, von dort am Zaun entlang zum Wanderweg zurück und rechts).

Wir gehen nun weiter bergab, an Abzweigen geradeaus, dann führt uns der Weg an anmutigen Felsgruppen vorbei über den Gipfel des **Bürgel** (446 m), über den ein 140 m langer und bis zu 5 m hoher Quarzgang verläuft, der beim Abstieg linker Hand schön zu sehen ist. Nach kurzem Abstieg erreichen wir den **Viktoriatempel,** von wo sich noch einmal ein schöner Blick über Kronberg mit seiner Burg hinweg bietet (s. S. 53).

Wir gehen nach rechts weiter und nehmen dann am nächsten Wegekreuz den links steil bergab führenden Pfad (weiter schwarzer Balken). Wir erreichen den Rand einer Siedlung, folgen der Straße wenige Meter nach rechts (links zum nahen Café Bürgelstollen; schöne Aussicht), dann links, unter der B 455 durch und nun am Park von **Schloss Friedrichshof** entlang. Unten kreuzt der Wanderweg die Straße und führt geradewegs am Bachlauf entlang durch den Stadtpark zum **S-Bahnhof Kronberg** zurück (4.30 Std.).

Kaiserin Friedrich (1840–1901) und Schloss Friedrichshof

Ein »goldenes Zeitalter« hatten sich die Deutschen vom liberalen Kaiser Friedrich III. versprochen, der aber nach nur 99 Tagen Regentschaft im Juni 1888 starb. Mit seinem Sohn Wilhelm II. brach eine andersgeartete ›große Zeit‹ an. Dass sie böse enden würde, ahnte damals noch kaum jemand – außer vielleicht seine Mutter Victoria. Diese letzte mahnende Stimme aus Berlin fortzukeln, gehörte denn auch zu den ersten ›Amtshandlungen‹ des jungen Kaisers...

Friedrichs Frau, die älteste Tochter der Queen Victoria, wählte Kronberg als Witwensitz – weit weg von Berlin, doch nahe bei Bad Homburg, wo Wilhelm mit der Familie sommers kurte. Kronberg hatte auch den Vorzug, dass es hier eine lebendige Malerkolonie gab, denn »Vicky« war eine ganz begabte Künstlerin. Am Taunusrand baute sie »Friedrich's Hof« und nannte sich fortan die »Kaiserin Friedrich«.

Ihr Mann war bis zu seiner Thronbesteigung Kurator der preußischen Museen gewesen. Das seinem Gedenken gewidmete Schloss sollte ein Gesamtkunstwerk aus Architektur, Innenräumen und den gemeinsam angelegten Kunstsammlungen sein, in dem sowohl Epochen als auch regionale Stilrichtungen in einer Art illustrierten, nacherlebbaren europäischen Kunstgeschichte vorgestellt wurden.

Das »museumspädagogische Programm« zeigt sich im Außenbau an der Verquickung verschiedener Stilformen unter einem spitzgiebligen »deutschen« Dach: Von der italienischen Renaissance bis zum hessischen Fachwerk reicht die Palette – nicht zu vergessen die englische Tudor-Gotik als Reverenz an die Heimat der Bauherrin. Ein sorgfältig ausgewogenes Spiel der Dekorationsformen schweißt dabei im Spiel mit »latenten Symmetrien« trotz scheinbar unregelmäßiger Fensteranordnungen den Schlossbau zu einem homogenen Ganzen zusammen. Seit 1954 ist Schloss Friedrichshof ein Nobelhotel mit Golfplatz im Park.

Tour 11

Die Nassauische Schweiz

Von Eppstein zu Baha'i- und Kaisertempel

Erst Baha'i-, dann Kaisertempel – die Nassauische Schweiz steckt wirklich voller Kontraste, was sich auch im Auf und Ab ausdrückt, dessen Mühen dann mit einem herrlichen Biergartenblick über Eppstein belohnt werden.

DIE WANDERUNG IN KÜRZE

++
Anspruch

4 Std.
Gehzeit

14 km
Länge

Charakter: Mittelschwer; die beiden kräftigen Anstiege werden durch die Kürze der Wanderung ausgeglichen; ungeübte Wanderer sollten trockenes Wetter abwarten.

Wanderkarte: Topografische Freizeitkarte 1:50000 Taunus (östlicher Teil), hg. vom Taunusklub e.V. und dem Hessischen Landesvermessungsamt

Einkehrmöglichkeiten: Lorsbach; Kaisertempel

Anfahrt: Mit der **S 2** von Frankfurt nach Eppstein. Mit dem **Auto:** Auf der A 66 bis zur Abfahrt Hattersheim, dort weiter über Hofheim und Lorsbach nach Eppstein; da dort am S-Bahnhof nur mit Kundenkarte geparkt werden darf: Parkplatz kurz davor rechts benutzen (hinter letztem Abzweig zur Innenstadt; Bushaltestelle). Zum Bahnhof geht es über die Fußgängerbrücke.

Neufville-Turm: wochenends/feiertags geöffnet.

Vom **S-Bahnhof Eppstein** gehen wir über den Parkplatz zum Bahnübergang und drüben dann auf der Privatstraße bergan. Voraus sieht man kurz schon einmal den Neufville-Turm, halb links auf der anderen Talseite blitzt einmal das Weiß des Kaisertempels auf, in dessen Biergarten wir in gut drei Stunden die Wanderung noch einmal Revue passieren lassen können...

Rechter Hand liegt dann die **Villa Anna** (Therapieeinrichtung), ein in den 1880er Jahren erbauter Sommersitz des Frankfurter Bankiers Alfred de Neufville (1856–1900), da-

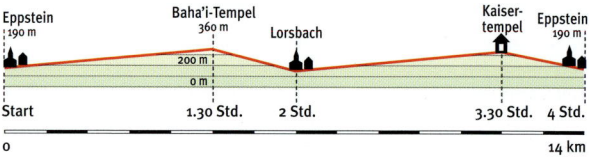

Eppstein
190 m

Baha'i-Tempel
360 m

Lorsbach

Kaiser-tempel

Eppstein
190 m

200 m

0 m

Start

1.30 Std.

2 Std.

3.30 Std.

4 Std.

0

14 km

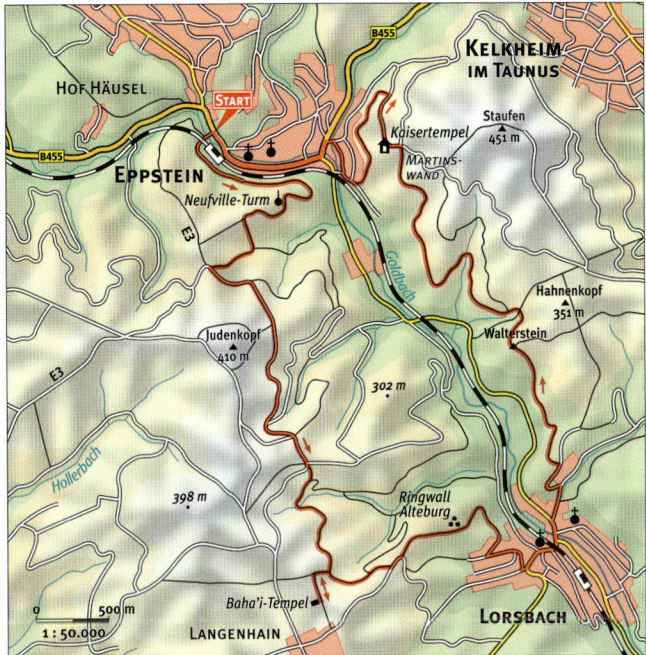

mals das Schmuckstück des nach dem Eisenbahnanschluss 1877 aus dem Boden geschossenen Villengürtels. Der angrenzende Landschaftspark (von Heinrich Siesmeyer, Schöpfer des Frankfurter Palmengartens) umfasste das ganze romantische Programm von der Meierei bis zum trutzigen Aussichtsturm. An Abzweigen folgen wir weiter dem ansteigenden Hauptweg (blauer Punkt), oben dann rechts zum **Neufville-Turm.**

Unmittelbar vor dem Anwesen führt unser Weiterweg am Zaun entlang bergan, dem wir dann auch nach rechts auf dem Hangweg folgen. Vor der Hochweide schließlich steigen wir links Richtung Sportplatz an. Vorbei an dem hier etwas deplatziert wirkenden Bolzplatz erreichen wir eine Streuobstwiese, an de-

ren Rand wir – drüben ist kurz mal der Kaisertempel zu sehen – vor zum Forstwirtschaftsweg gehen, dem wir nach rechts folgen.

Vorne an der T-Gabelung links (Andreaskreuz), unten am Wegestern folgen wir dem – unmarkierten – Hauptweg nach links, der bald sacht an der Flanke des Judenkopfes ansteigt.

An der Dreifach-Gabelung weiter geradeaus auf dem mittleren Zweig, bald auf Asphalt (Markierung »Wildschwein«), geradeaus auch oben, weiter auf dem Hauptweg.

Wir kommen an einer schön altertümlichen **Schutzhütte** mit Tisch und Bänken vorbei und bleiben an den folgenden Abzweigen auf dem in etwa die Höhe haltenden Hangweg. In der Rechtskurve nach gut 700 m dann **Achtung:** An der Wegkreuzung gehen wir wenige Meter links und dann rechts bergab (Markierung nun »Rehkopf«).

Tiefe Erosionsschluchten markieren ein zum Schwarzbachtal sich hinab ergießendes Gewässersystem. Unten gehen wir scharf links, es folgt eine weitere Serpentine, hinter der wir dann die obere Traverse nehmen. Hinter einer verwahrlosten Quellfassung steigen wir gemächlich am Gegenhang bergan.

Ausgangs des Waldes liegt dann die Kuppel des **Baha'i-Tempels** (1.30 Std.) voraus auf der Höhe, zu dem

wir rechts hinaufgehen – der spätere Weiterweg aber führt hier links bergab.

Die Baha'i-Sekte, die hier 1964 ihr erstes europäisches »Haus der Andacht« einweihte, geht auf den Perser Bahá'u'lláh zurück, der 1863 verkündet hatte, der Gottesoffenbarer für unser Zeitalter zu sein. Kern seiner Lehre ist »Einheit« – Einheit der Menschheit und Einheit der Religionen. Da es nur einen Gott gibt, könne es keine grundlegenden Unterschiede zwischen den verschiedenen monotheistischen Religionen geben, die

Eppstein

daher als gleichwertig zu betrachten seien. Wegen dieser Toleranz-Botschaft werden die Baha'i bis heute in islamischen Ländern verfolgt.

Wir gehen zu der bezeichneten Stelle zurück und folgen der Markierung schwarzer Punkt bergab, links in den Wald und dort am Wegestern halb links, weiter bergab. Der Weg kreuzt schließlich einen Wirtschaftsweg, dem wir nun nach links folgen, unten in der Rechtskurve dann geradeaus vom Hauptweg ab (Markierung jetzt »Eichhorn« u. a.).

Vorne in der Rechtskurve des nunmehrigen Hauptweges durchschneidet dieser den vorgelagerten Abschnittswall (rechts) einer frühmittelalterlichen Burganlage, deren beachtlicher Hauptwall dann links zu erkennen ist, noch bevor wir die ersten Gartenanlagen von Lorsbach erreichen. Linker Hand steht dann auch eine Erklärungstafel zur **Alteburg,** die irreführend auch vorgeschichtlichen Ursprung gelten lässt. Zwar hat man hier Gegenstände aus der Zeit von 3500 v. Chr. gefunden – damit ist diese Stelle eine der frühesten Höhensiedlungen des Taunus über dem Maintal – , befestigt aber wurde dieser Berg wohl erst in fränkischer Zeit (7./8. Jh. n. Chr.).

Wir gehen geradeaus weiter, erreichen die ersten Häuser von **Lorsbach** (2 Std.), gehen unten links und ganz hinab in den alten Ortskern Dort folgen wir der Durchgangsstraße nach links und biegen dann in die zweite Straße rechts (Münsterer Straße) Richtung Waldgasthof Gundelhard ab.

Wenn der mit dem schwarzen Punkt markierte Weg bald rechts abbiegt, gehen wir auf der Straße geradeaus weiter und biegen dann links in die Straße Am Hasenberg ab (Markierung nun schwarzer Balken).

Es geht ziemlich steil bergan. **Achtung:** Oben gegen Ende des Anstiegs zweigt der Weg scharf links ab, führt am Zaun eines Anwesens entlang und erreicht dann am Ende des Bergsporns den **Luisentempel,** einen ursprünglich 1907 angelegten überdachten Rastplatz, dessen einstige schöne Aussicht die örtlichen Fremdenverkehrsförderer vielleicht wieder freilegen lassen könnten...

Unser Wanderweg führt nun nach rechts bergab und auf schmalem Pfad vorne rechts am Hang entlang durch schönen Buchen/Eichen-Hochwald, schließlich bergab. Unten vor dem Zaun gehen wir links und nun von einer Hecke begleitet entlang einer Streuobstwiese und wieder in den Wald.

Unten gehen wir am Waldrand nach rechts weiter: Drüben ist durch eine Bergscharte die Kuppel des Bahai-Tempels zu sehen. Der Weg steigt nun wieder – teils steil – durch Wald bergan und erreicht den **Walterstein,** einen der herausragenden Felsen der Nassauischen Schweiz über dem Schwarzbachtal (Aussicht etwas unterhalb).

Hier gehen wir nun nach rechts und erreichen bald einen Holzfuhrweg, dem wir links hinab folgen, unten am Wegestern in der Linkskurve dann halb links ansteigend.

Wir wandern nun stetig entlang der Talflanke sacht bergan und bleiben an Abzweigen auf dem Hangweg. Schließlich erreichen wir ein Plateau, hinter dem der Wanderweg kurz bergab führt und dann nach links, an Felsen vorbei zum Aussichtspunkt über der **Martinswand** (Weiterweg davor rechts).

Von hier hat man den wohl schönsten Ausblick auf Eppstein. Ein Gedenkstein erinnert an Felix Mendelsohn Bartholdy, der die romanti-

sche Felsenlandschaft der Nassauischen Schweiz 1845 während einer
Kur in Bad Soden kennengelernt hatte.

Wir gehen also rechts hinab und
sehen dann schon gleich das Gasthaus beim **Kaisertempel** (3.30 Std.).
Der griechische Säulengiebel des
1894 errichteten Bauwerks strahlt
vom prominentesten Felsen auf Eppstein hinunter. Hier oben betreten
wir das Heiligtum von der schmuck-
losen Rückseite her – und sehen
dann gleich, wes Geistes Kind es ist:
Von rechts grüßt Bismarck, von links
Generalfeldmarschall Moltke, er-
staunt drehen wir uns um und stehen vor den beiden Kaisermedail-
lons mit den Profilen von Wilhelm I.
und Friedrich III. (s. S. 59), dazu die
Inschrift »Den Einigern Deutschlands gewidmet«. Gestiftet hat die
Büsten und Medaillons übrigens Alfred von Neufville.

Wir treten aus der Weihestätte der
mit »Blut und Eisen« (Bismarck) her-
beigeführten Reichseinigung und
genießen den Blick auf Eppstein.
Halb links lugt die Kuppel des Baha'i-Tempels als Friedenssymbol
über die Baumwipfel.

Wir gehen oben am Gasthaus vorbei und treten auf der Zufahrt den Abstieg an (Markierung gelber Balken u.
a.). **Achtung:** Nach gut 200 m zweigt
unser Weg als schmaler Pfad links ab,
zieht dann am Berghang entlang hinunter nach **Eppstein,** wo wir nach
rechts und zum Schluss links zur von
Königstein kommenden Straße gehen. Dort gehen wir links zum am-
pelbewehrten Hauptstraßendreieck,
wo wir halb links die von Hofheim
kommende Straße kreuzen und vor
dem Haus Richtung Bahnhof auf dem
Weg zwischen Bahndamm und
Straße zum **S-Bahnhof Eppstein**
zurückkehren (4 Std.).

Eppstein

Der Aufschwung des am Schnitt-
punkt enger Felsentäler gelegenen
Städtchens begann 1877 mit der In-
betriebnahme der Eisenbahnlinie
Frankfurt–Höchst–Limburg. Nicht
nur, dass die Hinterwäldler nun zur
Arbeit in die Großstadt pendeln
konnten (oder zu den Farbwerken
Höchst), auch die feine Gesellschaft
pendelte – in umgekehrter Richtung
freilich, zum Weekend und zur Sommerfrische. Eppstein wurde ein be-
liebter Villenort für wohlhabende
Frankfurter, die plötzlich in kaum einer Stunde in der Nassauischen
Schweiz waren.

Enge Beziehung zu den Mainlan-
den bestand freilich schon viel
früher, denn die Herren von Eppstein
stammten aus Hainhausen im Rod-
gau (zwischen Heusenstamm und
Seligenstadt) und standen in Diens-
ten des Mainzer Erzbistums. 1150
wurden sie mit der Burg Eppstein be-
lehnt, um den wichtigen Taunus-
übergang Richtung Limburg zu sichern. Das folgende 13. Jh.war die
große Zeit der Eppsteiner, als sie vier
der fünf Mainzer Erzbischöfe stellten
und dadurch kräftig in der Reichspo-
litik mitmischen konnten, denn der
Erzbischof von Mainz war zugleich
Erzkanzler des Reiches. Danach begann der Stern der Eppsteiner zu sin-
ken, 1535 starb das Geschlecht aus.
1804–1823 wurde die Burg größten-
teils abgerissen, 1906 begannen Frei-
legungen und Sanierungen. Durch
die Restaurierung von 1970–72 erhielt die Ruine ihre heutige Gestalt.

Die Burg beherbergt heute u.a.
das Stadt- und Burgmuseum und
dient im Sommer als Freilichttheater
für die Burgfestspiele und andere
Veranstaltugnen (Auskunft unter Tel.
06198/30 50 und 06198/80 31).

Atzelberg und Silberbach

Von Königstein zum Luisenturm und durch das Silberbachtal

Der Sendeturm auf dem Atzelberg markiert im Vordertaunusprofil die Lage von Königstein, wo schon Stoltze gern kurte, Frankfurts »Nationalpoet« der Gründerzeit. Sein »Plätzi« im Billtal ist manchen bekannt, wer aber kennt schon das stille Silberbachtal bei Schlossborn?

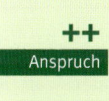

DIE WANDERUNG IN KÜRZE

++
Anspruch

Charakter: Mittelschwer; keine nennenswerten Anstiege; längere Partien verlaufen auf unmarkierten Wegen.

4 Std.
Gehzeit

Wanderkarte: Topografische Freizeitkarte 1:50000 Taunus (östlicher Teil), hg. vom Taunusklub e.V. und dem Hessischen Landesvermessungsamt

15 km
Länge

Einkehrmöglichkeiten: Naturfreundehaus Billtalhöhe (Mo Ruhetag)

Anfahrt: Mit dem **Auto:** Auf der A 66 bis zur Ausfahrt Frankfurt-Höchst, weiter auf der B 8 nach Königstein. Vom Kreisel am Ortseingang der B 8 noch kurz weiter Richtung Glashütten folgen und beim Schwimmbad links Richtung Ruppertshain/Eppenhain abbiegen. Kurz hinter der scharfen Linkskurve nach dem Ortsausgang liegt rechts der Wanderparkplatz Victoriaweg.

Vom **Wanderparkplatz Viktoriaweg** folgen wir diesem nach der Mutter des letzten deutschen Kaisers benannten Weg oberhalb der Straße am Hang des Steinkopfs entlang (Markierung »Eichblatt«; gelber Balken u. a.).

Oben am Wegestern gehen wir geradeaus auf dem unteren, die Höhe haltenden Weg. Hin und wieder bieten sich erste schöne Ausblicke, dann führt der Victoriaweg hinab zum **Wanderparkplatz Landsgraben,** wo wir die Straße zum **Wanderparkplatz Eppenhainer Kreuz** kreuzen. Das Kreuz steht rechter Hand an der Straße. In der Schlossborner Gegend begegnen uns mehrfach solche Kreuze, von denen noch

ca. 20 erhalten sind. Sie wurden nach altem Brauch von Privatleuten als Bitt- oder Dankkreuze aufgestellt.

Am Ende des Parkplatzes folgen wir der Straße auf dem Parallelweg kurz nach rechts, Richtung Luisenturm u. a. Am Wegestern, nach rund 200 m, führt der Wanderweg halb links bergan (Markierung »Fisch«). An der Verzweigung auf halber Höhe halten wir uns halb rechts und gelangen auf unmarkiertem, zunächst nur leicht ansteigendem Weg auf den Gipfel des **Atzelberges** (1.30 Std.; Schutzhütte, Grillplatz) mit **Luisenturm** (1914, erneuert 1980) und dem Fernmeldeturm von 1969. Nachdem wir die Aussicht über das Taunusgebiet westlich des Feldberges genossen haben, kreuzen wir in Fortsetzung des Aufstiegs die Zufahrt. Die Wanderwege zweigen dann am umzäunten Areal rechts ab. Es geht nun im Wald bergab auf die ersten Häuser von **Eppenhain** zu, nach Kreuzen eines breiteren Weges unmarkiert. Unten gehen wir nach rechts am Anwesen der Villa Hochschild entlang, in der sich heute eine therapeutische Einrichtung befindet.

Am Ende des Jägerzauns gehen wir links, vorne an der Gabelung halb links unter Kastanien auf das Anwesen zu und dann gleich rechts durch die Wiese am Zaun entlang bergab, auf ein weiteres der typischen Kreuze der Gegend zu, neben dem ein Pfad in den lichten Laubwald führt. Wir wandern auf der Bergrippe allmählich bergab, bis wir auf einen querenden Weg (Markierung »Fisch«) treffen, dem wir nun nach rechts flott an der Bergflanke entlang hinab – an Abzweigen immer geradeaus – ins **Silberbachtal** folgen. Am gegenüberliegenden Silberberg wurde einst nach dem begehrten Metall geschürft.

Unten queren wir über die Brücke auf die andere Talseite und folgen dem Weg nach rechts den Silberbachgrund hinauf. Unser Weg zweigt nach knapp 500 m von dem bergan führenden Fahrweg halb rechts ab. Der grasige Hangweg quert schließ-

lich wieder auf die andere Talseite und steigt am Gegenhang oberhalb der Wiese leicht bergan.

Achtung: Unser Weiterweg biegt in der Rechtskurve an der Ecke des umfriedeten Areals halb links vom Hauptweg ab. Wir wandern nun immer geradeaus am Zaun der kleinen **Wochenendhauskolonie** entlang und dahinter an der **Kippelmühle** vorbei zur Landstraße.

Dieser folgen wir etwa 100 m nach rechts in den Wald und biegen dann links auf den geschotterten Fahrweg ab, dessen gewundener Lauf uns nun durch die beneidenswert in schattiges Grün gebettete Wochenendhauskolonie führt.

An der Gabelung vor der Wiese geht es halb rechts weiter, der Weg folgt in etwa dem Waldrand. Hinter einem pyramidenförmigen Häuschen gehen wir kurz am oberen Rand der Wiese entlang, mit schönem Blick zum Atzelberg, dahinter rechts in den Wald. An der Kreuzung mit dem geschotterten Forstfahrweg geht es leicht rechts versetzt geradeaus weiter.

Hinter dem umzäunten Areal dann, nach gut 200 m, folgen wir links dem Pfad hinunter, der unten am Waldrand auf einen Fahrweg trifft. Hier kurz rechts und dann an der Gabelung rechts in den Wald. Der Weg führt unterhalb des **Götzheimersteins** an einem Fischteich mit schönem Seerosenteppich vor-

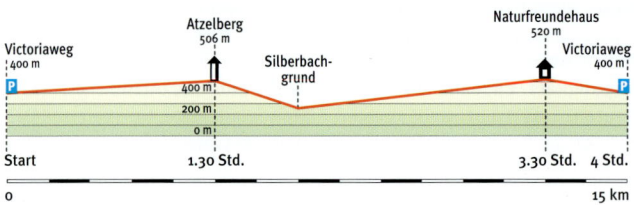

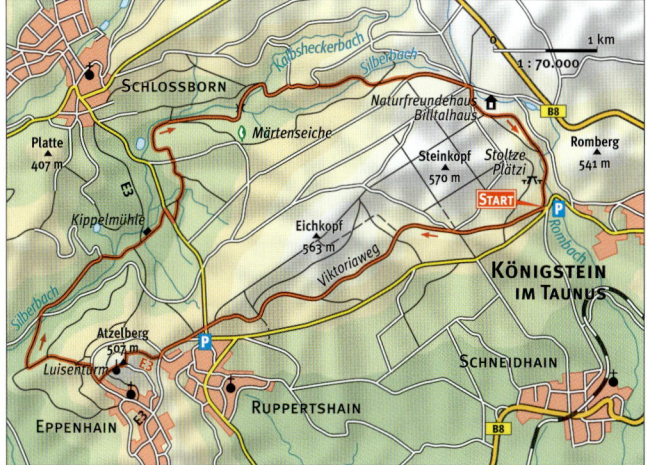

bei in den oberen **Silberbachgrund.** Bleiben Sie einfach auf dem Hauptweg, der bald etwas oberhalb des Talgrundes verläuft.

An der T-Gabelung schließlich gehen wir links (Fischerhütte, Teich). Schauen Sie am Bachübergang mal nach rechts: Hier mündet der Kalbshecker Bach in den von rechts kommenden Silberbach.

Auf der anderen Talseite geht es nach rechts weiter. **Achtung** vorne in der Linkskurve: Hier biegen wir geradeaus auf den etwas verwachsenen Pfad ab, der an der umzäunten Streuobstwiese entlangführt (falls zu verwachsen oder feucht: hinter Linkskurve rechts kurz bergan und dann auf Forstfahrweg bergab, hinter dem Bachübergang wieder Hauptroute).

Wir überqueren den Kalbshecker Bach und biegen dann links auf einen lauschigen Pfad ab, der nach gut 200 m auf einen den Bach kreuzenden Forstfahrweg trifft, dem wir nun nach rechts folgen (schwarzer Spitzbalken).

Der Weg erreicht im Linksbogen eine Gabelung, bei der wir auf dem rechten Zweig weitergehen. Nach 200 m zweigt unser Weg halb rechts vom Hauptweg ab, wir überqueren ein letztes Mal den Silberbach, wandern durch eine Fichtendickung und dahinter geradeaus durch den Hohlweg bergan. Oben dann folgen wir dem Forstfahrweg nach links, gehen über die beiden Einmündungen geradeaus weiter und dann vor der **Gaststätte im Naturfreundehaus** (3.30 Std.) rechts Richtung Billtal.

Hinter dem Campingplatz zweigt unser Weg links auf den Hermin-Herr-Weg ab und dann bald noch einmal links ab vom Hauptweg. Unser Wanderweg führt an der Grenze von Fichten- und Buchenwald bergab, kreuzt unten den Bachlauf und begleitet diesen dann nach rechts abwärts durch den tief eingeschnittenen Graben.

Dieser etwas abenteuerliche Weg durch das ›wildromantische‹ Billtal kann bei feuchter Witterung stellenweise etwas matschig sein, nach sehr starken Regenfällen können auch die beiden unteren Bachübergänge etwas problematisch werden.

Im Silberbachtal

Wenige Meter nach dem untersten Übergang zweigt unser Weg nach links vom geradeaus wegführenden Hangweg ab und erreicht am Bachlauf entlang bald das **Stoltze Plätzi.** Der Rastplatz mit Sitzbänken und Gedenkstein liegt heute im Schatten der Behälterbauten der Königsteiner Wasserwerke von 1913. Der Name rührt vom Lieblingsplätzchen des Frankfurter »Nationalpoeten« Friedrich Stoltze (1816–1891) her, der sich 1859/60 zur Kur beim Königsteiner »Wasserdoktor« aufhielt. Von Stoltze stammt der allen waschechten Frankfurtern bekannte Vers:

Es is kaa Stadt uff de weide Welt,
Die so merr wie mei Frankfort gefällt.
Un es will merr net in mein Kopp enei
Wie kann nur e Mensch net von
    Frankfort sei!

Stoltze war freilich kein treuherziger Heimatdichter, sondern ein freiheitlich-demokratischer Journalist, der bei aller lokalen Perspektive immer auch die große Politik im Auge hatte. Bismarcks deutsche Einheit ›von oben‹ enttäuschte den alten 48er wie viele seiner Generation, deren Stimmung er 1873 in den Vers faßte:

Wenn das die Göttin Freiheit ist,
die möcht' ich nicht zum Schatze.

Wir gehen noch ein Stück weiter talabwärts, bis der Wanderweg ein Stück vor dem Haus unten rechts über den Bach abzweigt und nach kurzem steilem Anstieg wieder den Hangweg erreicht. Wir folgen ihm nach links und nehmen dann den breiten Weg hinab zum **Parkplatz Viktoriaweg** (4 Std.).

Felsen, Ritter, Legionäre

Großer Zacken, Burg Hattstein und Ruine Oberreifenberg
Hinterm Feldberg heißt nicht hinterm Mond – hier beginnt vielmehr die kurzweilige Weiltalwelt. Die Tour bietet einen schönen Einblick in die reichgegliederte Landschaft der »überhöhischen Dörfer« inklusive eines kostenlosen Fitnesstests für die nächste Bergwanderung.

DIE WANDERUNG IN KÜRZE

++ Anspruch	**Charakter:** Mittelschwer; der Weg durch den Felsengarten (Trittsicherheit!) mag etwas beschwerlich sein, ansonsten hält sich die Tour auf guten Wegen.
4 Std. Gehzeit	**Wanderkarte:** Topografische Freizeitkarte 1:50000 Taunus (östlicher Teil), hg. vom Taunusklub e. V. und dem Hessischen Landesvermessungsamt
15 km Länge	**Einkehrmöglichkeiten:** Oberreifenberg; Gasthaus Weilquelle; Rotes Kreuz

Anfahrt: Mit der **Bahn:** S 1 nach Höchst, FKE-Bahn 12 nach Königstein, von dort mit dem Bus 502 oder 511 bis Haltestelle Rotes Kreuz. Mit dem **Auto:** Auf der A 66 bis Ausfahrt Frankfurt-Höchst, weiter auf der B 8 über Königstein Richtung Glashütten, dort auf der L 3025 Richtung Oberreifenberg/Feldberg zur Passhöhe Rotes Kreuz.

Vom Parkplatz gegenüber dem **Gasthof Rotes Kreuz** gehen wir auf das Straßendreieck mit dem Sandsteinkreuz zu. Gleich nach dem Ende des Parkplatzes biegen die Wanderwege links von der Straße ab und verzweigen sich dann gleich. Wir nehmen den linken Zweig und folgen dem **Limespfad** in gerader Linie steil bergab (»Wachturm« u. a.). Linker Hand ist noch gut der bald 2000 Jahre alte Wall der einstigen römischen Grenzbefestigung erkennbar.

Am Ende des Abstiegs treffen wir auf den querenden Hangweg und folgen ihm nach rechts (schwarzer Kreis). Der Weg zieht schön die Höhe haltend am Hang entlang. Nach knapp 1 km tauchen erste Felsbil-dungen auf, dann liegt auch schon der kurze Anstieg halb rechts zum **Zacken** vor uns (25 Min.). Von dem Schieferfelsen bietet sich ein schöner Blick ins Emsbachtal; man sieht Wüstems und dahinter Niederems.

Rechts des Felsenriffs folgen wir nun dem mit einem roten Vogel markierten Pfad steil neben der Schieferwand bergab, deren charakteristische Schichtungen hier gut zu erkennen sind. Unten kreuzen wir den Fahrweg schräg nach links und folgen weiter unserem markierten Pfad steil bergab, der dann unten an der T-Gabelung nach rechts weiterführt. Bei den bald folgenden Felsbildungen geht es dann wieder rechts bergan. Wir steigen durch einen maleri-

schen Felsengarten und treffen oben wieder auf den Forstfahrweg, dem wir nun nach links folgen.

Achtung: Nach etwa 150 m – hinter der Kurve – zweigt unser Weg rechts durch ›dunklen Tann‹ ansteigend wieder ab und führt bald an weiteren Felsbildungen vorbei bergan. Oben treffen wir auf einen Fahrweg, folgen ihm kurz nach rechts auf die andere Seite des Riffs und setzen den Aufstieg dort fort. Bald nach Ende des Anstieges erreichen wir einen großen Wegestern und folgen nun dem breiten Kammweg nach links Richtung Seelenberg (schwarzer Kreis u. a.) Diese »Hünerstraße« ist eine uralte Fernverbindung zwischen Main und Lahn.

An der Wanderwegkreuzung nach 1,5 km – zwischendrin rechts Blickschneise zur Burg Oberreifenberg – biegen wir vom Hauptweg rechts Richtung Schmitten ab (nun schwarzes Rechteck).

An der nächsten Gabelung gehen wir geradeaus bergab und kreuzen unten die Landstraße schräg nach rechts zum **Parkplatz.** Dort geht es nach links auf geschottertem Weg weiter bergab, von dem unser Weg aber schon nach 10 m rechts auf einen grasigen Pfad abzweigt und ganz hinab ins **Weiltal** führt.

Dort gehen wir nach links an Parkplatz und Weiher vorbei und folgen dann weiter dem Fahrweg am Rande

der Talaue entlang (etwas schöner ist der dicht oberhalb verlaufende Parallelpfad, der gleich hinter der Rechtskurve beginnt). Hinter dem Teich kreuzen wir schließlich die Straße und steigen am Rande eines stillen Talgrundes bergan, Markierung »Ahornblatt« u. a. Vor der Kurve zum Wasserbehälter steigt unser Weg dann rechts durch die Wiese zum Wald hin an, wo wir nach rechts und dann mit dem von links kommenden Weg geradeaus in den Wald gehen.

Vorne dann in der Linkskurve liegt rechter Hand die Ruine der **Burg Hattstein** (2 Std.) auf einem schroffen Felskegel über dem Weiltal (geringe Mauerreste). Imposant ist der tief in den Fels gehauene Graben. Wahrscheinlich war dies die Vorgängerin von Burg Reifenberg und das in früher Zeit oft genannte Geschlecht der Hattsteiner mit dem der Reifenberger identisch, das sich erst nach dem Umzug nach ihrer neuen Burg nannten.

An der Gabelung hinter der Kurve gehen wir auf dem linken Zweig leicht ansteigend weiter (Markierungen »Schmetterling«, Andreaskreuz) und wandern durch schönen Hochwald am Hang des **Sängelberges** entlang, der halb umrundet wird.

An der großen Gabelung an der Südseite des Berges folgen wir dem rechten Zweig (Andreaskreuz u. a.)

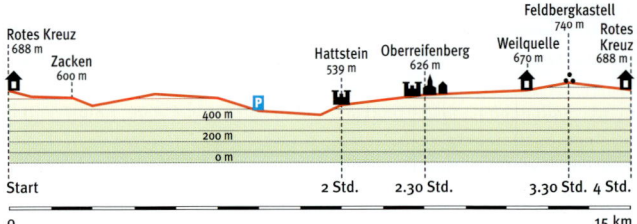

Rotes Kreuz
688 m
Zacken
600 m

Hattstein
539 m

Oberreifenberg
626 m

Weilquelle
670 m

Feldbergkastell
740 m
Rotes
Kreuz
688 m

400 m
200 m
0 m

Start

2 Std.

2.30 Std.

3.30 Std. 4 Std.

0

15 km

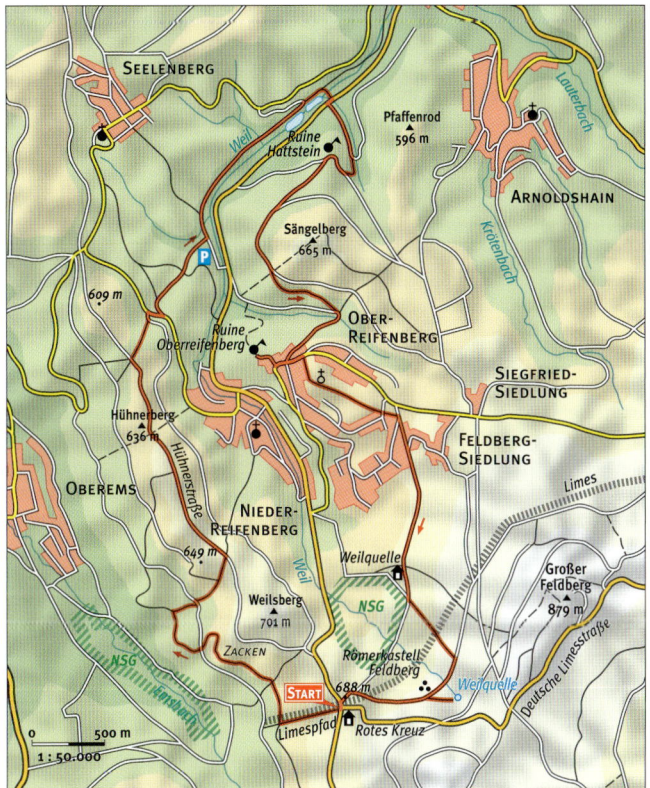

durch den **Schmittgrund** am Weilborn vorbei nach **Oberreifenberg.** Vor der Einmündung in die Durchgangsstraße (gegenüber die Kirche) gehen wir rechts, an Hotel und Bank vorbei und dann nochmal rechts und durch die Schlossstraße hinauf zur **Burgruine Oberreifenberg** mit ihrer gewaltigen Schildmauer (2.30 Std.).

Das genaue Entstehungsdatum der Burg »Riffinberg« ist umstritten, es könnte schon vor dem Jahre 1000 gelegen haben, urkundlich belegt ist sie aber erst 1331. Reifenberg ist also nach dem Schiefer-«Riff» benannt, dessen Einbeziehung in die Anlage man gut am Fuße des runden Berg-

frieds aus dem 13. Jh. sieht. Der entscheidende Ausbau mit eckigem Wohnturm und Schildmauer erfolgte im 14. Jh. Der Wohnturm hatte sechs Stockwerke und bestand an der heute offenen Seite aus Holz und Fachwerk. Gegen Ende des Krieges wurde die Burg Reifenberg teilweise und 1689 endgültig zerstört.

Wir gehen zurück zur Durchgangsstraße (am Abzweig zu Bank und Hotel jetzt geradeaus), die wir beim **Bassenheimer Palais** erreichen, einem barocken Herrenhaus von 1770.

Wir folgen der Durchgangsstraße nach links an der Kirche vorbei und biegen bald nach der zweiten rechts abbiegenden Straße (Neugasse) rechts auf einen Stufenweg ab, folgen oben der Straße nach links kurz bergab, bis unser Weg rechts zum Friedhof hin abzweigt. An dessen hinterem Zaun entlang steigt unser Wanderpfad links bergan. Die **Gertrudis-Kapelle** taucht über uns auf, und dann öffnet sich ein herrlicher Blick zum Großen Feldberg. Die verschlossene Kapelle – davor Petrus und Paulus – ist die Grablege des letzten Reifenbergers (1686), dahinter liegt ein Gedenkstein für den Heimatforscher Carl Beuth (1879-1953), den »Künder des Hochtaunus«. Das Relief an der Freikanzel nimmt Bezug auf den einstigen Wildreichtum der Gegend.

An der Gabelung hinter der Kuppe gehen wir rechts, auf den Feldberg zu, in der Senke dann hinter dem Sportplatz wieder rechts und nun stets geradeaus und an der gleich folgenden Gabelung in die Limesstraße, Richtung Jugendherberge.

Die Höhe haltend wandern wir am Waldrand entlang und erreichen kurz hinter der Jugendherberge das **Hotel-Restaurant Weilquelle** (3.15 Std., letzte Einkehrmöglichkeit).

Unmittelbar hinter dem Areal wandern wir bei der Übersichtstafel zum Rundweg Feldbergkastell halb links bergan. Zuvor aber sollten Sie noch vor zu Tafel 10 (»Zwischen Rom und Germanien«) dieses 2001 eingeweihten Lehrpfades gehen, der in vorbildlicher Manier Geschichte an einem konkreten Beispiel lebendig werden lässt und den wir zum Abschluss unserer Wanderung fast in Gänze noch einfach so ›mitnehmen‹ können, wenn auch in umgekehrter Reihenfolge.

Wir gehen also halb links bergan. Tafel 9 markiert die Stelle, wo der

hier nur noch schwach erkennbare Limes den Weg schneidet. Oben an der Gabelung gehen wir rechts zum nahen **Feldbergkastell** (3.30 Std.), dessen – vollständig erhaltene! – Grundmauern der Umwehrung bald vor uns auftauchen. Der Bach, über den der Weg unmittelbar vor dem Kastell führt, ist die junge Weil, deren Quelle etwas oberhalb im Wald liegt und die Standortwahl bestimmte. Über ihre Bedeutung erfahren Sie etwas, wenn Sie gegenüber dem Kastelleingang erst einmal links hinauf zur unlängst renaturierten **Weilquelle** gehen, der zwei bunte Baumskulpturen von Waldgeistern ein mythisches Gepräge geben sollen. Tafeln 7 und 8 beschreiben das Leben im Lagerdorf, wo sogar frisches Wasser aus den Hausleitungen sprudelte!

Der Weiterweg führt dann aber unten schnurgerade durch das Kastell, wobei die Erklärungstafeln kurzweilig die Situation vor fast 2000 Jahren erklären, als hier – 12 Limes-Kilometer von der Saalburg entfernt – ein wichtiger Taunuspass gesichert wurde. Das höchstgelegene Limeskastell wurde einige Jahre nach Errichtung des Steinkastells auf der Saalburg (s. S. 30) als Basis für eine Aufklärungseinheit von 150–200 Mann angelegt und ist die besterhaltene römische Ruine am gesamten obergermanischen Limes.

Wir verlassen das Feldbergkastell durch das untere Tor und gehen dahinter halb links. Unten am Ende der Wiese quert der Weg den Limes und trifft wenig später auf die Zufahrt zum Restaurant Weilquelle, der wir nach links zurück zum **Roten Kreuz** (4 Std.) folgen. Schöner Blick auf Oberreifenberg, Gertrudiskapelle, rechts davon der Aussichtsturm auf dem Pferdskopf (Tour 15).

Glashütten und Eisenhämmer

Rund um Waldems

Wem es an sonnigen Sommersonntagen andernorts zu überlaufen ist, der kann hier auf eher wenig begangenen Wegen ein spätmittelalterliches ›Industrierevier‹ umrunden, in dem einst Meiler rauchten und Hämmer pochten – und noch viel früher der Limes vom Hoch- in den Hintertaunus überging.

DIE WANDERUNG IN KÜRZE

+++
Anspruch

7 Std.
Gehzeit

27 km
Länge

Charakter: Anspruchsvoll; die Länge wird ungeübten Wanderern Probleme bereiten; die Anstiege halten sich zwar in Grenzen – beginnen aber so richtig erst nach 16 km.

Wanderkarte: Topografische Freizeitkarte 1:50000 Taunus (mittlerer Teil), hg. vom Taunusklub e.V. und dem Hessischen Landesvermessungsamt

Einkehrmöglichkeiten: Glashütten, unterwegs keine. Auf diese lange Wanderung daher ausreichend Verpflegung mitnehmen.

Anfahrt: Mit dem **Auto:** Auf der A 66 bis Ausfahrt Frankfurt–Höchst, weiter auf der B 8 über Königstein nach Glashütten. Am Ortsausgang rechts ab zum Parkplatz am Waldfriedhof.

Vom **Parkplatz** am **Waldfriedhof Glashütten** folgen wir dem Limesweg (Markierung »Wachturm« u. a.), an den folgenden Abzweigen geradeaus. Der Limesweg steigt schließlich ins **Emsbachtal** hinab, wo er durch die Linkskurve auf die andere Talseite führt. An der gleich folgenden Kreuzung geht es weiter geradeaus (jetzt »Lindenblatt«) – davor aber liegen links etwas unterhalb Reste einer Glashütte aus dem 15. Jh., welcher der gleichnamige Ort seinen Namen verdankt. Drei Infotafeln erklären sehr schön die einstige Anlage, deren Nähe zur Frankfurt–Kölner Fernstraße (heutige B 8) für guten Absatz sorgte.

An der Dreifach-Gabelung bei der kleinen Waldscheune gehen wir dann auf dem unmarkierten rechten Zweig (»Zackenweg«) bergan, der ein Stück weiter oben auf einen geschotterten Forstfahrweg trifft, dem wir nach links folgen (jetzt schwarz umrandetes Rechteck).

Dieser schöne Hangweg führt bald an den Schieferwänden des **Großen Zacken** vorbei (45 Min.). Den kurzen Anstieg sollten Sie mitnehmen, denn vom Aussichtspunkt bietet sich ein großartiger Blick auf die vorausliegende Wanderung: Das übernächste Dorf ist Niederems. Auf dem Höhenrücken dahinter werden Sie später von der Bank am Meditationsweg hierher zurückschauen können.

Hinter den Felsen führt ein Pfad (Markierung »roter Vogel«) wieder zum Fahrweg hinab, auf dem wir weiter an der Flanke des Weilsbergs entlang wandern. **Achtung:** Hinter einer Linkskurve nach gut 500 m biegt unser Weg rechts durch Fichtendunkel ansteigend ab. An eindrucksvollen Felswänden vorbei erreichen wir ›eine Etage höher‹ wieder einen Hangweg, dem wir nach links folgen (unmarkiert).

An der gleich folgenden Gabelung gehen wir geradeaus, die Höhe haltend. So geht es für 2,5 km am Hang des Hühnerberges entlang, bis wir auf der Passhöhe zwischen Oberems und Seelenberg die Landstraße zum **Parkplatz Kittelhütte** kreuzen.

Wir gehen über den Parkplatz und marschieren geradeaus auf dem breiten Forstfahrweg weiter (Markierung »Eichhörnchen«). An Abzweigen bleiben wir auf diesem schönen Hangweg, auch, wenn der Weg mit dem »Eichhörnchen« nach gut 1,5 km rechts abbiegt.

Nach weiteren knapp 1,5 km kreuzen wir am Wegestern den Forstfahrweg und gehen geradeaus auf dem nun reichlich ruppig und oft feucht werdenden Hangweg weiter. (Alternative: auf dem Forstfahrweg rechts auf die Höhe, dort nach links auf breiter Wanderautobahn und nach 1 km halb links der Markierung

»liegendes U« folgen.) Der trifft nach weiteren gut 1,5 km auf den Wanderweg mit der Markierung »liegendes U«, dem wir nach links folgen, wie auch später dem Forstfahrweg. Unten an der Wegkreuzung gehen wir weiter geradeaus, am Wasserbehälter vorbei steiler bergab, wobei sich der Blick auf die sanft gewellte Hintertaunuslandschaft öffnet.

Wir wandern nun hinunter zum Straßenpass **Tenne** (3 Std.). Der Wanderpfad führt vor der Straße links und gleich rechts hinunter und überquert die B 275. Drüben gehen wir geradeaus an den Häusern vorbei, dahinter links und dann gleich rechts am Waldrand entlang Richtung Esch (jetzt auch schwarzer Keil). Im Talgrund liegt Reichenbach, drüben lugen die Feldbergaufbauten über die bewaldeten Vorkämme.

Wir wandern nun immer geradeaus auf dem Höhenrücken weiter, hinter dem Wald am Waldrand entlang mit prächtiger Aussicht. Halb links in der Ferne auf dem Atzelberg der gedrungene Sende- und daneben der Luisenturm (Tour 12), zwischen Glashütten und Feldberg sieht man auch den Zacken aus dem Wald lugen.

Vor der Kreuzung mit einem den Höhenrücken querenden Asphaltweg steht eine Tafel des Reichenbacher »Meditationsrundweges«. Wenn ein weiterer Asphaltweg gekreuzt wird, bietet sich erstmals ein Ausblick nach

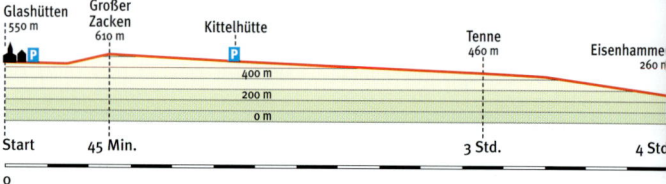

Westen in den Goldenen Grund (Tour 18). **Achtung:** Nach 150 m führt der Weg als schmaler Pfad vom Hauptweg abzweigend geradeaus in den Wald über die Kuppe und dann steil bergab.

Wenn wir auf einen Forstfahrweg treffen, folgen wir diesem weiter geradeaus bergab durchs Tiefenbachtal. **Achtung:** Nach etwa 300 m zweigt ein grasiger Weg links ab und folgt weiter dem Tal, bis wir – immer auf dem Hauptweg bleibend – unten im Emsbachtal auf die B 275 treffen. Dieser folgen wir 150 m nach rechts und biegen dann wieder links und nach 20 m gleich wieder rechts ansteigend ab . Das Fachwerkhaus ist der frühere **Eisenhammer,** der die Wasserkraft der Ems als Energiequelle nutzte (4 Std.).

Unser Wanderpfad führt wunderschön am Hang entlang aufwärts über die Klippen mit Blick ins Emsbachtal. Achtung dann auf der Kuppe, wo es kurz eben geht und dann bald bergab: Etwa 70 m nach Ende des Anstiegs zweigt scharf links ein steil bergan führender Pfad – z. T. verwachsen – vom markierten Weg ab und trifft oben auf einen Forstfahrweg, dem wir nach links folgen. Wenn der Hangweg einmal aus dem Wald kommt, sieht man über dem Gegenkamm die Aufbauten des Feldbergs ragen.

An der Dreifach-Gabelung nach rund 700 m gehen wir rechts und so-

fort links ab auf den grasigen Waldweg, der in schnurgerader Linie auf die Höhe führt. Oben werden zwei Wege gekreuzt, bevor wir hinter der Kuppe auf einen Forstfahrweg treffen und ihm nach links folgen. Der Weg führt am Gipfel des Dinkelsteins vorbei und hält sich dann auf dem Kamm. An der T-Gabelung nach 3 km gehen wir rechts und kreuzen dann bald die B 8 (jetzt schwarzer Keil).

Vorne in der Rechtskurve geradeaus und dann durch den Fichtenwald kurz bergan. Oben weiter geradeaus, so auch dann auf dem von links einmündenden Forstfahrweg und schließlich am Waldrand entlang mit Aussicht hinüber nach Glashütten und zum Atzelberg.

Achtung: 30 m bevor von rechts ein Forstfahrweg aus dem Wald kommt (Markierung »Tanne«), gehen wir – ohne Markierung – auf den Hochspannungsmast zu und kreuzen weiter unten die Landstraße. Am folgenden Abzweig wandern wir geradeaus weiter bergab bis zur Waldecke unten im Talgrund. Dort folgen wir dem Waldrand nach rechts und gehen oben links zu einem Forstfahrweg durch, auf dem wir nun links in den Talgrund hinabwandern.

Hinter dem Parkplatz Dellenbach kreuzen wir die Landstraße schräg nach links. Am Ende der Leitplanke führt dann die Markierung schwarzer Punkt in den Talgrund hinab. Unten geht es links am Waldrand ent-

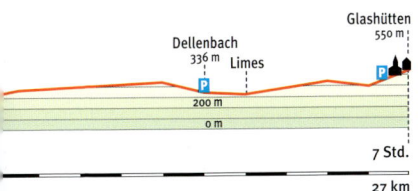

Dellenbach
336 m Limes

Glashütten
550 m

200 m

0 m

7 Std.

27 km

lang und dann links über die Wiese zum Fahrweg. Diesem folgen wir nach rechts durch die Talaue, dort an der Gabelung rechts (unmarkiert) und dann immer geradeaus durch den Wald.

Am Waldrand treffen wir auf den Limesweg (Markierung »Wachturm«), der nach links neben dem Weidezaun bergan führt. Hier vom Dattenbachtal aus nahm der **Limes** den Hochtaunus in Angriff, Ziel-

punkt: Feldbergkastell (Tour 13). Grenzsteine mit nassauischem Löwen und Mainzer Rad zeigen, dass die hier nicht mehr zu erkennende römische Grenzlinie noch lange nachwirkte.

Oben führt unser Wanderweg halb links in den Wald, nun direkt auf dem Limes. Wenn wir auf einen asphaltierten Fahrweg treffen, folgt ihm der Limesweg 50 m nach links und biegt dann wieder rechts ab.

Schließlich steigen wir auf grasigem Pfad und dann halb rechts auf etwas breiterem Grasweg bergan. Die ersten Häuser von **Glashütten** tauchen auf. An der Weggabelung gehen wir halb links, wo unter mächtigen Bäumen spärliche Reste des römischen **Kleinkastells Maisel** liegen (Infotafel).

Wenige Meter dahinter biegt unser Wanderweg rechts in den Wald ab. Unten kann man dem Limeslauf nicht in Direktlinie folgen, weswegen der Wanderweg einen großzügigen Linksschlenker macht. Kurz bevor er wieder den Waldrand erreicht, wird der Limeswall durchschnitten, neben dem es dann links bergan geht. Bei den ersten Häuser von **Glashütten** gehen wir nach links weiter, überqueren die B 8 und erreichen wieder den **Parkplatz am Waldfriedhof** (7 Std.).

Der Hintertaunus im Überblick

Von der Landsteiner Mühle auf den Pferdskopf

Fast immer, wenn man vom Hoch- in den Hintertaunus blickt, ist der Aussichtsturm auf dem Pferdskopf ein Fixpunkt – heute ist er unser Ziel.

DIE WANDERUNG IN KÜRZE

+
Anspruch

4.30 Std.
Gehzeit

16 km
Länge

Charakter: Einfach; nach einem kaum beschwerlichen Anstieg halten wir lange die Höhe – und dann geht's nur noch bergab.

Wanderkarte: Topografische Freizeitkarte 1:50000 Taunus (östlicher Teil), hg. vom Taunusklub e.V. und dem Hessischen Landesvermessungsamt

Einkehrmöglichkeiten: Seelenberg; Treisberg; Landsteiner Mühle

Anfahrt: Mit dem **Auto:** A3 bis Abfahrt Bad Camberg, dort links, auf der B 8 in den nächsten Ort (Erbach) und rechts L 3030 nach Rod an der Weil. Dort rechts durchs Weiltal bis 1 km hinter den nächsten Ort (Altweilnau).

Von der **Landsteiner Mühle** gehen wir an der **Ruine Landstein** vorbei und biegen nach 100 m rechts auf den Weiltalweg Richtung Finsternthal u. a. ab. Mühle und Kirchturmruine sind von einem um 1350 erstmals erwähnten Marktflecken übrig geblieben, der noch 1515 Wallfahrtsort war, aber schon 40 Jahre später wüst fiel.

An der T-Gabelung auf der anderen Talseite gehen wir rechts Richtung Altweilnau (schwarzer Kreis u. a.). Bald nachdem der Weg ins Weiltal eingebogen ist, zweigt unser Weg vom Hauptweg links ansteigend ab und führt entlang typischer Taunusschieferklippen durch schönen Buchenwald bergan.

Oben treffen wir auf einen Forstfahrweg (rechts Sitzbank auf Felsen) und folgen ihm nach links (nun schwarzer Punkt). Wir bleiben an Ab-

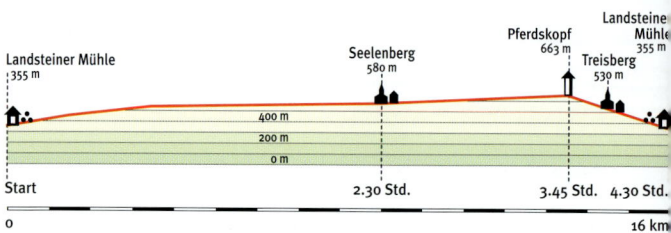

Landsteiner Mühle
355 m
Start

Seelenberg
580 m
2.30 Std.

Pferdskopf
663 m

Treisberg
530 m

Landsteiner Mühle
355 m
3.45 Std.   4.30 Std.

400 m
200 m
0 m

0   16 km

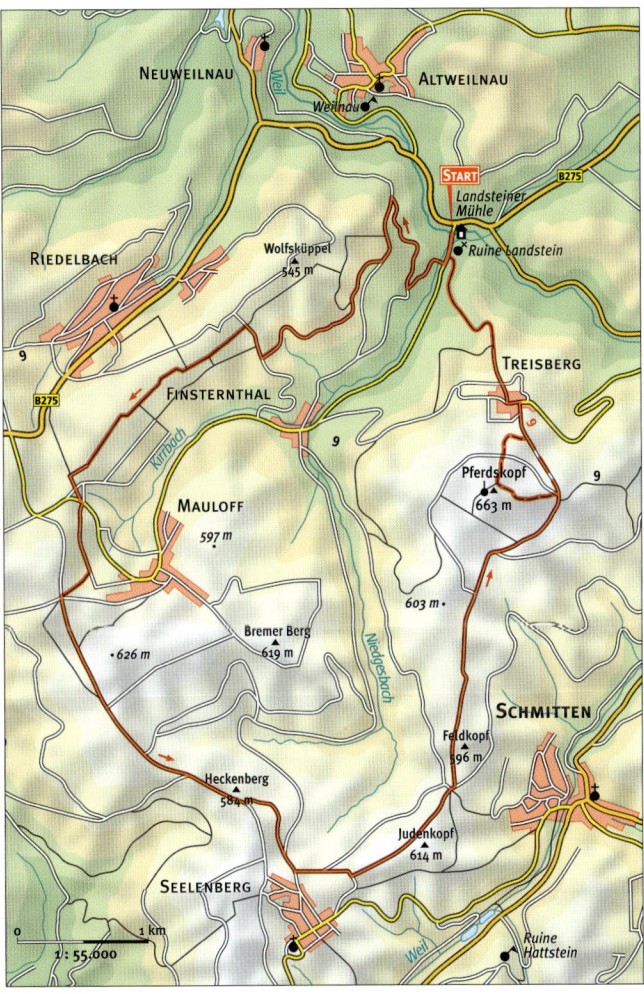

zweigen einfach auf dem Hauptweg, der entlang der Bergflanke sacht ansteigt. **Achtung:** an der Gabelung hinter der Kuppe dann unmarkiert rechts, die Höhe haltend. Ausgangs des Waldes steigen wir an dessen Rand entlang an. Die Markierung ist jetzt ein »schwarzer Spitzbalken«, dem wir auf der Höhe links entlang der Baum- und Heckenreihe folgen. Der Ort am Ende des Talkessels ist Mauloff, linker Hand ist jetzt der Pferdskopf mit dem Aussichtsturm zu sehen, von dem wir gegen Ende der Tour den Rundblick genießen wollen. An der Stromleitung schließlich zweigt der Wanderweg rechts ab, führt über die Höhe und dann links in den Wald.

Ausgangs des Waldes wandern wir geradeaus auf der Höhe weiter, nun auf unmarkiertem Weg. Am Ende der umzäunten Anpflanzung folgen wir nach links dem grasigen Weg zum Wald hinab und gehen dann an dessen Rand entlang nach rechts. Der Weg führt bald halb links in den Wald, am gleich folgenden Abzweig geradeaus (Loipe) und dann am Waldrand entlang mit schönem Blick auf Mauloff (im Rückblick liegt Treisberg auf der Höhe).

Schließlich gehen wir am Parkplatz vorbei zur Straße hinab, kreuzen sie schräg nach links, um dann auf asphaltiertem Fahrweg wieder bergan zu steigen. Am Waldrand folgen wir dem Weg rechts (Loipe), der die Hütte rechts umgeht.

An der Wegkreuzung gegen Ende der Koppeln dann gehen wir auf dem Pfad geradeaus weiter. Er trifft bei einem Haus auf einen Fahrweg, dem wir nun nach rechts folgen. Bald erreichen wir eine große Wegkreuzung, wo wir nach links der alten **Rennstraße** Richtung Seelenberg folgen (schwarzer Winkel u. a.). Der Name einer alten Höhenverbindung zwischen Main und Lahn leitet sich wohl einfach von »rennen« her.

Wir bleiben nun immer geradeaus auf dem Hauptweg. Aber **Achtung** nach rund 2,5 km: Hier biegt an der Gabelung vor Beginn eines Anstiegs ein Weg halb links von der Rennstraße ab (Hennrich-Weg, Markierung »liegendes U«). Dieser Weg führt uns bis an die Gabelung vor der Wiese am Ortsrand von **Seelenberg** (2.30 Std.), wo wir dem breiten Weg nach links folgen (nun schwarzer Kreis). An der bald folgenden Gabelung halb rechts. Der Weg führt bald an einem Reiterhof vorbei, dahinter

links Richtung Treisberg (weiter schwarzer Kreis u. a.). Den gleichen Wegmarken folgen wir dann am Wegestern mit Schutzhütte und einem alten Meilenstein.

An Abzweigen bleiben wir vorerst geradeaus auf dem Hauptweg, so auch an der Gabelung hinter dem landwirtschaftlichen Anwesen. **Achtung** dann an der Wanderwegkreuzung nach gut 500 m: Hier geht es links ab Richtung Aussichtsturm (Andreaskreuz u. a.; wer sich den Aufstieg, z. B. bei schlechtem Wetter, schenken will, geht einfach geradeaus durch nach Treisberg).

An der gleich folgenden Gabelung geradeaus bergan, dann sieht man schon den **Aussichtsturm auf dem Pferdskopf** (3.45 Std.), einen der besten Punkte, um einen Überblick über den Hintertaunus zu gewinnen. Im Weiltal ist die Burg von Altweilnau zu sehen, im Nordosten die Erdfunkstation bei Merzhausen und ein Stück davor den Meerpfuhl (Tour 16).

Vom Turm folgen wir dem Pfad mit dem Andreaskreuz rechts bergab. Er kreuzt auf halber Höhe einen Fahrweg und erreicht dann den Waldrand oberhalb von **Treisberg,** einem hoch und einsam gelegenen Dorf, das schon 1272 genannt wird.

Wir folgen der Durchgangsstraße nach links, biegen am Ortsende vor dem Café Sachs rechts ab und marschieren nun immer geradeaus steil zu Tal (schwarzer Kreis u. a.). Stets dem Hauptweg bergab folgend, erreichen wir schließlich beim **Landsteiner Forsthaus** die Landstraße kurz vor der **Landsteiner Mühle** (4.30 Std.).

Meerpfuhl und Antennenpool

Natur und Technik im Buchfinkenländchen

Dass der Mensch auch behutsam in die Landschaft eingreifen kann, sieht man im Buchfinkenländchen bei Usingen. Künstliche Teiche wurden schon vor Jahrhunderten angelegt, die Neuzeit brachte eine Erdfunkstelle, deren über 30 Parabolschüsseln weitgehend hinter Baum- und Heckengrün versteckt sind.

DIE WANDERUNG IN KÜRZE

+
Anspruch

Charakter: Einfach; mit einer einzigen nennenswerten Steigung auch für Ungeübte geeignet.

Anfahrt: Mit dem **Auto:** Auf der B 275 Usingen–Idstein bis zum Abzweig bei Merzhausen, dort Richtung Neu-Anspach; nach 300 m links Parkplatz am Grünwiesenweiher.

4 Std.
Gehzeit

Wanderkarte: Topografische Freizeitkarte 1:50000 Taunus (östlicher Teil), hg. vom Taunusklub e.V. und dem Hessischen Landesvermessungsamt

16 km
Länge

Einkehrmöglichkeiten: Keine

Vom Parkplatz am **Grünwiesenweiher** folgen wir der Straße kurz nach links und gehen dann rechts am Waldrand entlang (blaues Rechteck). Im Wald halten wir uns auf dem markierten Hauptweg und gehen schließlich an der T-Gabelung hinter der Senke links.

Achtung: Nach etwa 150 m zweigt das »blaue Rechteck« nach rechts in spitzem Winkel auf einen bald grasig ansteigenden Weg ab, nach gut 100 m dann links. Am Ende der in den Buchenhochwald hineinragenden Fichtenwaldzunge wendet sich der markierte Weg nach rechts und führt schnurgerade über den gestreckten Kamm des Kesselberges. Kurz vor der Höhe, am Rande des Hochwaldes, biegen wir an der Wegekreu-

zung nach links ab (Markierung »Wildschwein«). Es bietet sich gleich ein schöner Blick zum Feldberg.

Stets geradeaus auf dem Hauptweg bleibend, wandern wir durch dunklen, später lichter werdenden Fichtenwald. **Achtung:** Vor der Windbruchfläche, nach etwa 1 km, zweigt unsere Route vom »Wildschwein«-Weg rechts kurz ansteigend ab. Oben folgen wir dem Waldrand nach links entlang der Pferdekoppel. An der Wegekreuzung gehen wir dann rechts (wieder Markierung »Wildschwein«), kreuzen die Landstraße und wandern an einem bäuerlichen Anwesen vorbei in die Senke hinab.

Gleich zu Beginn des Waldes geht es rechts. Der markierte Wanderweg führt zwischen den Koppeln hindurch und kreuzt am Gegenhang einen Wirtschaftsweg, dem wir nun aber nach links entlang der Heckenreihe folgen. Voraus ist dann auf einmal der **Meerpfuhl** zu sehen (1.20 Std.), ein in der Senke unter Merzhausen schon vor Jahrhunderten angelegter Weiher (erstmals 1579 genannt), der als Wasserspeicher für die Landsteiner Mühle im Weiltal diente. Heute ist der Meerpfuhl ein Biotop, in dem seltene Amphibien und Pflanzen einen Überlebensraum finden. Wir folgen der Landstraße kurz links hinab und gehen dann rechts am Meerpfuhl vorbei zum Wald hoch, dort links (nun Markierung »Hirschkäfer«).

Vorne an der Gabelung gehen wir rechts hinauf (unmarkiert) und folgen oben am Feldrand dem Hauptweg durch den Linksbogen. **Achtung:** Nach knapp 300 m – vor der Rechtskurve – biegen wir auf den kreuzenden Weg (Markierung »Hirschkäfer« links an Baum) rechts steil bergansteigend ab. Der ruppige Holzfuhrweg führt in gerader Linie auf die Höhe, wo der Pfad an linken Waldrand entlang weiterzieht und mit diesem schließlich nach rechts abknickt. Am Waldende geht es dann links über die Wiese. Drüben führt der Wanderweg bei der Bank nach rechts an den jungen Fichten entlang weiter, dahinter dann links auf asphaltiertem Wirtschaftsweg. Es bietet sich ein weiter Blick über den hinte-

ren Taunus, halb rechts in der Senke liegen Nieder- und Oberlauken, unser nächstes Ziel.

Wir folgen einfach dem asphaltierten Wirtschaftsweg, der schließlich hinab zum **Golfplatz** über Altweilnau führt. Davor kreuzen wir die Landstraße und gehen geradeaus am Zaun der Anlage entlang, oben an der Gabelung halb rechts und hinab in die Senke.

Unten kreuzen wir die Landstraße zum Wald hin und gehen dort rechts (nun schwarzer Keil). Rechter Hand sehen wir wieder Merzhausen, etwas links davon eine der Parabolantennen der Erdfunkstation, an der wir gegen Ende der Wanderung noch vorbeikommen werden.

Der Weg führt am Waldrand entlang – und dann liegt auch schon die Kapelle von Oberlauken im Talgrund. An Abzweigen bleiben wir auf dem Hauptweg, und erst wenn dieser endgültig im Wald verschwindet, biegen wir an einer schönen Eiche rechts ab und wandern auf dem Wiesenweg am Rande eines in den Laubwald eingestreuten Fichtenhains bergab (schwarzes Dreieck) – voraus das Wahrzeichen des »Kapellendorfes«. Unten links, an einem Wochenendhaus vorbei und dann auf asphaltiertem Weg hinab nach **Oberlauken**. Dort kreuzen wir die Durchgangsstraße schräg nach rechts in die Backhausstraße, gehen unten rechts durch

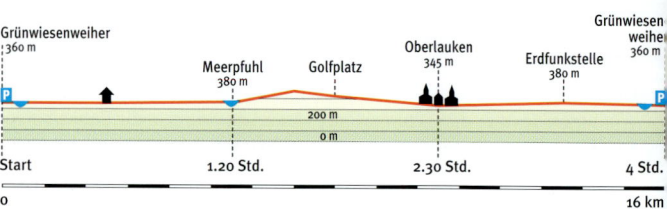

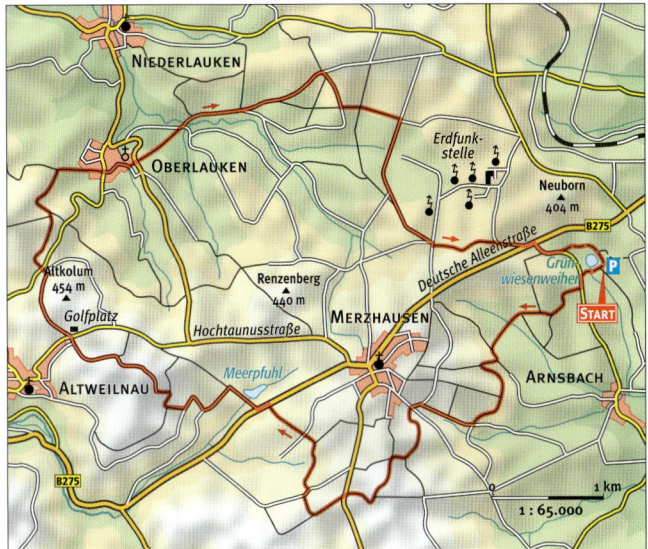

den Durchgang im Feuerwehr-Gerätehaus auf den »Lindenberg« zu und steigen dahinter zur **Lindenkapelle** (2.30 Std.) hinauf, die im Schatten hoher Linden im mauerumwehrten Friedhof steht.

Der Wanderweg verläuft rechts an der Friedhofsmauer entlang, an der jüngere Lindenbäume stehen, kreuzt die Landstraße und führt geradeaus in den Sattelbachgrund hinab.

Unten kreuzen wir die Talaue und folgen dem asphaltierten Fahrweg noch etwa 300 m am Waldrand entlang und dann an der Gabelung geradeaus leicht ansteigend in den schönen Buchenhochwald (weiter schwarzer Keil, auch Markierung Hase).

Achtung: An der Wegkreuzung nach gut 800 m – nun im Fichtenhochwald – biegen wir rechts auf den Wanderweg mit der Markierung »Fuchs« ab, an der nächsten Wegkreuzung geradeaus, bergab. **Achtung** dann nochmal an der folgen-

den Wegkreuzung: Hier gehen wir links – und dann immer geradeaus.

Wir erreichen ein asphaltiertes Wegedreieck am Rande des Areals der **Erdfunkstelle Usingen,** die durch Bäume und Hecken weitgehend versteckt in die Landschaft eingepasst ist. Dabei handelt es sich um ein schon lange technisch genutztes Gelände: Im Zweiten Weltkrieg lag hier ein Feldflugplatz, 1955 wurde mit dem Aufbau eines Kurzwellensenders begonnen, seinerzeit Hauptmedium für die interkontinentale Kommunikation. Seit 1979 kamen über 30 Parabolantennen für den Satellitenfunk hinzu, hier werden z. B. die Satelliten der Deutschen Telekom gesteuert.

Der Weiterweg führt nach rechts auf asphaltiertem Weg am Zaun der Erdfunkstelle entlang.

An der Südwestecke des Erdfunk-Areals biegen wir dann links auf den Feldweg ein, gehen an der Dreifach-Gabelung am Waldrand geradeaus

Der Grünwiesenweiher

in den Wald und erreichen schließlich die B 275 beim Abzweig der Landstraße Richtung Neu-Anspach, der wir kurz bis zu dem stillgelegten Parkplatz links folgen.

Von diesem biegt ein Weg (roter Punkt) links in den Wald hinein ab, und erreicht schon bald den **Grünwiesenweiher** (4 Std.). Der Weiher wurde vermutlich schon im 18. Jh. angelegt, um eine dauerhaftere Wasserversorgen der Mühlen entlang der oft wasserarmen Usa zu sichern. Heute ist er Laichplatz und Refugium für Amphibien und Brut- und Rastplatz für viele Vogelarten.

Die Lindenkapelle

Es lässt sich zwar nicht beweisen, viele Heimatfreunde möchten es aber beschwören, dass auf dieser Anhöhe schon in vorchristlicher Zeit ein Kultplatz lag. Ein Indiz sei die uralte, aus drei Stämmen bestehende Linde links der Kapelle: Die Linde ist nämlich ein ganz besonderer Baum, zu dessen Rolle in der Mythologie eine Eigenschaft beitrug, die sie zum Symbol für ewiges Leben prädestiniert: Obwohl – oder gerade weil? – sie viel weniger durchsetzungsstark ist als die dem Kriegsgott geweihte Eiche, empfindlich, weich (das Holz der Bildschnitzer), im Standort-Wettkampf schnell unterliegend, ist ihr oftmals ein extrem hohes Alter beschieden. Das liegt an ihrer besonderen Überlebensstrategie: Ältere Linden sind samt und sonders hohl – verjüngen sich aber von innen heraus: Dicke Jungwurzeln suchen sich dabei ihren Weg durch den Holzmulm im Innern des Altbaumes und graben sich ins Erdreich hinein. Und wenn diese Wurzeln dann selbst neue Zweige und Äste anlegen, wächst aus der alten eine junge Linde heraus – wie Phönix aus der Asche. Die drei Lindenstämme hier dürften daher aus einer uralten Vorgängerin hervorgegangen sein, die wiederum...

Blüht im Verborgenen

Rechts und links des Weiltals bei Rod an der Weil

Das Weiltal ist gewissermaßen die Mittelachse des Taunus und war im Spätmittelalter eines seiner bedeutendsten Industrierevieren. Heute erfreuen wir uns an prächtigen Wäldern, anmutigen Ausblicken, Burgen, Schieferklippen – und Gasthäusern natürlich, die seit alters zur Rast einladen.

DIE WANDERUNG IN KÜRZE

Anspruch +	**Charakter:** Einfach, ohne lange Anstiege
4.30 Std. Gehzeit	**Wanderkarte:** Topografische Freizeitkarte 1:50000 Taunus (östlicher Teil), hg. vom Taunusklub e.V. und dem Hessischen Landesvermessungsamt
16 km Länge	**Einkehrmöglichkeiten:** Eichelbacher Hof (Mi, Sa/So 12–17 Uhr); Neu-weilnau (Imbiss); Ziegelhütte; Rod
	Anfahrt: Mit dem **Auto:** Auf der A3 bis zur Abfahrt Bad Camberg, dort links auf die B 8 in den nächsten Ort (Erbach) und weiter rechts auf die L 3030 nach Rod an der Weil. (Spätestens hinter dem letzten Hof das Auto abstellen.)

In **Rod an der Weil** biegen wir – von Frankfurt kommend – bald hinter dem Ortseingang links ab Richtung Bad Camberg und sofort nochmals links in den Eichelbacher Weg, am Ärztezentrum vorbei. Wir folgen hier dem Weg mit der Markierung gelbes Rechteck, der an der Gabelung hinter dem letzten Hof auf dem rechten Zweig über den Viehweiden des Eichelbachtals verläuft. Am nächsten Abzweig weiter geradeaus taleinwärts, später an den Fischteichen vorbei.

An der Gabelung dahinter geht es halb links etwas bergan, an Abzweigen auf dem Hauptweg bleibend und an der T-Gabelung schließlich links zum **Landgasthof Eichelbacher Hof** (1 Std.), einem ehemals befestigten Hofgut der Herren von Rheinberg aus dem Wispertal (Tour 27). Das große Herrenhaus mit Fachwerkobergeschoß wurde 1568 erbaut. Schon 1213 wurde eine »curia in Eichilinbach« genannt als erster schriftlich erwähnter Platz in der gesamten Gemarkung von Rod an der Weil.

Wir folgen dem Wanderweg hinter dem Hof rechts an dem Anwesen entlang und orientieren uns jetzt an der Markierung schwarzer Winkel, der wir an der folgenden Gabelung nach links in den Wald folgen. Nach kurzem Anstieg erreichen wir eine Wegkreuzung und gehen nach links. Oben an der Gabelung bleiben wir rechts auf dem Hauptweg, am ersten größeren Abzweig weiter geradeaus. Wir wandern hier auf einem Kammweg, der eine uralte Verkehrsader zwischen Rhein-Main- und Lahn-Gebiet war – die Renn- oder Hünerstraße.

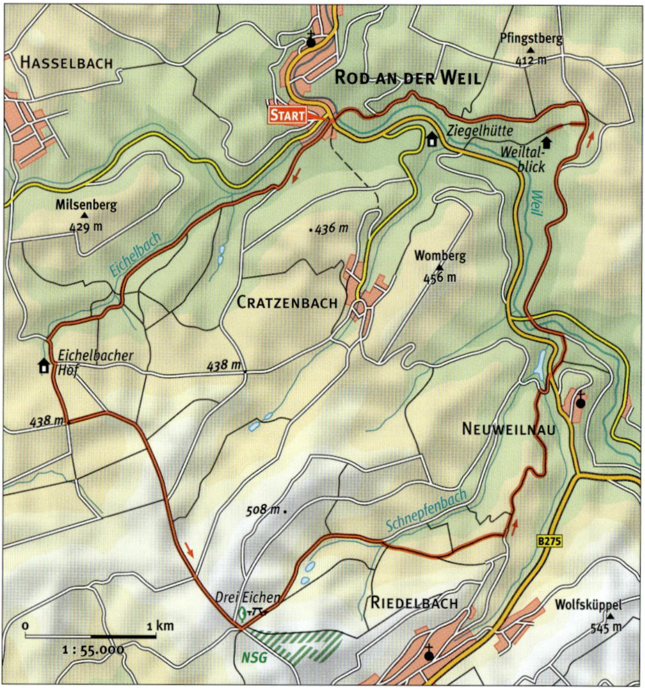

Tour 17

An Abzweigen bleiben wir auf diesem Höhenweg bis zur Wegkreuzung in der Senke, wo es dann links Richtung Neuweilnau u. a. geht (Kreis; Keil; Vogel). Wir passieren den **Rastplatz Drei Eichen,** danach steigen wir hinab ins **Schnepfenbachtal.**

An der bald folgenden Gabelung bleiben wir auf dem linken, weiter bergab führenden Hauptweg durch eines der für den Taunus so typischen stillen Seitentäler, in denen die Zeit stehen geblieben zu sein scheint. Im Talgrund biegen wir unmittelbar vor dem Teich rechts vom Hauptweg ab und folgen der Markierung »Eichhörnchen«, die durch den Wald ansteigend (am Rand der Waldwiese links) auf die Höhe führt. An der Gabelung vor dem Waldausgang gehen wir geradeaus, bald auf asphaltiertem Weg.

Vorne in der Rechtskurve biegt die Eichhörnchen-Markierung aber wie-

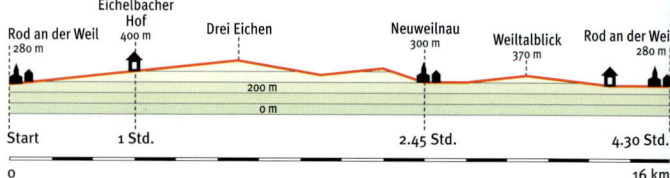

der links ab und führt uns dann dem Waldsaum im Rechtsbogen auf die Höhe. Dort geht es dann links in den Wald. An der ersten Gabelung gehen wir rechts, leicht bergab, an der Wegekreuzung geradeaus, nach 100 m in der kleinen Senke **Achtung**: Der markierte Wanderweg zweigt rechts in den dichten Buchenwald ab und macht dann weiter unten vor der Felsklippe eine scharfe Linkskehre. Wir wandern nun an der Flanke des Bergsporns entlang, den malerische Felsgruppen zieren. Auf dem kleinen Plateau knickt unser Wanderweg schließlich scharf nach rechts ab. Wir steigen nun hinunter ins Riedelbachtal, dem wir unten nach links folgen. Gegenüber schmiegt sich das »Schlossdorf« **Neuweilnau** an den bewaldeten Felsen, auf dem im frühen 16. Jh. ein Schloss der Nassauer Grafen entstand, heute Sitz des Forstamtes.

Vorne gehen wir kurz rechts zum **Parkplatz** bei der **Minigolfanlage** (2.45 Std.; Imbiss), aber unmittelbar vor der Gabelung des Asphaltfahrweges links auf dem Wiesenweg weiter (Markierung auf dem Asphalt: gelber Balken).

Wir gehen an einem Fischteich vorbei (Sitzbänke) und überqueren dahinter die Landstraße, an der Wegkreuzung dann links durch die Weilauen. Vorbei an der alten Kläranlage und über das alte Weilbrückchen erreichen wir die Weiltalstraße, die wir kreuzen (Richtung Landgasthof Ziegelhütte u. a., weiter gelber Balken). An allen Abzweigungen auf dem Hauptweg bleibend, steigen wir bald Richtung Weiltalblick bergan. **Achtung** dann kurz vor der Kammhöhe: Hier biegt links ein Pfad mit der Markierung »Fisch« zum nahen **Weiltalblick** ab, von wo sich ein prächtiger Blick in das zentrale Taunustal

bietet, voraus sieht man schon Rod an der Weil (Schutzhütte, Sitzbänke).

Wir gehen zurück zum Forstfahrweg und links auf der Kuppe weiter geradeaus. Am Wegestern nach 200 m folgen wir dem zweiten Weg links bergab Richtung Landgasthof Ziegelhütte (nun nur noch »Fisch«) – und gehen im Weiltal dann am entsprechenden Abzweig (letzte Einkehrmöglichkeit) weiter geradeaus und zurück nach **Rod an der Weil** (4.30 Std.).

Der Ort rühmt sich übrigens des »ältesten Pfarrhauses Deutschlands«. Es steht weiter talabwärts gegen Ortsende auf dem Kirchberg und ist seit über 700 Jahren (1283) ununterbrochen Wohnhaus der hiesigen Pfarrer. Der Nimbus gilt strenggenommen nur für das Untergeschoss, der Fachwerkteil wurde 1522 aufgestockt.

Das historische Pfarrhaus in Rod an der Weil

Tour 18

Die Kornkammer des Taunus

Von Bad Camberg durch den Goldenen Grund

Die größte ›Tiefebene‹ des Taunus liegt in der Bad Camberger Gegend. Von hier erscheint das »Gebirge« ziemlich fern. Fruchtbare Lößböden gaben dem »Goldenen Grund« den Namen, einer Kornkammer, die von den Römer in die Limeslinie einbezogen wurde.

DIE WANDERUNG IN KÜRZE

++
Anspruch

6 Std.
Gehzeit

22 km
Länge

Charakter: Mittelschwer; gute Wege, keine allzu langen Anstiege

Wanderkarte: Topografische Freizeitkarte 1:50000 Taunus (mittlerer Teil), hg. vom Taunusklub e.V. und dem Hessischen Landesvermessungsamt

Einkehrmöglichkeiten: Eichelbacher Hof (Mi, Sa/So 12–17 Uhr)

Anfahrt: Bad Camberg liegt an der **Bahnstrecke** Frankfurt–Limburg. Mit dem **Auto:** Auf der A 3 bis zur Abfahrt 44: Bad Camberg. Dort auf der Durchgangsstraße nach links, dann die zweite Straße rechts (Gisbert-Lieber-Straße) Richtung Schulen/Friedhof. Oben durch die Rechtskurve, unten rechts Richtung Friedhof, dann links. Am Eichborn schließlich links-rechts und durch die Kapellenstraße zum Friedhof (Parkplatz).

Wir beginnen die Wanderung am Friedhof von **Bad Camberg** und folgen der asphaltierten Fahrstraße bergan zu Kreuzkapelle. Dort hinauf führen die »Sieben Fußfälle«, Stationssteine mit Reliefdarstellungen vom Kreuzigungsweg Christi, die im Jahre 1700 von adeligen Familien gestiftet wurden (s. die Wappen und Namen). Während des Aufstiegs passieren wir sechs der sieben Bildstöcke, der siebte stand kurz vor dem Friedhof.

Oben an der Kreuzung wandern wir später geradeaus weiter, gehen aber zunächst links zur **Kreuzkapel-**

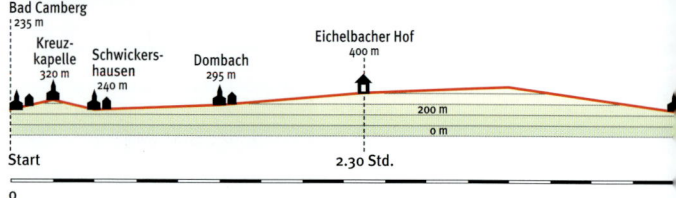

Bad Camberg
235 m

Kreuz-
kapelle
320 m

Schwickers-
hausen
240 m

Dombach
295 m

Eichelbacher Hof
400 m

200 m

0 m

Start   2.30 Std.

le, dem »Wahrzeichen des Goldenen Grundes« (1681–1725, kreuzförmiger Grundriss). Von hier oben hat man einen schönen Ausblick auf das gottgesegnete Land zu unseren Füßen, aus dem die Menschen seit Jahrhunderten an Christi Himmelfahrt zur Kreuzberg-Wallfahrt hier hinauf pilgern. Bis 1939 war die Kreuzkapelle mit dem daneben stehenden Wohnhaus Zentrum der katholischen Jugendbewegung »Neudeutschland«. (Im Sommer an Sonn- und Feiertagen 14–17 Uhr geöffnet.)

Wir gehen also von der Kapelle kommend an der Kreuzung links (schwarzer Punkt). Die asphaltierte Fahrstraße führt bald ziemlich steil durch den Wald hinab ins Dombachtal. Dort gehen wir am Friedhof von **Schwickershausen** hinter dem Parkplatz rechts (schwarzer Kreis).

An der nächsten Gabelung gehen wir links, wandern an der Talflanke entlang und schließlich auf asphaltiertem Fahrweg links hinab in den Dombachgrund, folgen also nicht mehr dem markierten Wanderweg (der Eilige allerdings rascher nach Dombach führt)! Unten geht es hinter der Brücke bei der **Hubermühle** rechts und auf einem schönen Talweg durch den Dombachgrund bis hinter die beiden Fischteiche, wo wir rechts abbiegen. Oberhalb des Areals dann nochmal rechts und nun am Zaun entlang und durch die Feldflur nach **Dombach.**

Dort folgen wir links der Hauptstraße bergan, an der Kirche und dem gegenüber liegenden Pfarrhaus vorbei, wo der Pfarrer und Dichter Franz Alfred Muth (1839–1890) lebte. Einige seiner volkstümlichen Lieder wie »Die alte Tanne« oder »Der Gebirgsbach« werden noch heute gesungen.

Oben in der Kurve steht der schöne Fachwerkbau der »Alt Schul«, erstmals erwähnt 1757 (»ein Ofen wurde aufgesetzt«) und 1762 (»die Uhr wurde aufgeschlagen«). Im Erdgeschoss befand sich der Schulsaal, darüber die Wohnung des Lehrers. 1897–1970 diente das Gebäude als Rathaus.

Wir folgen noch kurz der Hauptstraße und biegen dann oben rechts in den Langhecker Weg ab (Richtung Eichelbacher Hof u. a., gelber Balken u. a.), dann links Richtung Sportplatz und hinter diesem halb rechts in den Wald bergan.

Hinter dem **Forsthaus** wandern wir durch ein immer enger werdendes, stilles Waldtal, links immer wieder kleinere Felsgruppen. An der T-Gabelung auf der Höhe nach links, vorne dann geradeaus über die Wegkreuzung und hinab zum **Landgasthof Eichelbacher Hof** (2.30 Std.), einem ehemals befestigten Hofgut der Herren von Rheinberg aus dem Wispertal (s. Tour 27).

Wir marschieren nun auf der asphaltierten Zufahrt weiter (Markierung jetzt »Fuchs«). Dieser Wanderweg biegt oben hinter der Kuppe scharf links in den Wald ab. An der Gabelung kurz vor der Höhe gehen wir rechts, drüben sind bald kurz die Häuser von Hasselbach zu sehen, an der folgenden Gabelung führt der Weg nach links kurz bergan. Schließlich kreuzen wir die Straße am Wanderparkplatz und folgen dem Skiwanderweg (Markierung »Geweih«), bleiben auf dem die Höhe haltenden

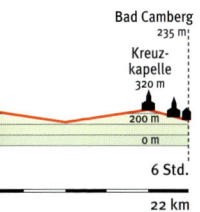

Bad Camberg
235 m
Kreuz-
kapelle
320 m
200 m
0 m
6 Std.
22 km

Hauptweg (später auch schwarzer Punkt).

An der Wegkreuzung hinter der kleinen Waldwiese halb rechts-geradeaus, die Höhe haltend weiter (unmarkiert), oberhalb von Hasselbach vorbei. An der nächsten Wegkreuzung dann geht es links weiter (schwarzer Balken). **Achtung:** Nach 150 m, am Doppelabzweig, biegt dieser Wanderweg – schlecht markiert – auf den zweiten, etwas grasigeren Weg halb rechts ab. Nach etwa 120 m biegen wir auf den grasigen Pfad halb links ab, der ziemlich versteckt auf der rechten Seite des **Hauserbachtals** bergab führt.

Nach Kreuzen eines Bachlaufs geht es kurz bergan, dann links auf zunächst kaum erkennbarem Pfad und dann zunehmend besserem Weg durch gefällig wechselnde Waldbilder.

Schließlich erreichen wir einen Forstfahrweg, dem wir links bergab durchs schöne Hauserbachtal folgen. Erste Viehweiden tauchen auf, am Ende des Waldes liegt rechts eine **Kapelle,** voraus ist Hof zu Hausen zu sehen.

Wir steigen hier links zwischen den Weiden steil bergan. An der großen Wegkreuzung oben im Wald gehen wir links (nun schwarzer Kreis u. a.). An der nächsten Wegkreuzung halb links, aber dann **Achtung:** Nach 50 m biegt unser Weg halb rechts vom Hauptweg ab und führt als etwas ruppiger Waldweg weiter. Er kreuzt dann einen Forstfahrweg, dem wir nun nach rechts steil bergab folgen (jetzt grüner Keil). Ausgangs des Waldes sehen wir linker Hand die Kreuzkapelle auf der Höhe liegen.

Hinter dem ersten Hof links, dann rechts, weiter Markierung grüner Keil, und nun hinab ins Dombachtal.

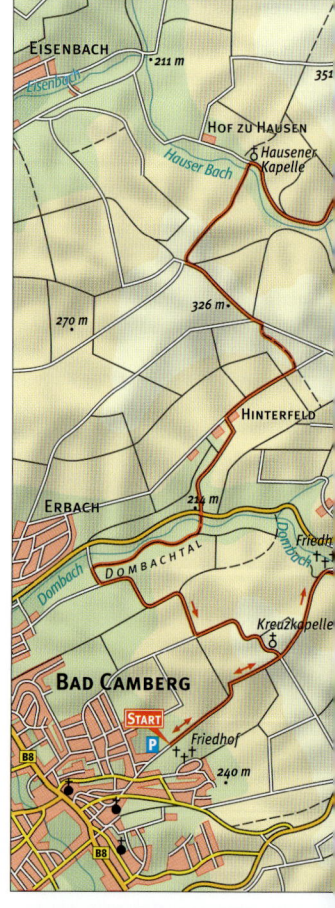

Dort kreuzt der Wanderweg die Straße, unten in der Wiese auch den Dombach und führt dann nach rechts talabwärts.

Kurz vor dem Ende des Waldes bei einer Sitzbank und einer Infotafel zweigt halb links ein Pfad steil ab (unmarkiert; bei feuchter Witterung unten weiter, bis links ein Asphaltweg abzweigt). Oben gehen wir kurz links am Waldrand entlang und dann rechts zwischen den Äckern vor zum asphaltierten Wirtschaftsweg, der

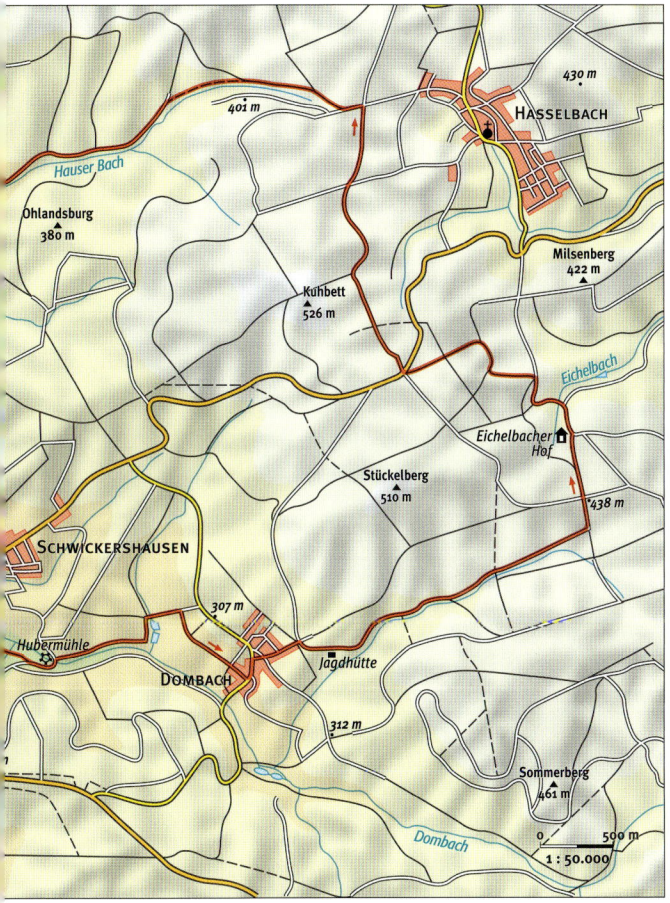

weiter oben wieder den Wald erreicht. Drüben ist jetzt schon die Kapelle zu sehen.

Statt dann dem Asphaltweg um die Kurve und parallel zu den Strommasten zu folgen, gehen wir geradeaus in den Wald weiter, dann an dem Gehölzstreifen entlang und dahinter auf dem asphaltierten Fahrweg nach rechts.

Wer es eilig hat, geht unterhalb der Kapelle geradeaus weiter, wer noch ein bißchen Zeit hat, geht vor dem Buschwerk links noch einmal zur **Kreuzkapelle** hoch und genießt von einer der Sitzbänke den Blick über den Goldenen Grund. Zurück geht es dann auf bekanntem Weg wieder nach **Bad Camberg** (6 Std.).

In der Ruhe liegt die Kraft

Der Limesweg bei Idstein

Die malerischste und zugleich verkehrsgünstigst gelegene Taunusstadt? Versuchen Sie es doch mal mit der alten Nassauer Residenz Idstein, hinter der sich eine wenig bekannte Wanderwelt in die Hintertaunushügel kuschelt, deren Topografie schon die Römer verwirrte...

DIE WANDERUNG IN KÜRZE

++
Anspruch

5.30 Std.
Gehzeit

22 km
Länge

Charakter: Mittelschwer; einiges Auf und Ab, einmal eine etwas kritische Wegstrecke, aber alles unterhalb der Gebirgsschwelle – das könnten sich auch mutige Anfänger zutrauen.

Wanderkarte: Topografische Freizeitkarte 1:50000 Taunus (mittlerer Teil), hg. vom Taunusklub e.V. und dem Hessischen Landesvermessungsamt

Einkehrmöglichkeiten: Oberauroff; Ehrenbach (So 11–14 Uhr); Eschenhahn; Dasbach (Fr Ruhetag); Idstein

Anfahrt: Idstein liegt an der **Bahnstrecke** Frankfurt–Limburg. Mit dem **Auto:** Auf der A 3 bis zur Abfahrt Idstein, dort stadteinwärts über die Bahnlinie und dann gleich rechts zum Bahnhof. Da Parken dort nur mit Berechtigungsschein möglich, besser schon vor der Brücke Parkplatz suchen.

Die Wanderung beginnt am Bahnhof von **Idstein,** von dem wir kurz die Straße stadteinwärts hinunter gehen, am Kreisel dann aber links hoch Richtung Autobahn (roter Punkt).

Wir überqueren die Bahnlinie und steigen dann (vor McDonald's) durch die erste Straße rechts bergan und unter der Autobahn durch aus dem Ort. Auf der Höhe (schöner Blick über Idstein zum Feldberg) geradeaus über die Wegkreuzung, dann aber gleich **Achtung:** In der Rechtskurve nach 50 m gehen wir geradeaus auf dem – unmarkierten – Grasweg weiter. (Wer nicht sehr trittsi-

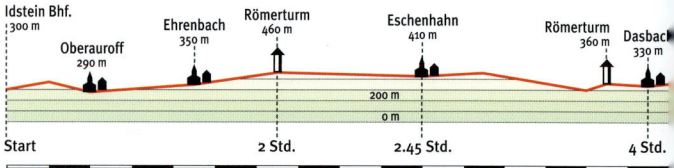

Idstein Bhf.
300 m

Oberauroff
290 m

Ehrenbach
350 m

Römerturm
460 m

Eschenhahn
410 m

Römerturm
360 m

Dasbach
330 m

200 m

0 m

Start

2 Std.

2.45 Std.

4 Std.

0

cher ist, folgt bei feuchter Witterung dem Asphaltweg nach Niederauroff hinab und dort weiter dem roten Punkt links ins Aurofftal.) Wir wandern im Linksbogen durch die leichte Senke, dann an der Heckenreihe und vorne am Zaun entlang, an dessen Ecke nach links und jetzt wieder **Achtung:** Nach 25 m zweigt ein Pfad rechts hinab in den Wald ab und trifft auf einen wenig begangenen Hangweg, dem wir nach links folgen.

Vor einem talwärts ziehenden **Felsriff** geht es etwas weglos (eine Markierung zeigt unten den Abstieg) kurz steil ins **Aurofftal** hinab, wo schon der Weg zu sehen ist, dem wir dann nach links folgen (nun wieder roter Punkt u. a.) Die in der Wiese aufgestellten Zielscheiben weisen auf eine Besonderheit des vorausliegenden **Oberauroff** hin: Das kleine Dorf mit nur gut 300 Einwohnern hat sich Anfang der 70er Jahre für das Bogenschießen begeistert, schon über 25 hessische Meisterinnen und Meister gestellt und sogar 10 deutsche Meistertitel in den Hintertaunus geholt!

Wir kreuzen die Landstraße und gehen unterhalb der Kirche und dann am Dorfbrunnen vorbei geradeaus durch den Ort. An der Dreifachgabelung am Ortsrand (Rastplatz; Grillmöglichkeit) gehen wir geradeaus auf dem mittleren Weg weiter. Wir wandern durch die stille Talaue, gehen dann unterhalb des Gehöftes nach links und dann bergab auf **Ehrenbach** zu. In der Linkskurve hinter dem Dorfgemeinschaftshaus (So 11–14 Uhr Einkehrmöglichkeit) biegen wir am Parkplatz vorbei rechts ab (unmarkiert) und gehen dann wieder schön am Rande der Talaue entlang sacht bergan.

An der Kreuzung oberhalb der Fischteiche geradeaus, weiter am Waldrand entlang, bald mit schönem Blick über den Hintertaunus zum Feldbergmassiv. Oben an der Waldecke gehen wir kurz links und folgen dann dem nächsten Weg rechts hoch zur Straße, die wir kreuzen. Jenseits führt der asphaltierte Forstweg nach rechts zum rekonstruierten **Römerturm** (2 Std.) am einstigen Limes (s. S. 14), der hier auf 30 m Länge mit Palisadenzaun, Graben und Wall rekonstruiert wurde. Man gewinnt dadurch ein gutes Bild von diesem »Annäherungshindernis«, das die Germanen erst überwinden mussten, wenn sie – aus unserer Richtung kommend – ins reiche Römische Reich auf Beutefang gehen wollten…

Folgt man dem Weg hinter dem Römerturm 80 m in den Wald, so trifft man auf die Reste einer Rundschanze, die eine Art kleines Amphitheater war, wo sich die Legionäre bei Tierkämpfen amüsierten. Das Kastell lag noch einmal 200 m weiter, doch der Abstecher lohnt nicht.

Wir gehen nun nach links in Fortsetzung des Palisadenzauns weiter, der Markierung »Wachtturm« des **Limesweges** folgend, der – immer geradeaus – schließlich oberhalb von Eschenhahn über die freie Höhe führt, Zielrichtung Feldberg, an dessen Gipfelflanke ja das höchstgelegene Limeskastell lag (Tour 13). Etwa dort, wo wir aus dem Wald kommen, teilte sich der Limes: Ursprünglich führte er halb rechts

Idstein Bhf.
300 m

Idstein
260 m

200 m

0 m

5 Std. 5.30 Std.

22 km

ins heutige Eschenhahn hinunter und nahm einen etwas gewundenen Verlauf bis zur Höhe über Dasbach. Etwa um 150 n. Chr. legte man eine geradere und daher besser zu kontrollierende Limeslinie an, welcher der Wanderweg hier zunächst folgt.

Am Ende des Höhenzuges gehen wir am Waldrand entlang nach links, vorne an der Gabelung dann rechts. Auf dem Hauptweg bleibend, erreichen wir bald **Eschenhahn,** gehen auf der Straße kurz geradeaus, in der Rechtskurve dann aber geradeaus den Stufenweg hinunter und unten am Friedhof vorbei weiter bergab zur Landstraße und in den Ort (2.45 Std.).

Der Limesweg biegt dort in die erste Straße links ab und folgt an deren Ende dem linken Zweig der Gabelung. An der folgenden Gabelung gehen wir geradeaus und dann gleich links ab vom Hauptweg hinab in den **Auroffgrund,** den der Limesweg quert, um auf der anderen Talseite stracks bergan zu steigen. Etwa ab der Kreuzung mit dem querenden Forstfahrweg befinden wir uns wieder auf der älteren Limeslinie, der schwache Wallrest ist stellenweise noch erkennbar.

Auf der Höhe kreuzen wir den Kammweg schräg nach links und steigen nun wieder steil zu Tal, wo der Limesweg schließlich halb rechts zur Autobahn führt, diese ein Stück nach links begleitet und dann durch die Unterführung quert.

Unter mehrfachen Richtungswechseln führt der gut markierte Wanderweg auf die Kammhöhe und führt dann nach links auf dem schmaler werdenden ›First‹ des Höhenzuges auf die Wegkreuzung und auf das ehemalige Bahnwärterhaus zu. 70 m davor kreuzt der schwach erkennbare Wall des jün-

geren Limes den Weg (Schild »Pfahlgraben« an Baum links).

Wir überqueren den unbeschrankten Bahnübergang und bleiben weiter auf dem asphaltierten Hauptweg, der ins anmutige **Wörsbachtal** führt. Linker Hand ist schon einmal Idstein zu sehen.

Im Talgrund folgen wir dem Limesweg nach rechts. Hinter dem Wasserbehälter, kurz vor dem Linksbogen des Weges, kreuzte der – jüngere – Pfahlgraben das Tal.

In der Rechtskurve dann führt unser Wanderweg geradeaus am Waldrand entlang weiter und zieht als grasiger Weg auf die Höhe und auf den rekonstruierten **Römerturm** zu, bei dem die Landstraße schräg nach rechts gekreuzt wird.

Auf grasigem, später asphaltiertem Weg wandern wir nun nach **Dasbach** (4 Std.) hinab. Der jüngere Limes verlief vom Römerturm in gerader Linie durch die heutige Dorf-

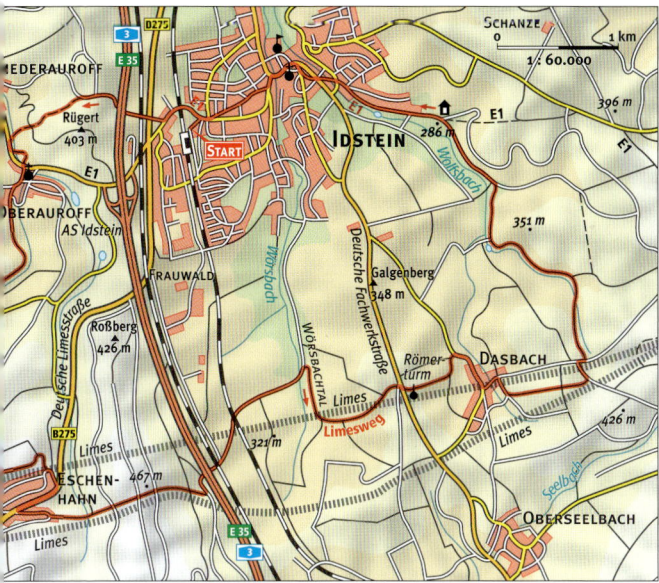

mitte – wo die Kirche 1613 auf den Fundamenten eines römischen Wachturms erbaut wurde – und am Gegenhang bergan.

Wir gehen vom Friedhof aus in den Ort, wo der Limesweg vor dem Brunnen in der Dorfmitte links in die Kirchstraße und am Ortsausgang rechts in die Feldflur ab biegt.

Am Wegestern folgen wir dem Feldweg links auf die Höhe. Der ältere Limes näherte sich ein Stück rechter Hand und traf ziemlich genau an der vorausliegenden Waldecke auf unsere Route. Die führt geradeaus am Waldrand entlang und trifft dann auf einen Asphaltweg, auf dem wir jetzt den Limesweg verlassen und links bergab gehen (rotes Rechteck) – zum jüngeren Limes gewissermaßen.

Unten geht es rechts in den Wald, am ersten Abzweig biegt unser Weg aber schon wieder links ab. Wir wandern nun ins **Wolfsbachtal** hinab,

das unten mit schönem Auwald erfreut und sich schließlich hinter den Fischteichen (Rastplatz) zur breiteren Wiesenaue öffnet, an deren rechtem Rande der Wanderweg zurück nach **Idstein** (5 Std.) verläuft. Eine Gaststätte mit Biergarten ist die letzte Einkehrmöglichkeit vor der Stadt.

Im Ort geht es geradeaus durch bis zu querenden Vorfahrtsstraße, der wir kurz nach nach rechts folgen, um dann links am Parkplatz vorbei in die Innenstadt zu gehen: Vorne rechts durch die Gasse mit einfachen Fachwerkhäusern zum Marktplatz und dann links hinauf durch die Fußgängerzone zum König-Adolf-Platz, wo das Herz des einstigen Residenzstädtchens schlägt. König Adolf war der einzige deutsche König aus dem Hause Nassau (1292–98).

Der Wanderweg führt zwar durch die tunnelartige Durchfahrt unter Burgaufgang und Rathaus hindurch,

Idstein, Detail am Haus des Messerschmieds

wahrscheinlich wollen Sie aber erst neben dem Löwenbrunnen (nassauer Wappentier) zum **Burgbezirk** hinauf gehen, den man durch den Torbau von 1497 betritt. In den daran anschließenden Gebäuden saß die Bürokratie der Grafschaft. Auf dem höchsten Punkt dann der Bergfried (»Hexenturm«) aus der Zeit um 1355, ältestes Baudenkmal Idsteins und einziges Überbleibsel der alten, erstmals 1101 erwähnten Burg. Deren Zentrum lag voraus, wo das heutige Schloss (1614 als Residenz der Grafen von Nassau-Idstein begonnen, nach dem Dreißigjährigen Krieg vollendet) auf separatem Felssporn

steht. Die Brücke macht deutlich, welch genialer Platz diese felsige Talsperre für einen Burgenbau war. Seit 1946 beherbergt das Schloss das Idsteiner Gymnasium.

Wir gehen zum König-Adolf-Platz zurück – Prunkstück ist das Killingerhaus (Fremdenverkehrsamt) mit Renaissance-Giebel und reich geschnitztem Erker – und folgen nach rechts weiter der Fußgängerzone. Dahinter geht es kurz links entlang der stark befahrenen Durchgangsstraße bis zum Kreisel, aus dem wir nach rechts in die stillere Bahnhofstraße einbiegen, die uns zum **Bahnhof** (5.30 Std.) von Idstein zurück führt.

Taunusgipfel bei Wiesbaden

Kanzel und Kellerskopf

Runter von der Autobahn, Wanderstiefel schnüren und los? Kein Problem bei dieser Tour, die gleich neben der Autobahn Frankfurt–Köln startet und einen schönen Eindruck von den Taunuswäldern nördlich Wiesbadens bietet inklusive einem prachtvollen Blick über den westlichen Hochtaunus und das Vorland bis Mainz.

DIE WANDERUNG IN KÜRZE

+++
Anspruch

6.30 Std.
Gehzeit

22 km
Länge

Charakter: Anspruchsvoll; zwei lange Anstiege und die eine oder andere Bergabpassage sind eher etwas für geübte Wanderer.

Wanderkarte: Topografische Freizeitkarte 1:50000 Taunus (mittlerer Teil), hg. vom Taunusklub e.V. und dem Hessischen Landesvermessungsamt

Einkehrmöglichkeiten: Platte (Mo Ruhetag); Schützenhaus (Mo); Kellerskopf (Mo/Di)

Anfahrt: S 2 von Frankfurt nach Niedernhausen; Mit dem **Auto:** Auf der A 3 bis zur Ausfahrt Wiesbaden–Niedernhausen, Parkplatz am S-Bahnhof Niedernhausen.

In **Niedernhausen** gehen wir aus dem S-Bahnhof nach links über die Parkplätze und folgen dann der Straße über die Bahnlinie, an der folgenden Gabelung links in die Lucas-Cranach-Straße (schwarzer Balken). Vorne an der Gabelung gehen wir rechts bergan, an der Dreifachgabelung geradeaus aus dem Ort und bald unter Autobahn und Schnellbahntrasse durch.

Oben an der Weggabelung geht es dann rechts Richtung Hohe Kanzel. Rechter Hand ein schöner Blick über die Taunuskuppen bis hin zum Feldberg.

Hinter der Schutzhütte oben am Waldrand zweigt unser Weg links von der asphaltierten Fahrstraße ab. Ein letzter Blick ins Theißtal ist möglich, das eine wichtige Rolle bei der Wasserversorgung Wiesbadens spielt, wie wir später sehen werden. An der ersten Gabelung im Wald gehen wir rechts, an der nächsten links und durch schönen Wald bergan. Unter mehrfachen Richtungswechseln führt der gut markierte Wanderweg auf die Kammhöhe und dann nach links auf dem schmaler werdenden ›First‹ des Höhenzuges auf die **Hohe Kanzel** (1.45 Std.), von wo sich ein schöner Ausblick in die Rhein-Main-Ebene bietet. Gegenüber ist der Kellerskopf durch seinen Aussichtsturm kenntlich gemacht, die letzte Station unserer Wanderung.

Wir marschieren weiter geradeaus und erreichen nach dem Abstieg einen geschotterten Fahrweg, dem unsere Markierung schwarzer Balken nach links folgt. An Abzweigen bleiben wir immer geradeaus auf dem Hauptweg, bis wir kurz hinter der Funkanlage auf die **Trompeterstraße** treffen, eine breite Forstfahrstraße, der wir nun nach links folgen. Früher war dies der höchste Punkt der Postkutschenroute zwischen den Residenzstädten Idstein und Wiesbaden, wo der Postillon in sein Horn blies.

Nach 3 km erreichen wir die **Platte** (3 Std.), den Taunuspass über Wiesbaden mit der Ruine eines **Jagdschlosses** der nassauischen Herzöge – und einem **Gasthof** mit Biergarten. Das 1822–24 in klassizistischem Kastenstil erbaute Schlösschen wurde gegen Kriegsende bis auf die Außenmauern zerstört. Ein Förderverein strebt die Wiederherstellung an und versucht, auch eine neue Nutzungsmöglichkeit zu finden.

Der Weiterweg führt direkt am Gasthof links hinab in die parkartige Landschaft oberhalb Wiesbadens (Markierung ist auf weiteres roter Punkt u. a.). An der Gabelung gleich im Wald gehen wir links, nach wenigen Metern biegt unser Wanderweg halb rechts vom Asphalt ab. An Abzweigen stets geradeaus, bis wir auf einen asphaltierten Fahrweg treffen und ihm nach rechts folgen. Unten in der Kurve dann geradeaus auf schmalem Pfad Richtung Bahnholz.

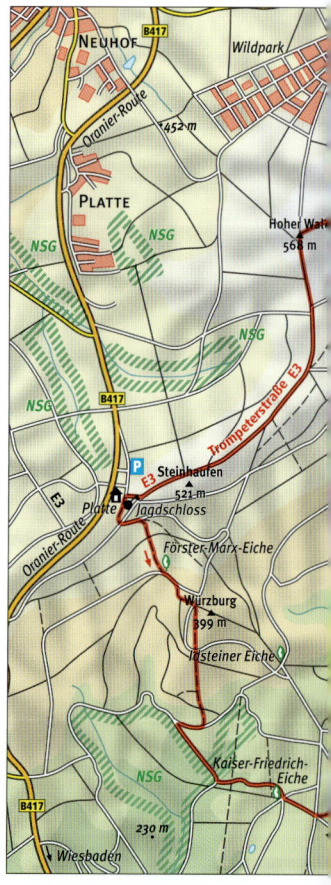

Weiter unten kreuzen wir einen asphaltierten Forstfahrweg, an der folgenden Gabelung halb rechts, später an der T-Gabelung links. Schließ-

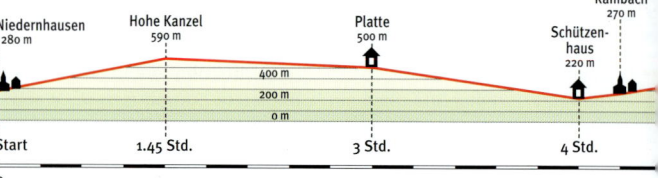

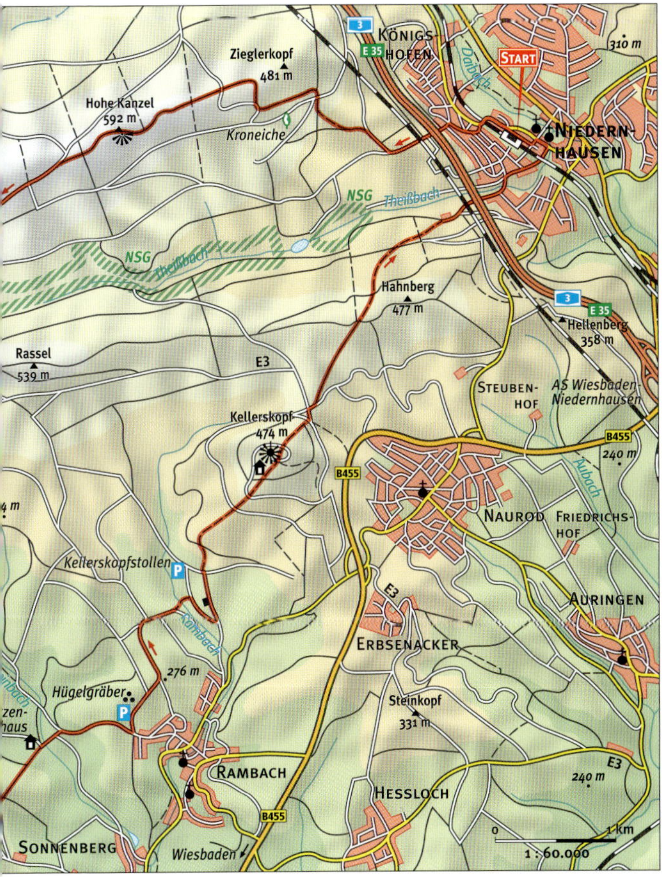

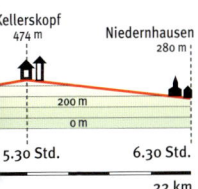

lich treffen wir wieder auf einen asphaltierten Forstfahrweg, folgen ihm
nach rechts, an der nächsten Gabelung links.

Nach etwa 500 m folgen wir nach
links der neuen Markierung »grünes
Blatt« und erreichen die große
Wegespinne an der **Kaiser-Fried-
rich-Eiche,** die an den unglücklichen
»99-Tage-Kaiser« des Jahres 1888 erinnert. Unsere Markierung führt nun
auf dem halb linken Weg weiter. An
der nächsten Kreuzung gehen wir
geradeaus und biegen dann sofort
links von der asphaltierten Fahrstraße ab (ab jetzt für den Rest der
Wanderung gelber Balken).

An der T-Gabelung rechts, dann

Achtung: Nach etwa 150 m biegen wir links auf einen schmaler Pfad ab. Unten im Talgrund folgen wir dem Forstfahrweg links kurz bergan, auf der Kuppe dann zweigt der markierte Weg wieder rechts ab. An der Gabelung links und nun geradeaus zu Tal und unten an der T-Gabelung links zum Café-Restaurant **Schützenhaus** im Goldsteintal (4 Std.; Biergarten).

Wir kreuzen den asphaltierten Fahrweg nach halb links, gehen laubbeschattet zur anderen Talseite, dort rechts über den Bach und dann gleich halb links bergan vom asphaltierten Fahrweg weg ansteigend Richtung Rambach.

Unmittelbar vor den ersten Häusern von **Rambach** zweigt unser Wanderweg nach links ab zum **Parkplatz** und führt weiter nach links auf dem Forstfahrweg in den Wald. An Abzweigen bleiben wir geradeaus auf dem Hauptweg, am Waldrand dann nach links. Gegenüber ist schon der Kellerskopf mit seinem Aussichtsturm zu sehen.

Wir folgen dem asphaltierten Fahrweg im Rechtsbogen am Waldrand entlang, an der Gabelung am Ende des Waldes auf dem halb rechten Zweig weiter und an der gleich folgenden Gabelung geradeaus hinab ins Rambachtal. Achtung: Unten in der Rechtskurve geht es halb links auf grasigem Weg durch die vorausliegende Senke, auf der anderen Talseite nehmen wir dann den Fahrweg nach rechts.

Abstecher

Geht man ein kurzes Stück links ins Tal, so erreicht man die südliche Mündung des **Kellerskopfstollens** (1899–1906). Dieser längste der vier Wiesbadener Tiefstollen unterquert auf über 4 km Länge Theißtal und Hohe Kanzel – das Auftaktgebiet unserer Wanderung also. Insbesondere die Wässer des Theißtals werden angezapft, um die Bürger der Kur-

Ruine des Jagdschlosses Platte

nuskamm sieht man wundersam sogar die Hochhäuser von Frankfurt wie eine Märchenerscheinung, dahinter ist bei klarer Sicht noch das Kraftwerk bei Großkrotzenburg vor der Silhouette des Spessart zu sehen. Der Turm wurde von Wilhelm von Opel (1871–1941) hier gestiftet, weil man vom Kellerskopf Rüsselsheim im Blick hat. Dort hatte Wilhelm 1898 mit seinen vier Brüdern begonnen, die väterliche Fahrrad- und Nähmaschinenfabrik für die Automobilproduktion umzurüsten – ein weitsichtiger Schritt in die Zukunft.

Für den Heimweg folgen wir der asphaltierten Zufahrtsstraße 100 m bergab Richtung Niedernhausen, bis unser Wanderweg (schwarzer Spitzbalken u. a.) rechts hinunter abbiegt. Unten an der T-Gabelung folgen wir dem breiten Forstfahrweg 50 m nach links, an der Kreuzung dann rechts auf den »Chaisenweg«. **Achtung:** An der Wegkreuzung nach rund 300 m zweigt unser Wanderweg Richtung Niedernhausen links etwas ansteigend ab und zieht weiter auf etwas ruppigem Pfad durch den Hochwald. Am Wegestern dann geradeaus und nun stetig bergab. Unten wird ein Forstfahrweg gekreuzt, tiefer dann kurz auf geschottertem Fahrweg 100 m nach rechts und links weiter bergab.

Unten folgen wir dem Fahrweg nach rechts, an der Gabelung dann auf dem linken Zweig bergab, unter den beiden beiden gigantischen Brücken von Eisen- und Autobahn durch. Unten links – wir sind wieder in **Niedernhausen** –, hinter der Bahnunterführung dann links zum **Bahnhof** (6.30 Std.) zurück.

stadt und ihrer Umgebung mit schlichtem Trink- statt nur Heilwasser zu versorgen. Wegen des oberflächennahen Schiefers macht es der Taunus nämlich schwer, Grundwasser zu entnehmen. Eine Infotafel erklärt sehr schön Sinn und Zweck der Anlage.

Auf dem Fahrweg also nach rechts. Nach etwa 300 m biegt die Markierung gelber Balken hinter dem alleinstehenden Haus links ansteigend ab. Unser Wanderweg führt nun an Abzweigen immer geradeaus (an der Schutzhütte rechts herum) auf den Gipfel des **Kellerskopfes** (5.30 Std.; Aussichtsturm; Berggasthaus). Von der Terrasse hat man einen schönen Blick auf das Gebiet bei Wiesbaden und Mainz, der natürlich noch übertroffen wird durch den Rundblick vom Aussichtsturm: Nicht nur die angrenzenden Taunusgebiete bis hin zum Feldberg rücken ins Blickfeld, durch eine Scharte im Tau-

Prächtiger Hintertaunus

Von Burg Hohenstein durchs Lahnerbachtal zum Limes

Der Hintertaunus mag auf den ersten Blick etwas gleichförmig erscheinen – schaut man genauer hin, geht es in diesem Wellenspiel sachter Höhenzüge aber doch ganz schön bewegt zu. Ein Kleinod dieser Landschaft ist Burg Hohenstein über dem Aartal.

DIE WANDERUNG IN KÜRZE

+ Anspruch	**Charakter:** Einfach, wegen eines etwas ruppigen Abschnitts besser bei trockener Witterung.
3.30 Std. Gehzeit	**Wanderkarte:** Topografische Freizeitkarte 1:50000 Taunus (mittlerer Teil), hg. vom Taunusklub e.V. und dem Hessischen Landesvermessungsamt
14 km Länge	

Einkehrmöglichkeiten: Kemel; Hohenstein

Anfahrt: Hohenstein liegt an der B 54 Wiesbaden Limburg

Hinweise: Man sollte früh starten, um dem Publikumsandrang an einer der großen Taunusburgen gerade noch so zu entgehen.

Vom **Parkplatz** bei der **Burg Hohenstein** gehen wir durch die Straße Schlossbrücke bergan, die – immer geradeaus – auf die Höhe bis an den Ortsrand führt. Dort gehen wir an der Dreifachgabelung vor dem Mobilfunkmast rechts aus dem Ort. Wir passieren eine Feldscheune und gehen dahinter am zweiten Abzweig rechts. Der asphaltierte Wirtschaftsweg führt um die Kuppe herum, dahinter geradeaus und hinab ins **Lahnerbachtal.**

An der Gabelung im Talgrund (Rastplatz) gehen wir rechts über den Bach und dann sofort links, nun auf einem wenig begangenen alten Weg am Rande der Talaue entlang und dann durch den Wald bergan. Außer dem Murmeln des Lahnerbachs ist hier kaum etwas zu hören. Ein einmündender Bach wird nach links gequert.

An der Wegkreuzung bleiben wir auf der hiesigen Talseite und folgen oben dann dem Forstfahrweg nach

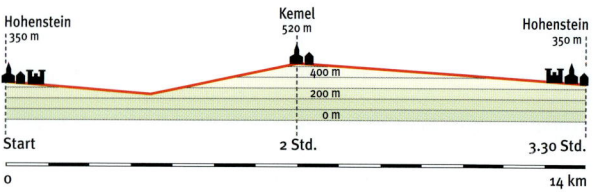

Hohenstein 350 m — Kemel 520 m — Hohenstein 350 m

400 m / 200 m / 0 m

Start — 2 Std. — 3.30 Std.

0 — 14 km

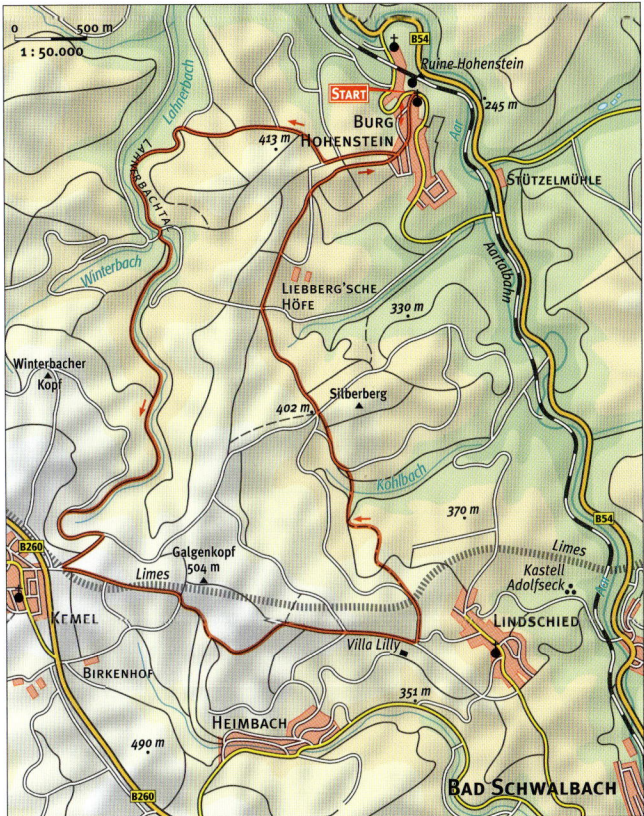

links. Am Waldrand gehen wir rechts auf die windmühlenbestandene Höhe vor **Kemel** (2 Std.), oben dann links auf die Windräder zu (Markierung »Wachturm« des Limeswanderwegs). Über diesen Höhenzug verlief vor 1800 Jahren der hier nicht mehr erkennbare römische Grenzwall; unter dem heutigen Kemel lag ein Numeruskastell für rund 150 Mann.

Wir gehen auf das Bundeswehrdepot als zeitgenössische Militäreinrichtung zu, das der Wanderweg rechts umgeht. Dahinter bleiben wir auf dem Hauptweg, der dann

am Waldrand einen schönen Ausblick zum Taunushauptkamm hin bietet, auf dem der Fernsehturm auf der Hohen Wurzel eine Landmarke setzt.

An der T-Gabelung dann gehen wir rechts bergab, unten an Sportplatz und Therapiedorf »Villa Lilly« vorbei und ausgangs des Waldes links (nun bis Hohenstein rote Raute).

Am Wasserbehälter gehen wir links vorbei. Auf dem Hauptweg bleibend marschieren wir durch ein kleines Waldtal, dann geradeaus über die Kuppe und schließlich über ei-

21

Tour

nen aussichtenreichen Höhenzug zurück nach **Hohenstein** (3.30 Std.).

Burg Hohenstein

Burg Hohenstein wurde um 1190 von den weithin mächtigen Grafen von Katzenelnbogen auf dem Felsen über dem Aartal erbaut. Als der letzte Elnboger 1479 starb, fiel die Grafschaft an den Landgrafen von Hessen-Marburg, »und groß guth von goldt und silber, alle bodden und kasten voller frucht, alle keller voller weins, und dessen erhub er sich hoch«. 130 Jahre später ließ Landgraf Moritz »der Gelehrte« kurz vor dem Dreißigjährigen Krieg Hohenstein noch einmal verstärken, doch das nutzte nichts, die Feste wurde zerstört. Moritz mußte überdies im zehnten Kriegsjahr (1627) abdanken – wegen Entschlussschwäche und militärischer Unfähigkeit in einer Zeit, als Haudegen und keine Dichter-Alchemisten auf dem Thron gefragt waren.

Burg Hohenstein

Stille Wispertaunustäler

Zum Wispersee bei Wisper

Im Rheintaunus liegt die waldreichste Gemeinde Hessens! Nicht ohne Grund wird das Gebiet als »Wispertaunus« manchmal noch besonders hervorgehoben, denn das ist schon eine sehr eigene Landschaft hier, die man so schnell nicht vergisst.

DIE WANDERUNG IN KÜRZE

+
Anspruch

4 Std.
Gehzeit

16 km
Länge

Charakter: Eher leicht, für Anfänger könnte es ein Grenzfall sein.

Wanderkarte: Topografische Freizeitkarte 1:50000 Taunus (westlicher Teil), hg. vom Taunusklub e.V. und dem Hessischen Landesvermessungsamt

Einkehrmöglichkeiten: Café-Restaurant Hexenmühle in Wisper (Di Ruhetag)

Anfahrt: Mit dem **Auto:** Auf der B 260 (Bäderstraße) Wiesbaden (Niederwalluf)–Nassau auf der Höhe von Bad Schwalbach den Abzweig über Ramschied ins Wispertal nehmen. Parkplatz Kleine Wisper beim Abzweig Richtung Katzenelnbogen/Heidenrod-Dickschied.

Vom **Parkplatz Kleine Wisper** gehen wir hinunter zur Wisperstraße und folgen ihr nach links ins Dornbachtal, das Wispertal zieht rechts rheinwärts. Nach 300 m zweigt der Wisperweg (»W«) rechts durch die Leitplanke ab, führt über einen Holzsteg auf die andere Talseite, dort links.

Die Prozedur wiederholt sich nach 1 km, wenn die Fischbachtalstraße einmündet, nur dass man jetzt nur 30 m der Wisperstraße folgen muss, bis der Wisperweg wieder über einen Steg über den Dornbach führt und dann unterhalb wuchtiger Schieferfelsen am steilen Talhang entlangzieht.

Wir treffen schließlich auf einen Forstfahrweg, auf dem es links hinab zur Wisperstraße geht. Wir folgen ihr kurz nach rechts und biegen dann links ins Dornbachtal II ab (rotes Dreieck). Warum hier nie ein eigener Name gefunden wurde, ist ein Rätsel, zumal das Tal hier mit seiner Wiesenaue einen völlig eigenen, lieblicheren Charakter hat als das klammenge Dornbachtal I.

Der Wanderweg hält sich für die kommenden 4 km – bis auf die Höhe – immer auf dem taluntersten Weg. Dabei **Achtung,** wenn der Hauptweg nach 1,5 km steil anzusteigen beginnt: Unser Weg zweigt hier halb links ab, um unten im Tal zu bleiben. Daher auch später an der Gabelung hinter den Fischteichen links. Wir erreichen schließlich einen Forstfahrweg, folgen ihm nach links und kreu-

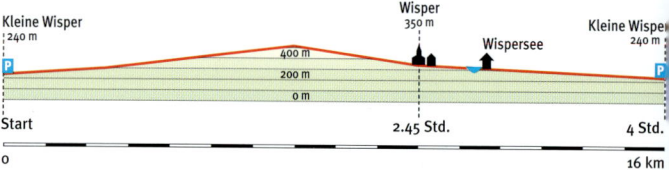

zen dann die Landstraße.

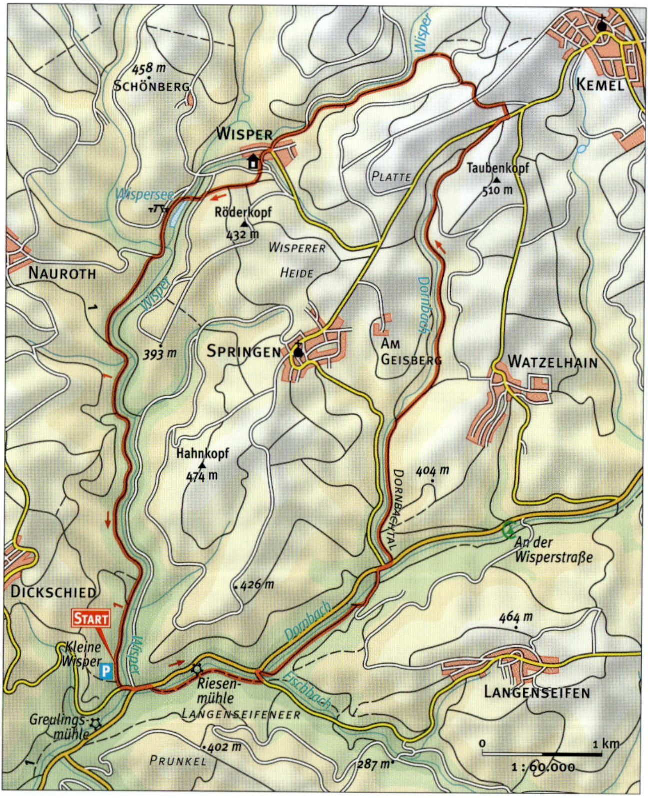

Vorne folgt die Markierung dem Fahrweg rechter Hand nach links und zieht an der Wegkreuzung dann rechts schnurgerade bergan, wir aber gehen geradeaus weiter und an der bald folgenden Gabelung links steil bergab, unten rechts.

Achtung dann in der Rechtskurve: Hier geht es halb links vom Hauptweg ab und dann bald im Linksbogen oberhalb der Waldwiese entlang und weiter ins Wispertal hinab, unten links.

Hätten wir oben den Schlenker zur Wisperquelle gemacht, wäre

Wisper im Wispertal

nichts gewonnen gewesen, denn von ihrem natürlichen Quellsumpf in einer Hochweide ist kaum etwas übrig geblieben, die künstliche Fassung bietet einen eher trostlosen Anblick. Hier aber können wir durch die wahrhaft malerische Talaue der jungen Wisper marschieren, erreichen das beneidenswert ruhig gelegene Dorf **Wisper** (2.45 Std.) und gehen auf der Höhe bei dem alten **Backhaus** links, das bemerkenswert auf den anstehenden Schiefer gebaut ist.

Dahinter geht es gleich rechts bergab, am **Café-Restaurant Hexen-** **mühle** vorbei, dahinter rechts und vorne dann rechts hinunter auf asphaltiertem Weg zum **Wispersee**. Der kleine Stausee ist ein schöner Rastplatz, sonntag mittags findet auch eine Bewirtschaftung statt.

Wir wandern nun rechts des Sees auf dem Fahrweg weiter, der dahinter im Rechtsbogen bergan führt. **Achtung** dann: Oben biegen wir links ab (gelber Balken u. a.) und folgen der **Kleinen Wisper** zurück zum gleichnamigen **Parkplatz** (4 Std.).

Wir schlängeln übern scharfen Stein

Von Schlangenbad nach Kloster Eberbach

Wein und Wasser – beides hat der Rheingau zu bieten. Burgen und Klöster sorgten einst für die reibungslose Nutznießung dieses gottgesegneten Landstrichs, der vor den Nordwinden durch ausgedehnte Wälder geschützt wird und mit warmen Quellen so manches Zipperlein lindert.

Vom Parkplatz am Ende des Kurbezirks von **Schlangenbad** folgen wir auf der rechten Talseite dem Hauptwanderweg bergan (Markierung »T« des Taunus-Höhenwegs u. a.). **Warmer Bach** heißt das talbildende Fließgewässer, dessen Name alles beinhaltet, was Schlangenbad ausmacht: Nicht der geringe Mineralgehalt der kurz nach dem Dreißigjährigen Krieg erstmals gefassten »milchwarmen« Quellen macht den Gesundheitswert einer Schlangenbader Kur aus, sondern die Temperatur von 22–31° C. Dieser Thermencharakter deutet auch auf die Hauptindikationen, die im rheumatischen Formenkreis liegen, Hauterkrankungen kommen dazu. Auch als nach-

wuchsförderndes »Frauenbad« hat das Kurörtchen hinter dem Taunuskamm von alters her einen Namen, weswegen es von vom Aussterben bedrohten Adelsgeschlechtern gerne voll guter Hoffnung frequentiert wurde.

Während wir im Schatten der Buchen bergan steigen – nächste Gabelung halb rechts, oben über die Wegkreuzung geradeaus, nächste Gabelung halb links auf dem Hauptweg bleibend, später nochmal über eine Wegkreuzung geradeaus –, lässt sich trefflich über den Namen unseres Kurbades sinnieren, das die Äskulapnatter im Wappen trägt. Dieses antike Symbol der Heilkunst und Emblem des ärztlichen Berufstandes ist hier aber nicht Sinn-, sondern Abbild: In Schlangenbad und seiner Umgebung befindet sich das weltweit nördlichste Vorkommen der wärmeliebenden und ungiftigen Äskulapnatter, der längsten in Deutschland heimischen Schlange (bis zu 2 m). Dass sie von den Römern ›eingeschleppt‹ und hier bei den warmen Quellen ausgesetzt wurde, ist eine gern erzählte Legende. Wahrscheinlich aber fanden sie die friedliche Schlange schon vor, denn sie war in ganz Mitteleuropa verbreitet.

Der Wanderweg erreicht fast die Höhe und führt an der Wegkreuzung geradeaus weiter, wir aber gehen hier nach rechts zum nahen Waldrand, dem wir nach links folgen mit schöner Aussicht über die Senke von Bärstadt.

Vor der Einmündung in die Straße gehen wir links und dann sofort rechts auf schmalem Waldpfad (rotes Dreieck), der bald auf unseren alten Taunus-Höhenweg trifft, auf dem wir nach rechts weitermarschieren. Das Wegedreieck wird Richtung Hausen gekreuzt, der Wanderweg ist dank seiner Schotterung unverfehlbar, später Forstfahrweg.

An der Dreifachgabelung zu Beginn des Abstiegs geht es halb links auf dem mittleren Pfad weiter, der im Bogen gut markiert (an Abzweigen geradeaus) nach **Hausen** (1.15 Std.) führt. Am Ortsrand folgen wir der Waldstraße nach links und kreuzen vorne die Durchgangsstraße schräg nach links. Während der Taunus-Höhenweg jetzt am Waldrand entlang zieht, folgen wir dem halb links abzweigenden Pfad (»zwei gegeneinander gebückte Bäume«), der bald den **Parkplatz Bittereiche** erreicht. Eine anschauliche Infotafel erklärt das Rheingauer Gebück, eine

einstige Landwehr aus miteinander verflochtenen Bäumen (s. Tour 24).

Wir überqueren den Parkplatz nach halb rechts, gehen drüben an der Gabelung geradeaus und an der gleich folgenden ebenso, Markierungen u. a. »R« des Rheinhöhenweges. Wenn dieser nach knapp 1 km an der Gabelung auf der Höhe nach rechts knickt, folgen wir geradeaus dem schwarzem Punkt, der bald ziemlich steil bergab führt und dabei mehrere Wege kreuzt.

Unten hält sich unser Wanderweg an einem Wegestern halb rechts, nun etwas weniger steil, und führt dann im Talgrund nach links auf planierter Forststraße weiter. Wir marschieren nun durchs stille Kisselbachtal, das zwar ins geschäftige Rheintal mündet, andererseits aber der Zisterzienser-Regel genügte, wonach die Klöster des Ordens an entlegenen Orten zu liegen hatten. Das gilt heute bestenfalls noch für den Campingplatz im Tal, kurz dahinter beginnt schon die Klostermauer und dann erreichen wir den Parkplatz von **Kloster Eberbach** (2.30 Std.), wo sich an schönen Sommerwochenenden alle Welt ein Stelldichein zu geben scheint. Wenn das die Gründer vor fast 900 Jahren hätten sehen können…

Wir gehen durch das barocke Klosterportal, die letzte Baulichkeit (1774), die dem schon längst nicht mehr in allen Teilen zisterziensisch-schlichten Komplex vor der Aufhebung des Klosters im Jahre 1803 angefügt wurde. Eberbach ist dennoch eines der besterhaltenen Beispiele eines hochmittelalterlichen Reformklosters in Deutschland, weswegen es auch Kulisse des Films »Im Namen der Rose« (1986) war. Eine Besichtigung vermittelt unvergessliche Eindrücke, sei es die Klosterkirche, der Kreuzgang oder der großartige Schlafsaal der Mönche – der Phantasie werden hier auf Schritt und Tritt Türen und Tore in die Vergangenheit geöffnet. Das Keltern-Museum macht die enorme wirtschaftliche Bedeutung des 1131 gegründeten Klosters deutlich, das spätestens um 1500 einer der größten Weinproduzenten seiner Zeit war! Nicht ohne Grund ist Kloster Eberbach daher heute Sitz der Hessischen Staatsweingüter.

Für den Weiterweg folgen wir denn auch dem **Rieslingpfad** (Markierung »Weinpokal auf grünem Grund«), der am Ende des Gebäudekomplexes nach rechts am Rande der Bebauung entlang führt und das Klosterareal schließlich durch eine Nebenpforte der Umfassungsmauer verlässt. Gegen Ende des Parkplatzes führt der Rieslingpfad links (»Waldlehrpfad«) über Stufen in den Wald hoch – und immer geradeaus in direkter Linie auf die Höhe. Dort kreuzt er rechts den Kammweg – und steigt ohne Umschweife wieder zu Tal.

Unten führt ein Steg über den Grünbach, ausgangs des Waldes fällt der Blick dann übers Rheintal in die Mainzer Gegend. Der Rieslingpfad schlägt einen Rechtsbogen durch die Wiesenflur, hinter dem kurzen Waldstück geht es oberhalb der ersten Rebhänge bergab und dann nach links durch die Weinberge auf den Kirchturm von Kiedrich

zu. Kurz vor dem Ort ist linker Hand auf der anderen Talseite der Turm der Ruine Scharfenstein zu sehen, Wegstation unseres Heimwegs.

Der Asphaltweg führt problemlos nach **Kiedrich** (3.30 Std.) hinab. Das »gotische Weindorf« präsentiert sich im alten Ortskern mit schmucken Fachwerkhäusern und Adelshöfen aus dem 16./17. Jh., Weinlokale und Straußenwirtschaften laden zur zünftigen Rast ein. Prunkstück des einst bedeutenden Wallfahrtsortes ist der von einer hohen Mauer umschlossene gotische Kirchenbezirk. Die Pfarrkirche St. Valentin war seit dem frühen 14. Jh. Wallfahrtsstätte, als der Schädel des Patrons der Liebenden aus Eberbach hierher gegeben wurde, weil der dortige Abt zu viel Trubel in seiner zisterziensischen Einsamkeit fürchtete! Neben der Kirche (außen: Längenmaß »Mainzer Rute«) steht die Michaelskapelle mit Beinhaus (1434–44), der aufwändigste spätgotische Bau dieser Art in Deutschland!

Direkt hinter dem Kirchenbezirk biegen wir links von der Durchgangsstraße ab, gehen unten durch den Talgrund und dann links am Fuße der Weinberge entlang. Voraus liegt der **Bassenheimer Hof** (1661; über dem Tor Wehrgang mit Schießscharten), an dem der Rieslingpfad links am Bach entlang vorbeiführt. Vorne folgen wir dem Fahrweg nach rechts. Gleich hinter der S-Kurve zweigt dann der steile Trep-

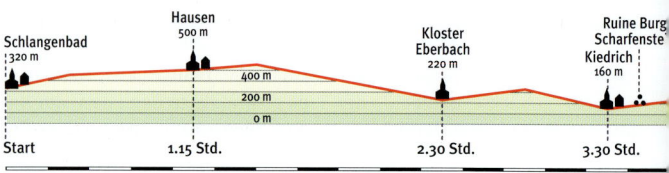

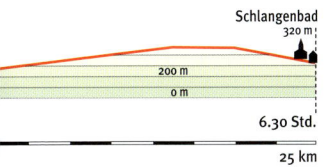

pensteig Richtung Burg rechts ab, der an manchen Stellen förmlich in den Burgfelsen gemeißelt zu sein scheint. Oben an der Gabelung führt der rechte Pfad hinauf in den Hof der

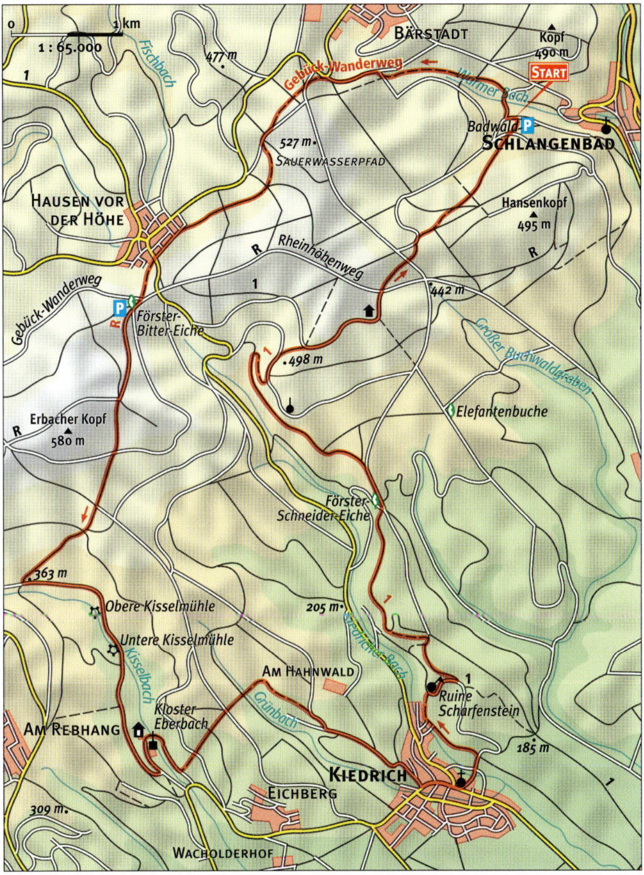

Burg Scharfenstein, einer einstmaligen Grenzfeste des Mainzer Erzbistums, von der im Wesentlichen nur der Bergfried aus dem 13. Jh. erhalten ist. Vom Rastplatz bietet sich ein schöner Blick auf Kiedrich.

Wir verlassen den Burghof am Turm vorbei und gehen geradeaus auf dem durch den Weinberg zum Wald hin leicht ansteigenden Asphaltweg weiter. Oben folgen wir dann dem Wanderweg »schwarze Raute« u. a. nach links auf die Höhe. Dort biegt der markierte Weg am

111

zweiten Abzweig (in der Rechtskurve) geradeaus ab und führt, die Höhe haltend, durch verwilderte Weinberge an der Bergflanke entlang.

Achtung an der Gabelung, wo wir mit der Markierung Raute den linken Zweig nehmen. An der Wegkreuzung dann gehen wir geradeaus – es bietet sich bald noch ein schöner Rückblick auf Kiedrich –, an der Gabelung eingangs des Waldes nehmen wir den linken Weg. Kiefern lösen die Rebstöcke ab, dann Eichenmischwald. An der folgenden Gabelung rechts, nun wieder leicht bergan. Auf dem Kamm des Höhenzuges folgen wir dem Forstfahrweg nach links, an der gleich folgenden Gabelung geradeaus, oben dann halb links (jetzt nur noch Raute). Bleiben Sie an den nächsten Abzweigen einfach geradeaus auf dem Hauptweg, der nach 700 m einen **Rastplatz** erreicht, von dem sich nicht nur ein schöner, letzter Rückblick nach Kiedrich bietet,

Burg Scharfenstein

sondern auch ein guter Einblick in den Quarzitkern des Taunus.

Gut 500 m weiter führt unser Wanderweg scharf rechts bergan und folgt später dem Forstfahrweg links bergan. Auf der Höhe rechter Hand lag eine der vorgeschichtlichen Fliehburgen des Rheingaus. An der Wegkreuzung nehmen wir geradeaus das letzte Stück des Anstiegs in Angriff und folgen oben dann dem – unmarkierten – Forstfahrweg nach rechts (Raute links). Einen letzten Rastplatz bietet die **Schutzhütte** nach knapp 1 km.

Kurz dahinter treffen wir auf den steil ansteigenden Rheinhöhenweg, kreuzen ihn aber und gehen auf dem ruppigen alten Holzfuhrweg weiter, der schön die Höhe hält und dabei noch einmal einen ansteigenden Fahrweg kreuzt. Schließlich treffen wir wieder auf den schwarzen Punkt, folgen ihm nach links und dann gleich nochmal links zum Fahrwegedreieck, dort dann geradeaus bergab. Aber **Achtung:** Schon nach 15 m biegt unser Weg rechts ab und führt als schmaler Waldpfad im Prinzip immer geradeaus nach Schlangenbad zurück. Eine kleine Schwierigkeit gibt es höchstens unten an einem Wegestern, wo der Wanderweg etwas verdeckt links unterhalb des Hauptpfades weiterführt. Auf dem Forstfahrweg dann kurz nach rechts und dann gleich wieder links ab.

Schließlich geht es noch durch eine Serpentine, oberhalb der Tennisplätze treffen wir dann auf einen asphaltierten Fahrweg, folgen ihm kurz nach links und steigen dann hinter den Tennisplätzen rechts steil hinab (»Hirschkäfer« u. a.) bis auf den Talgrund, wo der asphaltierte Fahrweg nach rechts zum nahen Parkplatz am Rande von **Schlangenbad** führt (6.30 Std.).

Zum Rheingauer Gebück

Der Gebück-Wanderweg bei der Hallgarter Zange

Dass der Rheingau-Taunus nicht nur aus Weinbergen besteht, führt diese Wanderung durch die Wälder beim höchsten Aussichtspunkt der Gegend eindrücklich vor. So nebenbei erfahren wir auch etwas über eine 38 km lange biodynamische Grenzbefestigung, die sich seit dem Mittelalter als »grüne Mauer« über die Taunushöhen zog...

DIE WANDERUNG IN KÜRZE

++ Anspruch	**Charakter:** Exzellente Wege; nur ein nennenswerter Anstieg.	**Einkehrmöglichkeiten:** Hallgarter Zange (z. Zt. geschl.); unterwegs keine
4.30 Std. Gehzeit	**Wanderkarte:** Topografische Freizeitkarte 1:50000 Taunus (westlicher Teil), hg. vom Taunusklub e.V. und dem Hessischen Landesvermessungsamt	**Anfahrt:** Auf der B 42 Wiesbaden–Koblenz bis zur Abfahrt Hallgarten; dort dann der Beschilderung »Hallgarter Zange« folgen.
20 km Länge		

Vom **Parkplatz** auf der **Hallgarter Zange** gehen wir am Wegestern beim Wanderwegweiser nach links (Markierungen »grüne Tanne«; »Hirschgeweih«) und am nächsten Wegestern geradeaus (nun auch »R«; »T«; blaues Andreaskreuz). Der breite Wanderweg führt schnurgerade über zwei Kreuzungen hinweg mehr und mehr bergab – auch an der Kreuzung in der Senke nach 1,5 km gehen wir geradeaus weiter. Nach 500 m liegt linker Hand der **Graue Stein.**

Unten am Wegestern folgen wir dem »R« des Rheinhöhenweges auf dem zweiten Weg rechts bergab und marschieren unten dann nach links auf breitem Forstfahrweg bis zum Wegestern **Sieben Wegweiser** (1 Std.). Von alters her kreuzen sich hier

die Wege. Am bedeutendsten war der auf dem Gebirgskamm verlaufende »Rheingauer Rennweg« als Teil einer uralten Höhenverbindung vom Rhein in die Wetterau. Station 15 des »Gebückwanderweges« erinnert an eine Grenzanlage des 12.–18. Jh., über die wir gegen Ende der Wanderung noch mehr erfahren werden.

Wir folgen dem Rennweg nach rechts, biegen dann aber unten in der Senke rechts ab (liegendes U). An der Gabelung nach der scharfen Rechtskurve (rechter Hand kleiner Teich) geradeaus und nun flott hinab ins stillverträumte **Ernstbachtal.** Eine durch einzelne Bäume schön gegliederte Talaue empfängt uns, an deren Rand wir nach rechts talaufwärts marschieren (nun gelber Punkt).

113

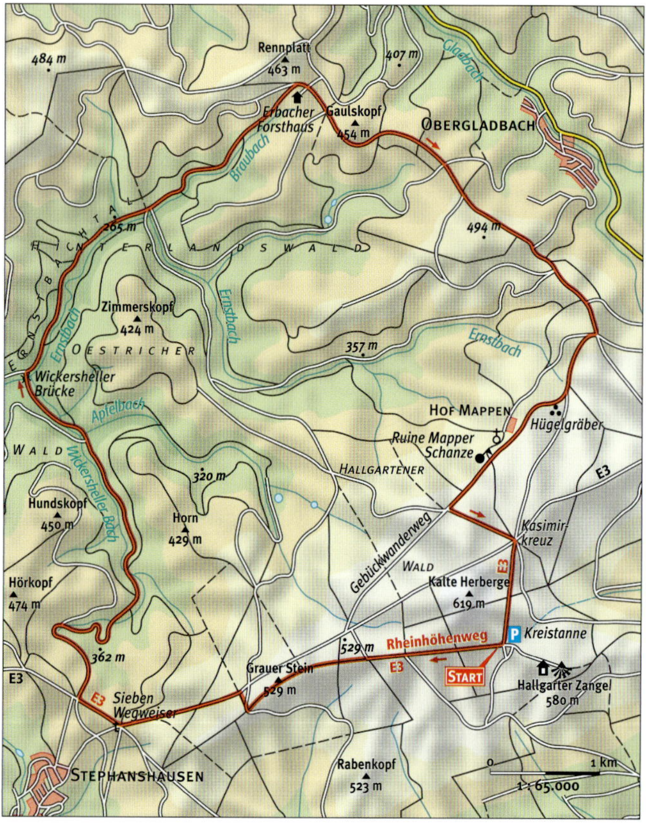

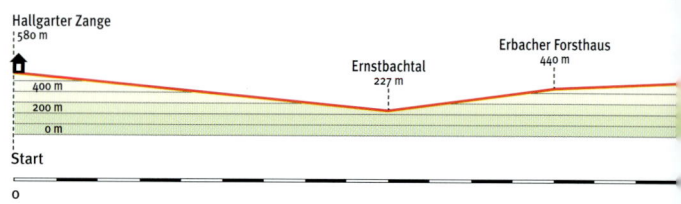

Wenn der Hauptweg sich nach rund 2 km nach rechts zur anderen Talseite wendet, folgen wir geradeaus weiter dem gelben Punkt. Zunehmend steiler ansteigend, erreicht der Weg schließlich den Höhenrücken beim **Erbacher Forst-**

haus (3 Std.), wo wir nach rechts dem asphaltierten Kammweg folgen (nun roter Balken). Nach knapp 2 km, im Rechtsbogen des Asphaltweges, führt unser Weg geradeaus am Waldrand entlang und über die kleine Anhöhe, dahinter an der Wegegabelung rechts, am nächsten Abzweig geradeaus. Vor diesem steht linker Hand ein **Grenzstein von 1529,** der die Ländereien des Klosters Eberbach (Abtsstab) und des Hofgutes Mappen (s. u.) voneinander schied.

Wir marschieren auf dem asphaltierten Fahrweg bis zum großen Wegestern im Wald **(Ruh-Platz),** wo wir bei Station 11 wieder auf den **Gebück-Wanderweg** treffen und ihm nach rechts folgen (Markierung: zwei gegeneinander gebückte Bäume). Das »Rheingauer Gebück« war eine 38 km lange Landwehr, die im 12.–18. Jh. den Rheingau nach Norden absicherte: Auf einem rund 50 m breiten Streifen waren Buchen angepflanzt, deren Zweige geknickt, zur Erde »gebückt« und so miteinander verflochten wurden, dass sich im Laufe der Zeit – im Verbund mit wehrhaften Sträuchern wie Schlehe und Weißdorn – ein undurchdringliches Dickicht bildete. Diese »grüne Mauer« sperrte vom Rhein bei Lorchhausen (Tour 28) zum Rhein bei Walluf den Zugang zum reichen Rheingau. Die wenigen Durchlässe waren durch Bollwerke gesichert wie hier am Ruh-Platz.

Wir gehen also rechts und an der gleich folgenden Gabelung halb links Richtung Hallgarter Zange. Der breite Forstfahrweg führt bald oberhalb des seit über 800 Jahren bestehenden **Hofes Mapper** entlang (Station 12), passiert die 1938 von der

Mapper Schanze

Familie Graf Matuschka-Greiffenclau errichtete **Kapelle** und erreicht wenig später die Torruine der **Mapper Schanze,** den einzigen erhaltenen Rest eines Gebück-Bollwerks. Links hinter dem Tordurchgang zeigt eine Beispielpflanzung, wie ein »Gebück« aus niedrig gehaltenen Buchen angelegt wurde.

Wir folgen noch etwa 500 m dem breiten Forstfahrweg und biegen dann auf der Höhe links ab (blaues Andreaskreuz; »T«). Bald erreichen wir den Wegestern beim **Kasimir-Kreuz** und folgen dem zweiten Weg nach rechts zurück zum **Parkplatz** an der **Hallgarter Zange** (4.30 Std.). Ob das Lokal (und der Aussichtsturm) auf dem nahen Gipfel dann wieder geöffnet ist, steht in den Sternen, einen schönen Rheingaublick kann man aber allemal genießen – und vor allem auch die mitgebrachte Jause.

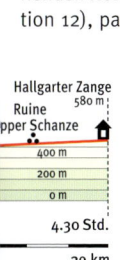

Hallgarter Zange
Ruine
pper Schanze
580 m
400 m
200 m
0 m
4.30 Std.
20 km

Marienthal und Johannisberg

Von Marienthal über die Hallgarter Zange nach Schloss Johannisberg

Der Wein ist ein Geschenk der Götter, doch haben diese vor den Erfolg den Schweiß gesetzt. Und so wollen wir zunächst den höchsten Aussichtspunkt des Rheingaus erklimmen, bevor wir bei einem Glas Johannisberger den Tag ausklingen lassen.

DIE WANDERUNG IN KÜRZE

+++ Anspruch	**Charakter:** Anspruchsvoll; der lange Anstieg im ersten Teil der Wanderung erfordert einige Kondition – danach geht es freilich überwiegend bergab.	**Einkehrmöglichkeiten:** Hallgarter Zange (z. Zt. geschlossen); Schloss Vollrads (Ruhetage: Sommer Mi., Winter Di–Do); Johannisberg; Marienthal
6 Std. Gehzeit		
21 km Länge	**Wanderkarte:** Topografische Freizeitkarte 1:50000 Taunus (westlicher Teil), hg. vom Taunusklub e.V. und dem Hessischen Landesvermessungsamt	**Anfahrt:** Auf der B 42 Wiesbaden–Koblenz bis zur Abfahrt Geisenheim Ost/Johannisberg; im unteren Ortsteil von Johannisberg dann vor der Klosterkirche links nach Marienthal.

In **Marienthal** gehen wir über den Parkplatz rechts an der Klosterkirche vorbei und folgen dem Rheinhöhenweg ins stille Elsterbachtal (Markierung »R« u. a.). Hinter der Kirche liegt der Pilgerplatz, wo bei großen Wallfahrten die Gottesdienste gehalten werden. Dahinter schließt sich das **Franziskusgärtchen** mit einem umlaufenden

Kreuzweg an. Marienthal ist seit fast 700 Jahren Wallfahrtsort! Als Gnadenbild wird eine kleine Holzpietà verehrt, die wohl schon in der ersten Kapelle (1313) bzw. Kirche (1330) Aufnahme fand und heute in einem höchst eindrucksvollen modernen Marienschrein aus Onyx-Marmor vor dem Altar zur Anbetung ausgestellt ist.

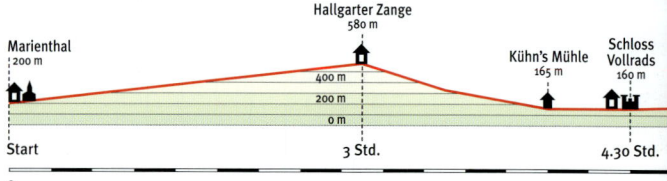

Wenn nach 1 km der Hauptweg auf die andere Talseite wechselt, folgen wir dem rechts abzweigenden grasigen Weg am Waldrand entlang (Markierung »Eichblatt«, zunächst verdeckt). Am ersten Abzweig nach gut 300 m führt unser Wanderweg halb rechts bergan. Oben an der Gabelung hinter der NSG-Wiese folgen wir weiter dem – nun unmarkierten – Hauptweg leicht bergan (die Markierung »Eichblatt« biegt rechts ab).

An der T-Gabelung oben geht es links auf geschottertem Forstfahrweg bergan, links auch an der nächsten T-Gabelung (200 m links liegt übrigens ein sehenswerter Quarzitbruch), vorne dann rechts und über die Landstraße. Drüben folgen wir an der Wegverzweigung dem Hauptweg halb rechts bis hinter die zweite Wiese, dort dann links ab (Markierung »Ahornblatt«).

An Abzweigen bleiben wir immer geradeaus auf dem Hauptweg, geradeaus auch an der Wegkreuzung nach kurzem Wiederanstieg, wo die markierten Wege rechts und links abbiegen. Auf das »Ahornblatt« treffen wir dann aber wieder oben auf dem breiten Forstfahrweg, dem wir nach links folgen.

Unser Weg biegt nach 200 m (hinter der Linkskurve) rechts ansteigend ab, kreuzt bald einen Forstfahrweg und erklimmt die Höhe, wo wir geradeaus (unmarkiert) auf dem Kammrücken weitergehen und schließlich dem Forstweg links bergan folgen.

Am Wegestern dann gehen wir geradeaus, nun wieder auf dem Rheinhöhenweg (»R«). Wir passieren den **Grauen Stein.** Es geht jetzt immer geradeaus, schließlich auf breitem Forstfahrweg bergan und zum Schluss auf asphaltiertem Weg an den Parkplätzen vorbei hoch zur **Hallgarter Zange** (3 Std.). Kurz vor dem Ende des Aufstiegs steht links, etwas abseits des Weges, ein kleines Denkmal für drei hier verunglückte Flieger. Das Lokal war 2002 geschlossen, einen schönen Rheingau-Blick kann man aber in jedem Fall genießen. (Links Abstecher zu sehenswertem Quarzitbruch.) Der Name »Zange« leitet sich übrigens wohl nicht von dem Greifwerkzeug ab, auch nicht in dem auf eine vorgeschichtliche Befestigungsanlage übertragenen Sinne, sondern von mittelhochdeutsch *zanke*, »Spitze«, ist also mit »Zinken« verwandt. Die Berechtigung dieser Namensdeutung erkennt man beim Abstieg.

Der Weiterweg verläuft unmittelbar vor dem Anwesen nach links (roter Balken u. a.), dann gleich rechts auf etwas schlecht erkennbarem Pfad, der um das Anwesen herum führt, auf der Höhe des Turms geht es dann links steil bergab. Am Ende des Steilstücks folgen wir dem Linksbogen, unten an der Wegkreuzung dann rechts.

Achtung: Unten an der T-Gabelung führt der markierte Weg kurz nach rechts und zweigt dann links vom Forstfahrweg steil bergab ab. Unten treffen wir auf die Zufahrt zur Hallgarter Zange, folgen ihr kurz nach links, dann rechts ab.

Am Waldrand schießlich treffen wir auf den **Rieslingpfad,** auf dem wir für den Rest der Wanderung bleiben (Markierung »Weinpokal«) und

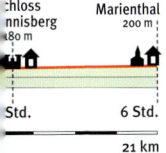

folgen dem befestigten Wirtschaftsweg nach rechts.

Ausgangs des Waldes geht es geradeaus auf einem Feldweg weiter –
beim Anstieg bietet sich ein schöner
Blick zurück zur Hallgarter Zange! An
den folgenden Abzweigen bleiben
wir geradeaus auf dem Hauptweg,
bald öffnet sich ein Blick ins Rheintal.

Gleich dahinter gehen wir an der
Gabelung links und – Achtung – sofort nochmal links durch die Wiese
bergab (Fahrspur). Unten an der
Schutzhütte führt der Rieslingpfad
nach rechts weiter mit prächtigem
Blick übers Rheintal zu den Höhen-
zügen des Pfälzer Berglandes.

Nach 150 m steigt der Rieslingpfad zwischen den Weidekoppeln
in doppeltem Links-Rechts-Zickzack
zwei Etagen tiefer und folgt dann
dem Hangweg bis hinter den ›Grün-
streifen‹ – wo sich der Blick über die
Weinlagen zum Johannisberg hin öffnet. Wir wandern nun links hinab,
bald auf Asphalt. Nach etwa 250 m
biegt der Rieslingpfad rechts ab und
führt später in der Rechtskurve des
asphaltierten Wirtschaftsweges geradeaus weiter. Wir folgen dem
Hauptweg durch ein kleines Tal und
links kurz bergan.

Beim steinernen Wegekreuz treffen wir auf einen asphaltierten Wirtschaftsweg, folgen ihm kurz links
bergab und biegen dann gleich hinter der Kurve rechts ab. Voraus liegt
als Wegmarke der Johannisberg mit
seinem viereckigen Kirchturm.

An Abzweigen marschieren wir
geradeaus und dann im Bogen um
die **Kühn's Mühle** (Pension). Dahinter folgen wir der Zufahrt auf die Anhöhe, dort geht es links kurz bergab,
und dann biegt der Rieslingpfad
auch schon wieder rechts in die
Weinberge ab.

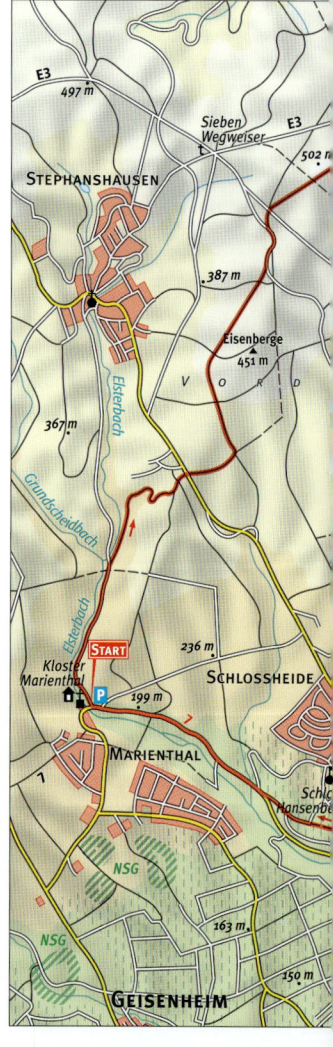

Am Rastplatz geht es dann rechts
bergab auf den Grund des Tälchens
und schließlich rechts zum **Schloss
Vollrads** (4.30 Std.). Ursprung der
Schlossanlage war der um 1330 errichtete Wasserturm, den die aus
dem nahen Winkel stammenden
Grafen von Greiffenclau 350 Jahre

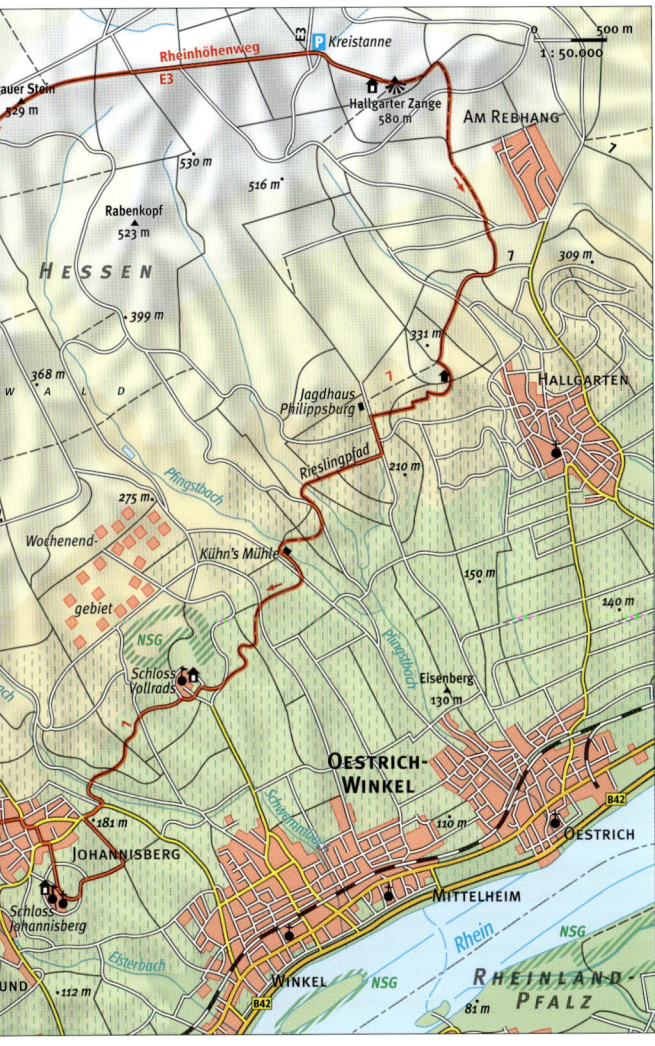

lang bewohnten, bis 1684 das neue Herrenhaus als der Barockzeit angemessener Wohnsitz gebaut wurde. Die Greiffenclaus sind die älteste in ununterbrochener Folge im Rheingau ansässige Adelsfamilie und stellten in Mittelalter und früher Neuzeit in vielfältigen Funktionen Repräsentanten der weltlichen und geistlichen Macht. Im Schlosshof sorgt der Weinprobierstand für erste Labung, im Gutsrestaurant (Kavaliershaus) lässt sich auch eine solide Grundlage schaffen.

Der Rieslingpfad führt am Haupteingang vorbei weiter, auf der Fahrstraße bergan und hinter der Kurve dann links ab auf asphaltiertem Wirtschaftsweg in die Weinberge. An der Wegkreuzung gehen wir geradeaus auf unasphaltiertem Weg weiter, an der nächsten Gabelung halb links auf den Johannisberg zu und durch die Senke zur Straße hinauf, dort rechts nach **Johannisberg.**

Am Ortseingang biegen wir links von der Straße ab, gehen an der Parkmauer entlang und weiter durch die Rebfelder und an der Wegkreuzung später rechts auf den Park von **Schloss Johannisberg** zu. Beim Weiterweg rechter Hand im Park ein Denkmal für den 1870/71er Krieg mit einer das Schwert zückenden Germania (also ein kleiner Widerpart zur großen Germania auf dem Niederwald, Tour 26). In der Pfarrkirche, die wie das Schloss 1942 zerstört und später wieder aufgebaut wurde, befindet sich das Grab des »Vaters der Rheinromantik«, Nicolaus Vogt (1756–1836), mit der Inschrift: »Dem treuen Verfechter des alten Rechtes, dem begeisterten Freunde des deutschen Vaterlandes, dem eifrigen Förderer der heimatlichen Geschichte widmet diesen Grabstein sein Freund und dankbarer Schüler Fürst von Metternich«.

Im Wirtschaftshof des Schlosses erinnert das **Denkmal des Spätlesereiters** an die Entdeckung dieser Weinspezialität hier auf dem Johannisberg (Infotafel gegenüber). Von der Terrasse des Schlosslokals kann man bei einem Glas Johannisberger den Blick über den Rheingau schweifen lassen.

Der Rieslingpfad führt durch die Zufahrtsallee in den Ort **Johannisberg,** wo wir der Durchgangsstraße kurz nach links folgen. Vorne gehen wir rechts Richtung Presberg und dann gleich links in die Pfarrer-Neu-

roth-Straße (betrieb den Wiederaufbau der Kirche nach dem Krieg), an deren Ende dann rechts.

Wir gehen durch den Ortskern am alten Rathaus vorbei (Wappen: Mainzer Rad) und oben dann links in die Niclas-Vogt-Straße. Niclas Vogt war Geschichtsprofessor und seinerzeit so berühmt, dass beim Binger Loch, unterhalb der Burg Ehrenfels (Tour 26) sein Herz und Gehirn in einen Fels eingemauert wurde.

An der Gabelung am Ortsende gehen wir auf dem halb linken Zweig geradeaus in die Weinberge, an der nächsten Gabelung rechts. Oberhalb liegt **»Schloss« Hansenberg,** das auf eine wechselvolle Geschichte zurückblickt: 1823 wurde dort in einem vormaligen Weingut ein reformpädagogisches Waisenhaus eingerichtet. Nach dem baldigen Tod des Pädagogen setzte eine Kette von Besitzwechseln ein, die 1871 in ein Hotel mündete, wobei durch den Anbau der beiden runden Ecktürme, des neubarocken Portalvorbaus und die Anlage einer großen Terrasse erst die Schlossgestalt entstand. Vom Schuljahr 2003/2004 an soll Schloss Hansenberg die neue »Hessische Schule für Hochbegabte« aufnehmen.

An der Gabelung unterhalb der steinernen Schutzhütte, wo eine letzte Rast mit Blick über die Rheingaulandschaft möglich ist, geht es halb links hinab ins **Elsterbachtal,** wo wir nach rechts auf dem Wanderweg neben der Straße nach **Marienthal** (6 Std.) zurückkehren.

Schloss Johannisberg

»Ein gutes Mittel gegen Ärger ist stets ein Glas Johannisberger!« Dieser volksmedizinale Ratschlag mag Heinrich Heine zu dem Ausspruch

Weinberge beim Schloss Johannisberg

bewogen haben: »Mon dieu, wenn ich doch soviel Glauben in mir hätte, dass ich Berge versetzen könnte, der Johannisberg wäre just derjenige Berg, den ich mir überall nachkommen ließe.«

Der Ruf des Johannisberges als Olymp der Weinseligen ist uralt. Kaiser Karl höchstpersönlich soll das vinologische Potential dieser Südhanglage erkannt haben, als er von der Ingelheimer Pfalz über den Rhein schaute, um zu sehen wo der Schnee im Rheingau wohl zuerst schmölze, und dort dann Rebstöcke pflanzen ließ – am heutigen Johannisberg. Den Namen erhielt er freilich erst 300 Jahre später, als die Benediktiner auf ihm das erste Kloster im Rheingau errichteten und ihre Basilika 1130 Johannes dem Täufer weihten.

Richtigen Aufschwung zum »berühmtesten Weingut am Rhein« nahm der Johannisberg aber erst, nachdem die Fürstabtei Fulda 1716 das mittlerweile aufgelöste und verfallene Kloster »mit schweren Geldes Kösten« gekauft und statt des früher angebauten Spätburgunders konsequent auf Riesling umgestellt hatte, mit dem noch heute 80% der Rheingauer Rebfläche bestockt ist. Krönung war dann die Entdeckung der Spätlese, die den Johannisberg endgültig unsterblich machte.

Und Fürst Metternich, dessen Konterfei heute in jedem Supermarkt auf Rheingauer Sektflaschen prangt? Der hatte Johannisberg ob seiner »besonderen Verdienste um die Leitung des Wiener Kongresses 1814/15« vom österreichischen Kaiser geschenkt bekommen, dem in dem großen Gebietsschacher dieser vormalige Besitz des Klosters Fulda zugefallen war. Diese »Verdienste« werden von den ehrfurchtsvollen Heimatforschern freilich aus gutem Grunde verschwiegen: Das »System Metternich« sicherte nämlich gegen den Volkswillen noch einmal auf Jahrzehnte die Fürstenherrschaft und bekämpfte jeden nationalen, liberalen oder gar revolutionären Ton mit polizeistaatlichen Mitteln.

Germania und St. Hildegard

Von Assmannshausen zur Abtei St. Hildegard und zum Nieder-
walddenkmal

Vom rotweinseligen Assmanshausen geht es beschwingt durch die
Weinberge hinauf auf die bewaldeten Rheintaunushöhen, von denen
wir dann im großen Bogen wieder zu Vater Rhein zurückkehren – und
unterwegs zweier höchst unterschiedlicher Frauengestalten gedenken, deren Namen mit dieser Landschaft untrennbar verbunden sind.

DIE WANDERUNG IN KÜRZE

++
Anspruch

5 Std.
Gehzeit

20 km
Länge

Charakter: Mittelschwer;
ist der Aufstieg aus dem
Rheintal erst einmal
geschafft, geht es prak-
tisch nur noch eben dahin
– oder bergab!

Wanderkarte: Topografische Freizeitkarte 1:50000
Taunus (westlicher Teil),
hg. vom Taunusklub e. V.
und dem Hessischen Lan-
desvermessungsamt

Einkehrmöglichkeiten:
Segelflugplatz (bei Flugbetrieb); Ponyhof; Nieder-
walddenkmal; Assmanns-
hausen

Anfahrt: Mit dem **Auto:** Auf
der B 42 Wiesbaden–
Koblenz bis Assmannshau-
sen; Parkplatz am Rhein.

Hinweise: Möglichkeit
eines Segelflugs über dem
Rheingau, Tel. 06722/
2979.

Vom **Rheinufer** aus gehen wir ›land-
einwärts‹ durch die schöne Fach-
werk-Hauptgasse von **Assmannshausen** (Richtung Aulhausen) und
biegen kurz hinter dem Ortsaus-
gangsschild gegenüber dem Parkplatz links von der Straße ab. Hier
beginnt der **Rieslingpfad** den Anstieg durch die rebbestockten Steil-

hänge des Höllenberges (Markierung »Weinpokal«). Seinen Ruf als
»Spätburgunderinsel« im Rheinga-
er »Rieslingmeer« verdankt Assmannshausen dieser exponierten
Südlage, wo auf bläulichem Phyllit-
schiefer seit über 500 Jahren einer
der besten deutschen Rotweine ge-
deiht, »gehaltvoll, samtig mit aro-

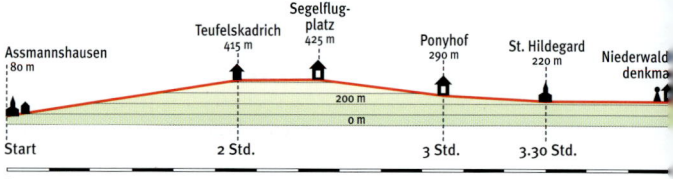

matischem Mandelton und feiner Herbe«.

Am ersten Abzweig folgen wir dem Betonweg rechts weiter bergan (Burgunder-Weg) – drüben Burg

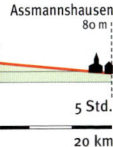

Assmannshausen
80 m

5 Std.

20 km

Rheinstein – bis der Rieslingpfad links vom betonierten Wirtschaftsweg abzweigt und bald eine Aussichtsbank erreicht, wo man erste Rast halten könnte, zumal gleich Schluss sein wird mit Weinbergen und Aussicht ins Rheintal.

Hinter dem Wendehammer für die Weinbergmaschinen führt der Rieslingpfad zwischen Felsen hindurch und dann im Schatten des jungen Eichenwaldes am Hang entlang bergan, bis wir auf einen Forstfahrweg treffen und nach links auf dem **Pan-**

oramaweg **Teufelskadrich** weiter-
wandern.

Wir bleiben immer schön auf dem
Hauptweg, der das obere Speis-
bachtal querend etwas an Höhe ver-
liert. Am Wegedreieck dann auf der
wiedergewonnenen Höhe verlassen
wir den Rieslingpfad und steigen auf
dem Panoramaweg Teufelskadrich
nach rechts weiter bergan. Oben folgen wir dem Forstfahrweg nach
links, links dann auch an der T-Gabelung (Markierung jetzt »R« des
Rheinhöhenweges).

In der Rechtskurve des Hauptweges sei links der Abstecher zur nahen Schutzhütte auf dem **Teufelskadrich** (2 Std.) empfohlen, wo man
prächtig rasten und noch einmal den
Blick ins Rheintal genießen kann.
Der Name Kadrich/Kädrich ist ein im
Dialekt der Winzer gebräuchlicher
Ausdruck für steil abschüssige Was-
serrinnen und leitet sich wahrscheinlich von lat. *cataracta,* »Wasserfall, steile Rinne« her.

Wir gehen zurück zum Rheinhöhenweg, folgen diesem durch die
Rechtskurve und bleiben auch weiterhin auf dem Hauptweg. Vor der
großen Wiese, wo es rechtsherum
weitergeht, steht links ein **Gedenkstein** für Revierförster Otto Hirsch-
mann, der hier 1946 von einer mar-
odierenden Bande ehemaliger pol-
nischer Zwangsarbeiter ermordet
wurde, die es auf das einzeln ste-
hende **Forsthaus Kammerforst** abgesehen hatte, an dem der Weg
gleich vorbeiführt. Wir wandern bis
kurz vor das Ende der Wiese und biegen dort dann vom Rheinhöhenweg
rechts in den Wald ab, die Markierung »roter Vogel« taucht erst etwas
später auf. In der Rechtskehre des
Hauptweges führt der Wanderweg
geradeaus weiter, kurz am Oberrand
der Eibinger Forstwiesen entlang, ei-

nem **Segelflugplatz,** an dessen
Rand wir dann rechts bergab gehen.
Unten passieren wir die Gebäude
des Luftsportclubs Rheingau. Bei
Flugbetrieb kann man in der **Ikarus-
klause** einkehren – und sich vielleicht sogar in die Lüfte schwingen,
ein Vergnügen, das durchaus er-
schwinglich ist (halbe Stunde ab 25
Euro).

Etwa 200 m hinter dem Flugplatz,
vor der Linkskurve, biegen wir links
ab (Markierung »Birkenblatt« u. a.).
An der Kreuzung dann folgen wir
dem Forstfahrweg rechts hinunter
(unmarkiert), bis wir die asphaltierte Fahrstraße erreichen, der wir bis
kurz vor Einmündung in die Landstraße folgen. 100 m vor dem Parkplatz biegen wir rechts ab (»Eichblatt« u. a.). Der etwas ruppige Weg
kreuzt noch eine Fahrstraße, später
links zur Landstraße und rechts zum
Ponyhof Gut Ebental (3 Std.).

Wir gehen an Campingplatz, Gaststätte, Tiergattern vorbei und folgen
dann dem letzten Weg nach rechts,
über die kleine Anhöhe, dann nach
links auf die asphaltierte Zufahrt
um die Kurve, am **Petershof** vorbei
und weiter geradeaus durch die Fel-
der. Unten an der Gabelung dann gehen wir nach links durch die Lauben-
pieperkolonie, dahinter durch die
S-Kurve. Voraus ist schon eine nach
rechts wegführende Fichtenreihe zu
sehen, an der entlang wir zwischen
den beiden umzäunten Arealen
durchgehen. Weiter auf schmalem,
etwas verwachsenem Pfad steil bergab, der aber schon bald im Weinberg neben der **Abtei St. Hildegard**
(3.30 Std.) herauskommt, zu der wir
unten vom Parkplatz aus gelangen
(auf der anderen Rheinseite die Binger Rochuskapelle).

Bis zum Ende der Wanderung folgen wir nun dem **Rieslingpfad** (Mar-

kierung »Weinpokal«), der am Klos-
terkomplex vorbei führt und dann immer geradeaus durch die Weinlage
Klosterberg. Zum Schluss geht es auf
Asphalt kurz rechts berg-an, wir
kreuzen die Straße und marschieren
auf asphaltiertem Wirtschaftsweg an
dem Haus vorbei, an den folgenden
Abzweigen geradeaus.

An der T-Gabelung vor der Ses-
selbahn geht es rechts bergan, wir
droben dräut schon großmächtig die
»Germania« auf dem Niederwalde.
Von hier unten kann man gut verstehen, warum gerade dieser Standort
für ein Nationaldenkmal zur Ver-
klärung des siegreichen 1870/71er
Krieges und der nachfolgenden
Reichsgründung gewählt wurde. Auf
dem Sockel prangen die Verse des
patriotischen Liedes »Die Wacht am
Rhein«.

Nach der weihevollen Stille von
St. Hildegard dürfte den meisten der
Sinn nicht so recht nach der Blut-
und Eisen-Pathetik des Kaiserreichs
stehen – ohnehin führt der Rieslingpfad hier geradeaus weiter und
lässt die Germania rechts liegen.

Wer sich die 320-Zentner-Dame
dennoch etwas genauer anschauen
will, gelangt auf einem Stufenweg
rasch hinauf (wo ja auch eine Einkehrmöglichkeit wartet...). Von der
unteren Terrasse aus gelangt man
dann am Waldrand entlang zur
Hauptroute zurück.

Der Rieslingpfad – immer geradeaus, später auf unbetoniertem Weg
– führt schließlich kurz durch ein
Waldstück, vorne gehen wir links
und dann rechts bergab, nun wieder
auf betoniertem Wirtschaftsweg.
Unten an der T-Gabelung geht es
rechts weiter, wobei sich ein kleiner
Ausblick in die Geschichte auftut:
Gegenüber sehen wir die Mündung
der Nahe, über deren rechtem Ufer,

nur wenig flussaufwärts, das Hilde-
gard-Kloster Rupertsberg lag (geringe Reste auf einem heutigen Fir-
mengelände in Bingen). Bald gehen
wir oberhalb der **Ruine Ehrenfels**
vorüber, dem Wahrzeichen der Berg-
landschaft des »Binger Lochs«. Dieses war eines der größten Schiff-
fahrtshindernisse im Rhein, bis es
durch wasserbautechnische Maß-
nahmen im Verlauf der letzten beiden Jahrhunderte entschärft wurde:
Eine Quarzit-Schwelle quer durch
den Strom ließ nur eine 7–9 m breite Durchfahrt nahe dem diesseitigen
Ufer, die nur bei höherem Wasserstand durchfahren werden konnte
und sich dabei in ein »wildes Ge-
fähr« verwandelte. Die Verbindung
von Sperre und Stromschnelle
machten sich die Mainzer Bischöfe
als Zollschranke zunutze: Im 13. Jh.
bauten sie die Burg Ehrenfels (auch
als Domschatz-»Tresor« für Kriegs-
zeiten) sowie auf einer Felsklippe im
Strom den Mäuseturm (von »Maut«;
heutiger Bau von 1855), damit ihnen
kein Schiff durchs Netz ginge.

Unser Wanderweg führt nun an allen Abzweigen geradeaus in sachter
Neigung an der Talflanke entlang,
voraus taucht dann auch schon das
Ziel auf. Am Ortsbeginn, in der
Rechtskurve unterhalb der Schuster-
Schule, folgt der Rieslingpfad dem
Stufenweg steil hinab nach **Assmannshausen** (5 Std.), wo man sich
in einem Weinlokal den berühmten
Roten munden lassen kann, »gehaltvoll, samtig mit aromatischem Mandelton und feiner Herbe«.

Abtei St. Hildegard

Der etwas düster wirkende Kloster-
komplex wurde in den ersten Jahren
des 20. Jh. erbaut und knüpft an ei-

ne der Lichtgestalten des »finsteren« Mittelalters an, die hl. Hildegard von Bingen (1098–1179), die in dieser Landschaft beiderseits des Rheins vor 850 Jahren wirkte: 1165 hatte sie im etwas unterhalb gelegenen Dorf Eibingen eine Filiale ihres Klosters Rupertsberg (Bingen) gegründet. Von dort wurden – fast 500 Jahre später – während der Wirren des Dreißigjährigen Krieges ihre Gebeine in die Eibinger Pfarrkirche überführt, wo die Reliquien der – nie offiziell heilig gesprochenen! – Heiligen bis heute verehrt werden.

Die Abteikirche ist ein förmliches Sinnbild für die Innerlichkeit des religiösen Erlebens. Ähnlich wie die hl. Hildegard sich nach Außen nichts von ihren Visionen anmerken ließ, gibt das im Stil einer romanischen Basilika erbaute Gotteshaus sein Geheimnis erst preis, wenn man den Innenraum betritt. Dann zieht den Besucher eine geheimnisvolle Bildwelt in ihren Bann, deren Bezugspunkt der monumentale »Christos Pantokrator« in der Apsiskuppel ist. Der dem byzantinischen Motivkanon nachempfundene »Allherrscher« breitet hier einladend die Arme aus und seinem milden Blick vermag sich niemand im Raum zu entziehen – ein Effekt der Kuppelwölbung.

Entziehen kann man sich auch nicht der friedvollen Seelenstimmung, die von der gedämpften Farbigkeit der Raumausmalung ausgeht und die sich noch vertieft beim Betrachten der eigentümlichen Wandgemälde: Szenen aus Altem und Neuem Testament, aus dem Leben der hl. Hildegard, bedeutende Heilige des Benediktinerordens – alle Gestalten atmen tiefe Ruhe und Frieden, wirken der Welt weit entrückt, alles Bewegte scheint zum Stillstand gekommen, alle Individu-

alität im Überpersönlichen aufgegangen. Diese streng stilisierende Bildgestaltung im Dienste frommer Betrachtung ist ein Wesensmerkmal der »Beuroner Kunstschule«, aus deren Schaffen die Abtei St. Hildegard als eine der gelungensten Gesamtkompositionen hervorging.

Von der benediktinischen Erzabtei Beuron im oberen Donautal ging im letzten Drittel des 19. Jh. eine Erneuerungsbewegung sakraler Kunst aus, deren Ziel es war, sowohl dem Realismus wie dem »l'art pour l'art«-Prinzip der weltlichen Kunst eine »l'art pour Dieu« entgegenzusetzen, eine »Kunst um Gottes willen«. Diese Kunstrichtung sollte sich zugleich vom zeitgenössischen Herz-Jesulein-Kitsch dadurch abheben, dass ihre Bildwelt mehr das Gedanken- als das Gefühlsleben ansprach. Pater Desiderius Lenz (1832–1928), der Begründer der Beuroner Schule, leitete seine Kunst insbesondere von ägyptischen Vorbildern mit ihrer streng reglementierten Formensprache ab.

Geht man vor zum Altarraum und hebt den Blick zur Chorkuppel hinauf, so erkennt man in der Ornamentik noch einen weiteren, diesmal modernen Einfluss auf die Beuroner Kunstschule: den Jugendstil, dem ja auch die typisierende Darstellung eigentümlich war und in dessen Nähe sich die Beuroner Schule einordnen lässt.

Die Innenausmalung der Abteikirche (1907–1913) war das Hauptwerk des Lenz-Schülers Pater Paulus Krebs, dem es mit den Mitteln seiner »Heiligen Kunst« gelang, eine zur Andacht einladende Atmosphäre zu schaffen in bewusstem Gegensatz zu zeitgenössischen Kunstströmungen wie dem aufkommenden Expressionismus.

Es wispert grün die Höhenluft...

Von Lorch durch den Wispertaunus

Das Wispertal führt vom Rhein weg in den Taunus, biegt um die Ecke – und man ist in einer völlig anderen Welt. Lauschige Talauen, luftige Höhen, Wälder und Schieferfelsen, Schieferdächer, Schieferburgen – und am Ende der Wanderung liegt Vater Rhein genauso plötzlich vor uns, wie wir ihn vor neun Stunden vergessen hatten...

DIE WANDERUNG IN KÜRZE

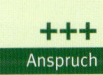

+++
Anspruch

9 Std.
Gehzeit

33 km
Länge

Charakter: Sehr anspruchsvoll; zwei Aufstiege von knapp 400 bzw. 300 Höhenmetern bei satten 33 km Länge. Die Tour kann auch auf 2 Tage verteilt werden: Übernachtung im Höhenort Ransel (24 km - 6.30 Std., am Ende des 2. Aufstiegs). Der Rückweg nach Lorch am nächsten Tag ist dann ein schöner Spaziergang

Wanderkarte: Topografische Freizeitkarte 1:50000 Taunus (westlicher Teil), hg. vom Taunusklub e. V.

und dem Hessischen Landesvermessungsamt

Einkehrmöglichkeiten: Forsthaus Weißenthurm (Mo Ruhetag); Gasthaus Kammerburg (Mo); Ransel (Di); Lorch

Anfahrt: Mit dem **Auto:** B 42 Wiesbaden–Koblenz bis Lorch; Parkplatz am rhein.

Unterkunft: Fremdenverkehrsamt Lorch (auch OT Ransel), Tel. 06726/1815; Rheingauer Berghof etwas außerhalb des Ortes, Tel. 06726/629

Vom **Parkplatz am Rheinufer** in **Lorch** gehen wir unter dem Bahndamm durch und dann links. Vorne in der Rechtskurve steht der »Strunk«, ein Turm der alten Stadtbefestigung. Eigentlich hatte man die Stadt noch mit einer Mauer zur gegenüber liegenden Burg Nollig hinauf verbinden wollen, um den Zugang zum Wispertal noch robuster zu sperren, allein die Kosten... Seine Blütezeit erlebte Lorch – das wohl auf eine römische Siedlung *Laureacum* zurückgeht – im Mittelalter und

der frühen Neuzeit, als es eine wichtige Anlaufstelle der Rheinschifffahrt war, insbesondere für den flussaufwärts führenden Warenverkehr: Um die Stromschnellen des Binger Lochs (s. Tour 26) passieren zu können, wurde hier nämlich entweder auf kleinere Kähne oder auf Fuhrwerke umgeladen. Letztere nahmen dann den »Kaufmannsweg« durchs Wispertal und erreichten den Rhein wieder bei Rüdesheim, was den Zoll am Binger Loch sparte.

An der Wisper-Brücke (1552) gehen wir halb rechts bergan auf die Post zu und dort links in die Langgasse. Die lange Gasse geht später in die Durchgangsstraße über. Nach etwa 150 m folgen wir dann der rechts bergan führenden Burg-Fürsteneck-Straße. Wir wandern an der Jugendherberge vorbei, oben an der Gabelung dann links (Markierungen schwarzer und gelber Punkt). Ein malerischer Hangweg oberhalb des Wispertals führt aus dem lauten Rheintal in die Stille der Taunuswälder.

Vor einer Wiese zweigt unser Wanderweg halb rechts ansteigend ab. Eine Galerie von Schieferaufschlüssen erinnert daran, dass der Taunus der südliche Ausläufer des Rheinischen Schiefergebirges ist.

Später am Doppelabzweig führt unsere Route auf dem ersten Weg nach links weiter und dann ganz hinab ins Wispertal. Dort gehen wir vor dem Fabrikgelände nach rechts und marschieren ins still verträumte **Grolochtal** (1.30 Std.).

In der Rechtskurve des ansteigenden Fahrweges zweigt unser Weg halb links ab und folgt – die Höhe haltend – weiter der Talflanke. An der Wegkreuzung hinter dem Schieferdurchbruch gehen wir geradeaus weiter durch den Grolochgrund (nun nur noch gelber Punkt) und folgen hinter dem Jagdhaus dem linken Talweg in die Aue.

An Abzweigen bleiben wir nun immer geradeaus auf dem Hauptweg,

der später dem nach halb links verlaufenden Haupttal folgt. Vor der scharfen Linkskurve des nunmehr asphaltierten Fahrweges biegen wir dann scharf rechts ansteigend ab.

Auf dem ersten Sattel geht es links bergan. An Abzweigen halten wir uns nun auf dem Hauptweg und erreichen schließlich die Straße kurz vor **Presberg.** Wir überqueren sie, um dann hinter der Heckenreihe nach rechts weiter zu wandern.

Kurz vor der Kuppe gehen wir nach links zu der gegenüberliegenden Heckenreihe und dort nach rechts zum **Gasthaus Forsthaus Weißenthurm** (4 Std.; falls Sie gleich weiter wollen, folgen Sie der Heckenreihe nach links). Vom Biergarten aus kann man bei schönem Wetter einen herrlichen Blick über die hintereinander gestaffelten Höhen rechts und links des Wispertals genießen. An dieser beherrschenden Stelle stand der Weiße Turm als Bollwerk des »Rheingauer Gebücks«, einer mittelalterliche Grenzbefestigung (s. Tour 24), die hier einen ihrer wenigen Durchlässe hatte – für die Kaufmannsstraße Lorch–Rüdesheim. Von dem 1816 abgerissenen Turm blieb nur ein Wappenstein von 1491, dessen Abguss (Original im Wiesbadener Museum) in die Ostwand des Gasthauses, über dem Vorgarten, eingemauert ist.

Wir gehen wieder vor zur Straße, davor rechts an einer Heckenreihe

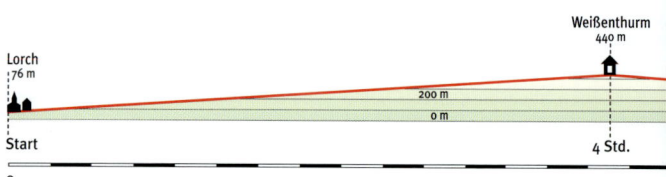

entlang und folgen der Markierung »zwei gegeneinander gebückte Bäume« des **Gebückwanderweges,** der schließlich halb rechts durchs Gatter in den Wald führt.

Immer geradeaus gehend erreichen wir den Oberrand des **Wispertals** und steigen nun rechts hinab. Drüben sind Kammerburg und Burg Rheinberg zu sehen, letztere ist das nächste Ziel. Wir gehen durch die Linkskurve, kreuzen weiter unten einen Forstfahrweg und setzen den Abstieg auf grasigem Weg fort.

Schließlich kommen wir oberhalb einiger Gebäude raus, gehen rechts zur Straße hinunter und nach links zum **Gasthaus Kammerburg** (5 Std.). Der Gebückweg folgt gegenüber dem Gasthaus dem nach rechts aus dem Wispertal abzweigenden Sträßchen Richtung Wolmerschied ins enge Werkerbachtal.

Nach 1 km – das Tal hat sich ein wenig geweitet –, biegt der Wanderweg ins erste links einmündende Tal auf einen Forstfahrweg ab. Wir gehen am gleich folgenden Abzweig geradeaus und dann auf dem Hauptweg links ansteigend. Gegenüber taucht bald die Ruine Rheinberg auf. An der Gabelung hinter der Kurve geradeaus, der Hangweg führt direkt zur Burg. Großartiger Blick ins Tal, ein Stück tiefer ist die Ruine Kammerburg zu sehen.

Auf dem Sattel unterhalb der Burg geht es sofort rechts auf dem sacht ansteigenden Pfad weiter. Zur nahen Burg geht es aber erst auf dem unteren Pfad nach links. Die Mauern oberhalb gehörten zu einem Bollwerk des Rheingauer Gebücks.

Burg Rheinberg (5.30 Std.) wurde als eine der ältesten Wispertal-Burgen schon um 1165 erbaut. Der Mainzer Erzbischof nahm sie 1279/80 durch den Bau der Kammerburg unterhalb und der Burg Blideneck oberhalb erfolgreich in die Zange. Nach ihrer Zerstörung wurde Burg Rheinberg aber schon bald wieder aufgebaut. Wir sehen heute noch den tiefen Halsgraben, beachtliche Reste des Turms und auch einiger Gebäude- und Außenmauern.

Der Gebückweg führt also am schmalen Grat entlang weiter bergan. Ziemlich weit oben schließlich erreichen wir die Stelle, wo um 1280 für kurze Zeit **Burg Blideneck** stand. Zu sehen ist nur noch ein Stück Graben (davor rechts hoch). Geht man auf den höchsten Punkt, kann man sehen, warum hier die gefürchtetste Distanzwaffe vor Erfindung des Schwarzpulvers positioniert wurde, die »mauerbrechende« Blide: Das rund 20 m hohe Gerät konnte dank tonnenschwerer Gewichte bis zu 100 kg schwere Steine hunderte von Metern weit ziemlich präzise schleudern.

Wir setzen den Weg auf dem Höhenrücken fort, vorne an der Gabelung links, links auch dann später an der T-Gabelung. Ausgangs des Waldes führt der Gebückweg rechts

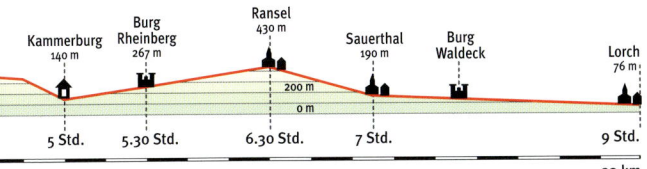

am Waldrand entlang, hinter dem Hochsitz dann links den Wiesenweg hoch, oben rechts-links durch die Feldflur – herrlicher Blick zurück, drüben auf der Höhe Presberg – und hoch nach **Ransel** (6.30 Std.).

Wir gehen auf der Durchgangsstraße nach links aus dem Ort. Die schieferverkleideten Häuser künden von der Ungunst des Klimas hier auf windzerzauster Höhe und von den naheliegenden Möglichkeiten, sich davor zu schützen, denn in dieser Gegend blühte der Schieferbergbau. Hinter dem **Rheingauer Berghof** (Übernachtungsstation, wenn Sie die Wanderung auf zwei Tage verteilen möchten) zweigt unser Wanderweg von der Straße rechts auf einen Feldweg ab und führt nun geradeaus in das voraus liegende tiefe Tal hinab, an Abzweigen geradeaus. Die Schieferklippen, die wir beim steilen Abstieg rechts und links des Weges sehen, geben schon einen Fingerzeig darauf, wovon die Menschen in **Sauerthal** (7 Std.) lebten, das wir bald erreichen: Rund 500 Jahre lang wurde in dem engen Talgrund Schiefer abgebaut, bis die letzte Grube 1953 schloss.

Wir gehen links hinab durch den Ort. Auf der Höhe taucht die Ruine der Sauerburg mit ihrem gespaltenen Bergfried auf (Tour 28). Am Ortsausgang biegt der Wanderweg hinter dem Friedhof rechts von der Straße ab (Markierungen »W«; »R«). Nach kurzem Anstieg wandern wir entlang schöner Schieferaufschlüsse auf einem Hangweg, der uns im Prinzip bis an den Rhein zurück führen wird.

An einem scharfen Rechtsbogen liegt linker Hand die Ruine der kleinen, um 1515 aufgegebenen **Burg Waldeck** auf einem Felssporn, ganz aus dem örtlichen Schiefer erbaut.

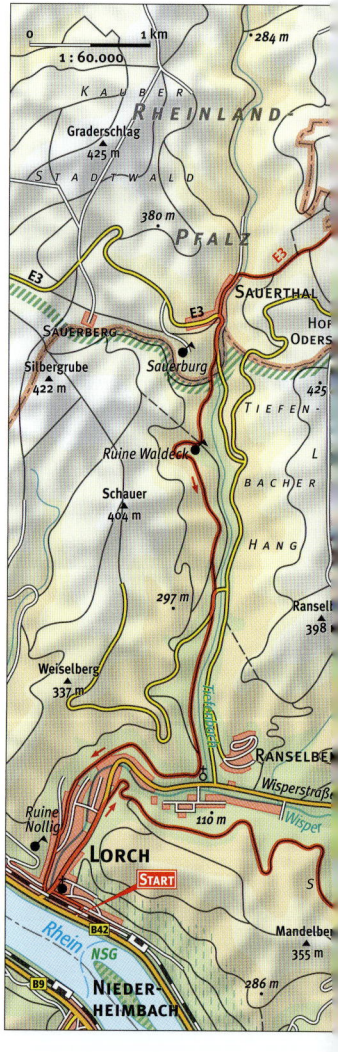

Immer wieder bieten sich nun schöne Ausblicke ins Tiefenbachtal hinunter, wohin der Weg nun bald führt. Wir treffen auf eine Straße, kreuzen sie schräg nach rechts und setzen die Wanderung auf einem lauschigen Talweg fort. Das Wispertal erreichen wir bei der **Heilig-**

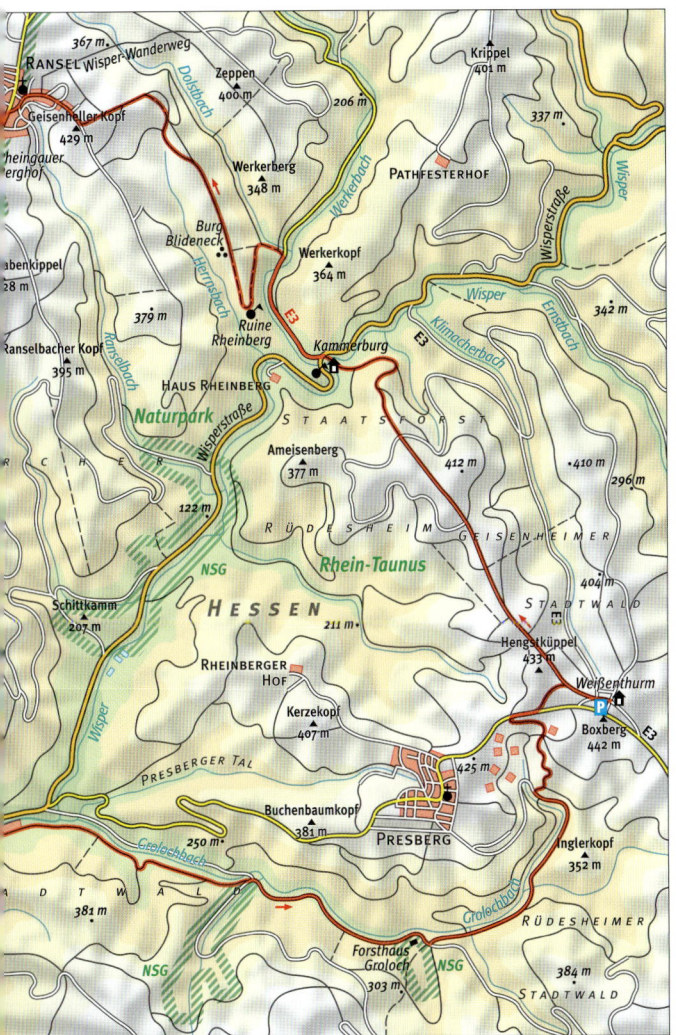

Kreuz-Kapelle (1486 erstmals erwähnt.

Kurz vor der Kapelle biegt unser Wanderweg rechts ab. Wir steigen durch Ginstergesträuch kurz bergan, dann liegt auch schon Lorch mit dem Wisperdurchbruch ins Rheintal vor uns. Auf einem schönen Hangweg wandern wir über den Weinbergen zurück nach **Lorch** (9 Std.), wo wir der ersten Straße links hinab folgen und dann rechts diesseits der Wisper zum Ausgangspunkt zurückkehren.

28

Tour

Riesling und Sauerborn

Von Lorch über den Rheinhöhenweg zur Sauerburg

Vater Rhein ein Weilchen von hoher Warte aus betrachten – Burgen, Schiffe, Felsen, Wein – und dann ins Hinterland abtauchen, wo dann auch am Wege Burgen auftauchen – diese Wanderung sollte man sich für formidables Fotografierwetter vormerken, Frühaufsteher finden wohl das beste Licht.

DIE WANDERUNG IN KÜRZE

+

Anspruch

4.30 Std.

Gehzeit

17 km

Länge

Charakter: Einfach; der Anstieg ist bis auf ein kurzes Stück ziemlich sacht – und im Übrigen hat man das Gefühl, dass es fast nur eben und vor allem viel bergab geht.

Wanderkarte: Topografische Freizeitkarte 1:50000 Taunus (westlicher Teil), hg. vom Taunusklub e. V.

und dem Hessischen Landesvermessungsamt

Einkehrmöglichkeiten: Silbergrube (Mo Ruhetag)

Anfahrt: Mit dem **Auto:** Auf der B 42 Koblenz–Wiesbaden bis Lorch

Vom Parkplatz am Rheinufer von **Lorch** gehen wir unter dem Bahndamm hindurch und dann links. Vorne in der Rechtskurve steht der »Strunk«, ein Turm der alten Stadtbefestigung. Gegenüber liegt Burg Nollig auf dem Wachtenberg.

Die alte Brücke von 1552 bringt uns zum anderen Ufer der Wisper, dort links und dann gleich rechts in die Bleichstraße. Beim Feuerwehrhaus geht es halb rechts in die Jahn-

straße, an deren Ende unser Wanderweg dann scharf rechts in die Weinberge ansteigend abzweigt (Markierung »7« und »Weinkelch« des Rieslingwanderweges).

Am ersten Abzweig gehen wir weiter geradeaus und genießen den Blick auf Lorch und das Rheintal. Der Wirtschaftsweg schwingt sich durch drei Kehren den Steilabhang des Wachtenberges hinauf, dann geht es immer geradeaus durch die Weinla-

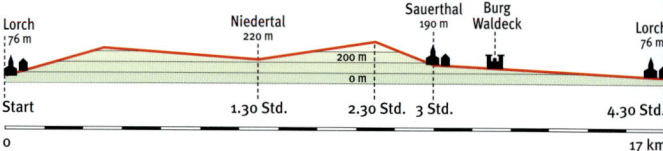

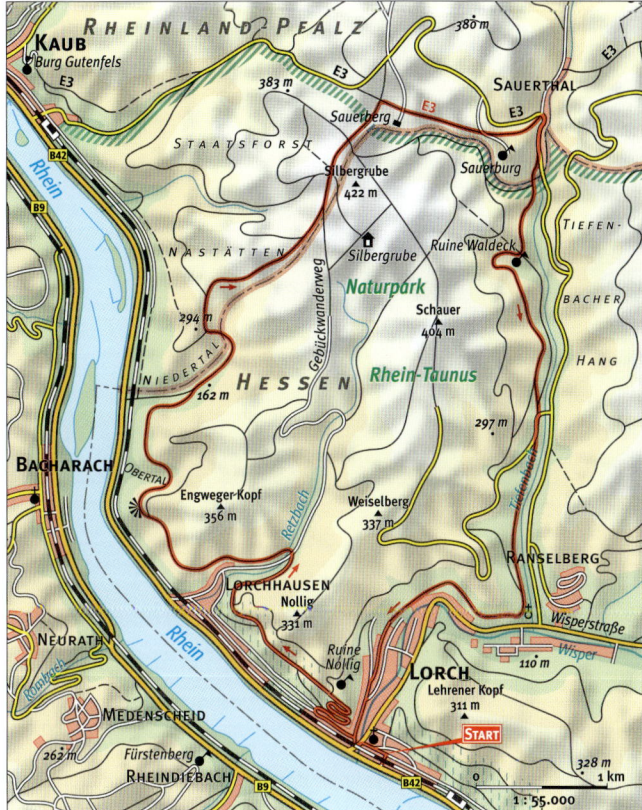

ge »Seligmacher«. Von der anderen Rheinseite her grüßt Ruine Fürstenberg, voraus ist auch schon Burg Stahleck über Bacharach zu sehen. An Abzweigen gehen wir immer geradeaus, schließlich führt der Wanderweg um die Talbucht von **Lorchhausen** herum. Die **Clemens-Kapelle** von 1909 unterhalb des Weges lohnt den Abstecher nicht (geschlossen).

Am Ende der Talbucht gehen wir durch die Linkskehre und biegen dann gleich am ersten Abzweig rechts Richtung Kaub u. a. wieder in die Weinberge ab. An der Weggabe-

lung – gegenüber Bacharach – gehen wir auf dem linken Zweig weiter. Nach wenigen Metern kann man links hinunter zum **Aussichtspunkt Wirbellay** (»Fels über den Rheinwirbeln«) gehen und den prächtigen Blick auf die Stromlandschaft genießen.

Auf dem Weiterweg taucht voraus Kaub mit Burg Gutenfels auf, wir marschieren im Bogen durchs Obertal, dann ist auch die Kauber »Pfalz im Rhein« zu sehen. Die als Zollstation fungierende Burg auf dem Pfalzgrafenstein mitten im Rhein war der ›Mittelpfeiler‹ der Pontonbrücke,

über die Blüchers Schlesische Armee in der Neujahrswoche 1814 Napoleon aufs linke Rheinufer nachsetzte.

Am höchsten Punkt des Weges erinnert eine Infotafel an den »Freistaat Flaschenhals«, der 1919 zwischen dem amerikanischen und dem französischem Brückenkopf auf dem rechten Rheinufer zwischen Lorch und Kaub unbesetzt blieb und sich als schmaler Schlauch bis über Ransel hinaus (s. Tour 27) in den Taunus zog. Die rund 8000 Einwohner dieses kuriosen Kleinstaates entwickelten während ihrer vierjährigen Unabhängigkeit rasch eine eigene Identität, machten sich als gewiefte Schmuggler einen Namen und wurden erst 1923 Bürger der Weimarer Republik.

Der Rieslingpfad führt nun ins Niedertal, steigt in der Talsohle entlang des Bachlaufs an, passiert die **»Grenzvogtei Niedertal«** (1.30 Std.) – spaßige Bezeichnung für ein privates Wochenendparadies, die auf die über tausendjährige Grenzfunktion des Tals abhebt. Diese wird am Rastplatz näher erklärt (curmainzisch/curpfälzische Grenze – heute Hessen/ Rheinland-Pfalz), den wir nach Überqueren des Baches erreichen. Hier im Niedertal lag übrigens auch das westliche Ende des Rheingauer Gebücks (s. Tour 24).

Wir steigen nun durch einige Serpentinen bergan. Oben an der T-Gabelung verlassen wir den nach links abbiegenden Rieslingpfad und gehen nach rechts Richtung Waldgaststätte Silbergrube.

Immer geradeaus entlang der Flanke des Niedertals ansteigend – der lichte Eichenwald nimmt an sonnigen Tagen fast mediterranen Cha-

Blick auf Burg Gutenfels und Burg Pfalzgrafenstein

Zufahrt zur Burg schräg nach rechts. Viel ist dort nicht zu sehen, da nur das Vorwerk zugänglich ist, der Rest ist privat. Anfang des 20. Jh. wurde die 1689 zerstörte Burg zu Füßen des gespaltenen Bergfrieds wieder in bewohnbaren Zustand versetzt.

Wir setzen den Abstieg also weiter fort und erreichen rasch **Sauerthal** (3 Std.), wo wir links, dann rechts ins Dorf hinunter gehen und bei der Kirche rechts der Hauptstraße folgen. Ein »Sauerborn« mit heilkräftigem, schwach kohlensäurehaltigem Wasser gab dem Ort den Namen.

Wir gehen links hinab durch den Ort. Am Ortsausgang biegt der Wanderweg hinter dem Friedhof rechts von der Straße ab (Markierungen »W«; »R«). Nach kurzem Anstieg wandern wir entlang schöner Schieferaufschlüsse auf einem Hangweg, der uns im Prinzip bis an den Rhein zurück führen wird (s. Tour 27).

Wir passieren **Burg Waldeck,** wandern ins Tiefenbachtal hinunter und treffen dort auf eine Straße, kreuzen sie schräg nach rechts und setzen die Wanderung auf einem lauschigen Talweg fort. Das Wispertal erreichen wir bei der **Heilig-Kreuz-Kapelle**.

Kurz vor der Kapelle biegt unser Wanderweg rechts ab. Wir steigen durch Ginstergesträuch kurz bergan und wandern auf einem schönen Hangweg über den Weinbergen zurück nach **Lorch** (4.30 Std.). Der ersten Straße folgen wir links hinab und kehren dann rechts diesseits der Wisper zum Ausgangspunkt zurück.

rakter an –, gehen wir ausgangs des Waldes einfach weiter über die Wiese, auf dem Fahrweg dann links. (Wer in der 5 Min. entfernten »Silbergrube« einkehren will, hält sich mehr nach rechts, hinter der Heckenreihe ist das Lokal dann schon zu sehen).

An Abzweigen geradeaus gehend, erreichen wir – nach Durchqueren eines kurzen Waldstücks – eine Wegkreuzung und folgen jetzt dem **Rheinhöhenweg** (»R«) nach rechts auf **Hof Sauerberg** zu. Seit über 600 Jahren ist hier eine Hofstelle bezeugt! Der frühere Name Hof Fronborn deutet an, dass seine Entstehung mit der um 1360 erbauten **Sauerburg** in Beziehung stand, die bald majestätisch ein Stück tiefer liegend vor uns auftaucht.

Der Wanderweg führt stracks bergab und kreuzt unten im Wald die

Nostalgie ob der Lahn

Von Bad Ems ins Schweizertal

»Weltbad«! – Wo einst Kaiser und Könige kurten, kurt heute König AOK-Kunde in lange verblasstem Glanz. Stramm bürgerlich marschieren wir denn auch auf den Emser Hausberg – und kehren später auf Wegen zurück, auf denen schon die Römer zum Bade trabten.

DIE WANDERUNG IN KÜRZE

++
Anspruch

4.30 Std.
Gehzeit

16 km
Länge

Charakter: Mittelschwer; die Wanderung ist zwar nicht sehr lang, weist in der ersten Hälfte aber zwei ziemliche Anstiege auf – danach sorgt die Schwerkraft für den nötigen Schwung.

Wanderkarte: Topografische Freizeitkarte 1:50000 Taunus (westlicher Teil), hg. vom Taunusklub e. V. und dem Hessischen Landesvermessungsamt

Einkehrmöglichkeiten: Frücht; Altes Forsthaus (Mo Ruhetag); Berghotel Café Wintersberg

Anfahrt: Mit der **Bahn:** Bad Ems liegt an der Lahntal-Bahnlinie Koblenz – Wetzlar. Mit dem **Auto:** Rheintal-Bundesstraße B 42 nach Lahnstein südlich Koblenz, dann auf der B 260 durchs Lahntal nach Bad Ems.

Ob die Römer den Lahnübergang absichtlich an die Emser Quellen legten, ist nicht bezeugt, kam aber jedenfalls ihren Vorstellungen eines zivilisierten Lebens entgegen. Als Heilort wurde Ems schon im 14. Jh. bekannt, seine Blütezeit erlebte es als alljährliches Stelldichein des europäischen Hochadels in den Jahrzehnten vor 1871, dem Jahr des preußischen Spielbankenverbots. Danach ging es bergab, heute kämpft die Stadt mit all ihren prachtvollen Kurbauten von anno dazumal wie alle anderen Kurbäder ums wirtschaftliche Überleben.

Wir beginnen die Wanderung am **Hauptbahnhof** von **Bad Ems.** Eine Unterführung führt auf die andere Seite der Gleise, wo wir der bergan

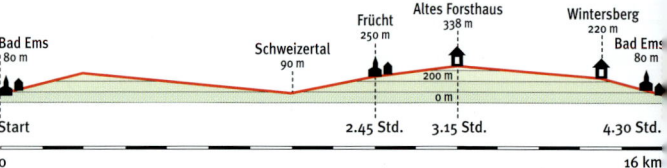

Bad Ems 80 m — Start · Schweizertal 90 m · Frücht 250 m — 2.45 Std. · Altes Forsthaus 338 m — 3.15 Std. · Wintersberg 220 m · Bad Ems 80 m — 4.30 Std.

200 m · 0 m · 0 · 16 km

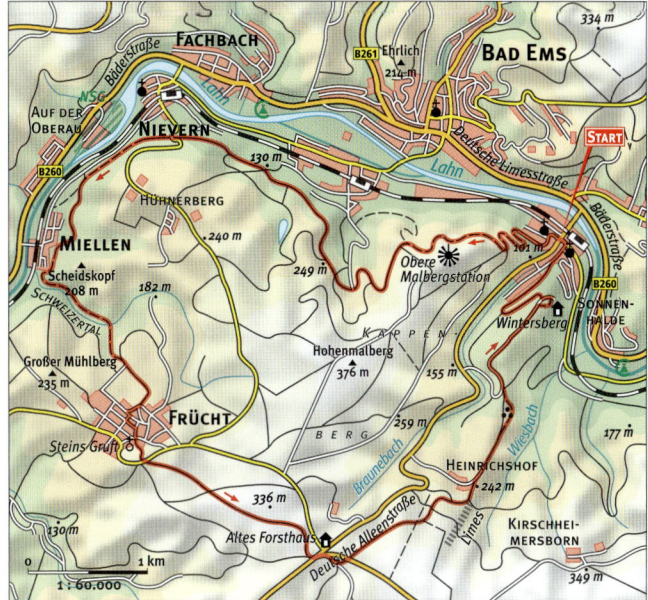

führenden Braubacher Straße kurz folgen und dann gleich rechts in die Malbergstraße abbiegen, die ziemlich steil bergan führt (Markierung »L« des Lahnhöhenweges). Oben durch die Kurve und später am Abzweig weiter geradeaus.

Hinter dem letzten Haus dann steigt der Lahnhöhenweg halb links bergan, oben wird der Aufstieg auf etwas breiterem Weg fortgesetzt. Am nächsten Abzweig gehen wir links und bleiben an den folgenden Abzweigen immer auf dem sich bergan schlängelnden, teilasphaltierten Hauptweg, der schließlich in einer langgezogenen Geraden zunehmend steiler an der schroff abfallenden Bergflanke ansteigt. Aussicht auf Bad Ems.

Eine Brücke überquert schließlich die Trasse der ehemaligen Malbergbahn, die bis 1981 die Kurgäste auf den Malberg fuhr. 1886/87 war sie als »steilste Zahnradbahn der Welt« gebaut worden, um dem seit Einführung des preußischen Spielbankverbots rückläufigen Kurbetrieb durch eine Sensation gegenzusteuern.

Bei der Aussichtsbank dann führt der Lahnhöhenweg geradeaus weiter. Wir wandern entlang der Talflanke zunächst sanft bergab. **Achtung,** wenn der Lahnhöhenweg halb links vom Hauptweg abzweigt! Er setzt den Abstieg dann auf der anderen Seite der Bergzunge weiter fort. An Abzweigen bleiben Sie auf dem Hauptweg, keine Sorge, wenn das »L« für eine Weile nicht auftaucht.

Achtung dann an der T-Gabelung unten: Der Lahnhöhenweg führt hier rechts steil bergab (zum Bahnhof Bad Ems West) – wir aber folgen dem unmarkierten Fahrweg nach links, um die Höhe zu halten. Oben am Wegestern nehmen wir den halb

Bad Ems

rechts bergab führenden Weg und folgen ihm immer geradeaus, oberhalb eines Hauses vorbei, bis dann unterhalb des Waldes sich auch der Lahnhöhenweg wieder dazugesellt. Der kreuzt die Landstraße schließlich schräg nach rechts, führt oberhalb des Sportplatzes vorbei und dann als schmaler Pfad weiter an der Talflanke entlang.

Schließlich treffen wir auf einen Forstfahrweg und folgen ihm nach rechts bergab. An der Gabelung hinter der scharfen Rechtskurve geradeaus, kurz leicht ansteigend und hinab ins Schweizertal. Auf der Wegkuppe kann man zuvor noch links zu einer etwas oberhalb gelegenen **Kapelle** für die Gefallenen des Zweiten Weltkriegs hinaufsteigen, von der sich ein schöner Blick ins Lahntal bietet.

Unten gehen wir nach links und zwischen den beiden Häusern der einzigen heute noch erhaltenen Mühle hindurch ins **Schweizertal,** das seinen Namen wohl von der steilwandigen Felsenenge hat. Im 18. Jh. nutzten hier noch fünf weitere Mühlen die Wasserkraft und gaben dem nahegelegenen Lahn-Dorf Miellen den Namen. Ihre z. T. noch erkennbaren Ruinen bzw. Gedenksteine liegen an unserem Weg.

Der steigt später an einem Haus vorbei weiter bergan. Oben dann, ausgangs des Tals, geht es halb links ein paar Stufen hinauf und entlang einer Kirschbaumreihe (dahinter rechts) in das vorausliegende **Frücht** (2.45 Std.).

Am ersten Abzweig im Dorf gehen wir geradeaus, den Mühlenweg weiter, oben links, dann rechts (Auf der Katz), nächster Abzweig geradeaus und schließlich links in die Kirchgasse. Oben führt der Lahnhöhenweg halb rechts in den Schulweg und hinter der alten Schule halb links an der Kirchhofmauer entlang. Dahinter liegt dann die **Steins Gruft,** eine neugotische Kapelle, die Freiherr vom Stein errichten ließ. Hierher ließ er die Särge seiner Eltern aus der Früchter Kirche überführen und bestimmte die Kapelle zur letzten Ruhestätte für sich und seine Gemahlin.

Wir gehen durch die kleine Allee hoch zur Straße, die wir halb links in den Feldweg kreuzen (Markierung nun »G2«), der immer geradeaus in den Wald führt. Hinter der Fernstromleitung gehen wir links und erreichen – an Abzweigen geradeaus – nach 1 km die **Gaststätte Altes Forsthaus** (3.15 Std.), einst ein weithin berühmtes Ausflugsziel.

Wir kreuzen die Straße zum Parkplatz und biegen an dessen anderem Ende rechts in den Wald ein (W2 u. a.), gehen bei nächster Gelegenheit links, kreuzen die andere Straße und gehen an der gleich folgenden Gabelung auf dem halb linken Zweig weiter (unmarkiert).

An Abzweigen bleiben wir auf dem wenig begangenen, die Höhe haltenden Hauptweg, der dann im Hochwald etwas bergab führt (Markierung jetzt H1). Hinter dem Rechtsbogen geht es bald links steil bergab, unten auf dem Forstweg dann rechts.

Achtung: Gleich nach 50 m geht es wieder links bergab (Markierung nun »Wachtturm« des Limesweges). Reste des römischen Grenzwalls sind hier und da während des weiteren Abstiegs rechter Hand noch zu erkennen.

Es wird noch ein Fahrweg gekreuzt – der Lahnhöhenweg stößt wieder auf die Route –, dann treffen wir auf einen Forstfahrweg, dem wir nach rechts folgen. Wenig später biegen die Wanderwege aber schon wieder links ab, und dann marschieren wir bald oberhalb der Gehöfte auf dem Höhenkamm weiter, den die Römer für ihre Grenzlinie nutzten.

Eingangs des Waldes geht es geradeaus auf dem Pfad weiter, unten dann rechts auf dem Forstfahrweg und dann geradeaus bergan auf asphaltierter Fahrstraße. Auf der Höhe bleibend – rechts ist der Einschnitt des Lahntals zu sehen – gehen wir an einem Anwesen vorbei und erreichen schließlich das **Berghotel und Café Wintersberg** (4.15 Std.). Von der Terrasse schöner Ausblick über das Lahntal. Der benachbarte **Römerturm** – eine eher phantasievolle Rekonstruktion aus der noch weithin ahnungslosen Frühzeit der Limesforschung – wurde 1874 zu Ehren Kaiser Wilhelm I. errichtet, dessen Enkel Wilhelm II. dann der größte Förderer der wissenschaftlichen Limesforschung werden sollte (s. Tour 3).

Wir folgen dem Weg vom Gasthaus am Turm vorbei weiter Richtung Bad Ems (Markierung »W«), an den nächsten Abzweigen geradeaus und dann immer bergab (unten rechts). In **Bad Ems** dann gehen wir an der Kapelle links, vorne rechts und zurück zum **Bahnhof** (4.30 Std.).

Nassau, Stein und Jammertal

Von Nassau auf dem Lahnhöhenweg ins Jammertal

»Wildromantisch!« – das werden Sie denken, wenn Sie von der Lahn weg ins Mühlbachtal wandern, über einen Felssteig kraxeln und später durch ein anderes wildromantisches und autofreies Tal zum nördlichen Grenzfluss des Taunus zurückkehren, der von Klöstern und Burgen förmlich gesäumt ist.

DIE WANDERUNG IN KÜRZE		
++ Anspruch	**Charakter:** Mittelschwer; zwar recht lang, die Anstiege halten sich aber in Grenzen. Gutes Schuhwerk sollte man haben.	(Mo/Di Ruhetag) **Anfahrt:** Mit der **Bahn:** Nassau liegt an der Lahntal-Bahnlinie Koblenz – Wetzlar. Mit dem **Auto:**
6 Std. Gehzeit	**Wanderkarte:** Topografische Freizeitkarte 1:50000 Taunus (westlicher Teil), hg. vom Taunusklub e. V. und dem Hessischen Landesvermessungsamt	Rheintal-Bundesstraße B 42 nach Lahnstein südlich Koblenz, dann auf die B 260 durchs Lahntal über Bad Ems nach Nassau.
23 km Länge	**Einkehrmöglichkeiten:** Singhofen; Burg Nassau	Oder: Auf der A 3 nach Limburg, weiter auf der B 417 nach Nassau. Parkplatz bei der Lahnbrücke.

Aus der Innenstadt von **Nassau** gehen wir über die Lahnbrücke (Kettenbrücke von 1828/30, erste ihrer Art in Deutschland), dahinter links auf dem Bürgersteig hoch in den Ortsteil **Bergnassau.** Auf der Höhe das ehemalige Nassauische Amtshaus, ein eindrucksvoller Fachwerkbau von 1544. Wir folgen kurz weiter der Durchgangsstraße und biegen

dann rechts ab in die Straße Im Mühlbachtal.

Bei erster Gelegenheit gehen wir rechts hinab in den Talgrund. Schöner Blick zur Burg Nassau, das Ziel dieser Wanderung. In der Rechtskurve des asphaltierten Weges dann links ab auf den grasigen Weg am Bach entlang (blaues Rechteck). Der querenden Straße dann folgen

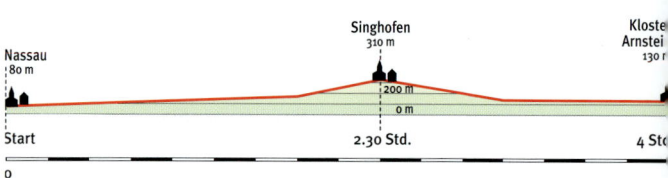

Singhofen
310 m

Kloster
Arnstei
130 r

Nassau
80 m

200 m

0 m

Start

2.30 Std.

4 Std

0

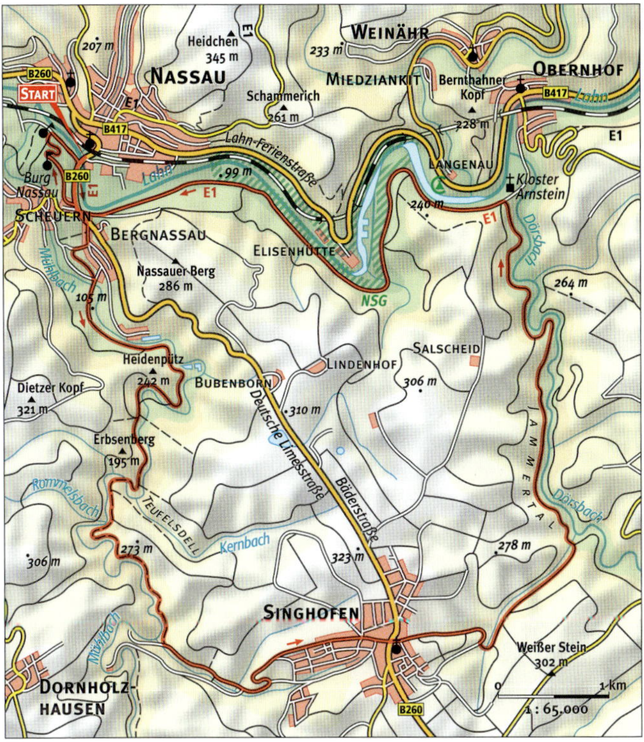

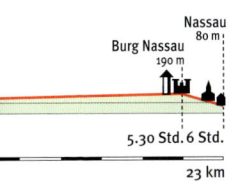

Nassau 80 m
Burg Nassau 190 m

5.30 Std. 6 Std.

23 km

wir nach rechts und an ihrem Ende hinter dem Haus links ins schöne **Mühlbachtal**, der Markierung »L« des **Lahnhöhenweges** folgend. Bleiben Sie einfach immer auf dem taluntersten Weg. Erste Schieferfelsen leiten das Thema der kommenden Kilometer ein und machen bewusst, dass der Taunus Teil des Rheinischen Schiefergebirges ist.

Der Lahnhöhenweg wechselt schließlich die Talseite, erklimmt den Talrand und führt dann auf schmalem Grat über die Felsrippe, die die Talschlinge erzwingt, welche wir hier abkürzen. Das erinnert stellenweise an einen leibhaftigen Gebirgssteig.

Später – rechts Abzweig zur gut 2 km weiter im Haupttal gelegenen Käsmühle – gehen wir geradeaus weiter in ein Seitental, durch das der Lahnhöhenweg allmählich ansteigt, an Abzweigen geradeaus auf der linken Talseite. Ausgangs des Waldes dann links, oben hinter der Kurve geradeaus – immer auf dem Hauptweg bleibend nach **Singhofen** (2.30 Std.).

Wir wandern geradeaus in den Ort, oben an der Gabelung rechts, der Lahnhöhenweg kreuzt dann links der Kirche die Durchgangsstraße – und führt durch die Dörsbachstraße wieder bergab aus dem Ort.

An Abzweigen bleiben wir auf dem Hauptweg und gehen an der T-Gabelung links weiter bergab in ein scharf in den Schiefer geschnittenes Tal, doch **Achtung:** Kurz vor der Einmündung ins Haupttal zweigt der Lahnhöhenweg halb links vom Hauptweg ab, erklimmt drüben den Gegenhang und führt rechts ins Jammertal.

Achtung nach rund 3 km: Kurz hinter einem Steg mit Pegelmessstation (kleines Gebäude) biegt der Lahnhöhenweg halb rechts vom Hauptweg ab, wir aber gehen nun geradeaus Richtung Obernhof/Kloster Arnstein. Dieser Weg kommt direkt vor **Kloster Arnstein** (4 Std.) aus dem Wald. Der Weiterweg führt zwar gleich links auf dem »Lahntal Rad- und Wanderweg« Richtung Nassau weiter, aber sicher wollen Sie erst noch mal am Kloster vorbei schauen.

Auf dem Weg zur Klosterkirche kommt man an einem ziemlich alten Gemäuer vorbei: Im Jahre 1139 wandelte der letzte Arnsteiner, Graf Ludwig, seine Burg in eine Prämonstratenserabtei um und trat mit seiner Frau Gunda in das neu gegründete Kloster ein. Beider Grab liegt vor dem Hochaltar.

Wir folgen weiter dem Lahntalweg. Vor der Linkskurve nach 1 km hat man vom Aussichtspunkt noch einmal einen schönen Blick zurück zum weiß-gelb strahlenden Kloster Arnstein, auf der anderen Lahnseite liegt Burg Langenau.

Wir marschieren nun ins Lahntal hinab, passieren die Schleuse Hollerich, ausgangs des Waldes liegt dann voraus Burg Nassau – heiß erwartete Einkehrstation zum Abschluss der Tour!

Beim alten Amtshaus schließt sich der Kreis unserer Wanderung. Wer will, kann natürlich rasch in die Stadt zurückkehren. Einen abschließenden Glanzpunkt aber setzt der Weg über **Burg Nassau**, zumal man in der Burgschänke die Wanderung zünftig ausklingen lassen kann: Kreuzen Sie also die Straße schräg nach links, wo dann rechts die Auffahrt zur Burg hinaufführt. Über dem Burgtor halten zwei »Nassauer Löwen« das Wappenschild des weitverzweigten Adelsgeschlechts, das die Vorfahren des niederländischen Königshauses stellte. Prächtiger Ausblick vom Bergfried.

Der Abstieg nach Nassau zeichnet sich dadurch aus, dass er ungewöhnlich unbeschildert ist: Der Pfad beginnt höchst unscheinbar am Parkplatz gegenüber dem Burgaufgang, führt durch einige Serpentinen talwärts und trifft auf den querenden Lahnhöhenweg (»L«), dem wir nun nach rechts zur Burg Stein hinab folgen; an deren Ecke dann rechts.

Die Stammburg des vom Steinschen Geschlechts ist wohl kurz nach der Nassauer Höhenburg schon im 12. Jh. erbaut worden. Während sich die Nassauer ausbreiteten, blieben ihre vom Steinschen Dienstmannen ortsfest, ließen sich im 17. Jh. im Talort nieder, gewannen dann aber durch den preußischen Reformer ebenfalls überregionale Bedeutung.

Beim Aufgang zu der im Wald verborgenen Ruine fasziniert die in Schieferplatten ausgeführte Bogenkonstruktion eines Tordurchgangs. Von der Höhe ist das etwas unterhalb gelegene **Stein-Denkmal** zu sehen, zu dem ein Abstecher wegen des Lahntalblicks lohnt. Der Weiterweg führt dann an bezeichneter Stelle nach **Nassau** (6 Std.) zurück.

Marmorstein und Schieferbruch

Von Villmar auf dem Lahnhöhenweg nach Runkel und Langhecke

Die Lahn ist ja die Grenze zwischen Taunus und Westerwald, und das schauen wir uns heute mal genauer an – an einer Stelle, wo auch das Gestein beide Landschaften markant unterscheidet.

DIE WANDERUNG IN KÜRZE

+++
Anspruch

8 Std.
Gehzeit

31 km
Länge

Charakter: Anspruchsvoll; die Wanderung ist sehr lang und hat auch einiges an Auf und Ab zu bieten. Einige Stellen erfordern Trittsicherheit. Eine kürzere Variante (2.45 Std.; 10 km) ist möglich

Wanderkarte: Topografische Freizeitkarte 1:50000 Taunus (mittlerer Teil), hg. vom Taunusklub e. V. und dem Hessischen Landesvermessungsamt

Einkehrmöglichkeiten: Runkel; Villmar; Heidehof (Di Ruhetag); Langhecke; Aumenau; Arfurt; Campingplatz

Anfahrt: Mit der **Bahn:** Villmar ist eine Bahnstation an der Linie Koblenz–Limburg (ICE)–Gießen. Mit dem **Auto:** Über die A 3 und die AS 43 bis Limburg-Süd, weiter auf der B 8 über Lindenholzhausen nach Niederbrechen, von dort auf der Landstraße nach Villmar.

Schloss Runkel: Karfreitag bis Mitte Okt. tägl. außer Mo 10–17 Uhr

Wir beginnen die Wanderung am Bahnhof von **Villmar,** der im Unterschied zum Ort auf der »westerwäldischen« Lahnseite liegt, die man über die Marmorbrücke von 1895 erreicht. Am Bahnübergang kreuzen wir die Gleise und biegen dahinter rechts auf den Uferweg ein, der uns an der Schleuse vorbei in die Lahnauen führt. Aber dann **Achtung:** In der Rechtskurve gehen wir rechts an dem Haus vorbei hoch zum Bahnübergang, dahinter rechts und vor dem umzäunten Grundstück dann links und am Waldrand entlang bergan.

Oben geht es dann durch den Wald stracks bergan auf die Hochfläche, wo wir nach links am Waldrand entlang gehen, Markierung nun das »L« des **Lahnhöhenweges.** Merken Sie sich die Stelle gut (Stromleitungen), denn hier schließt sich später der Kreis der Wanderung.

Achtung, vorne ausgangs der Rechtskurve führt links ein Stichpfad zum Aussichtspunkt **König-Konrad-Blick,** von wo man direkt hinüber zu dem prächtig aus der Lahn aufragenden Felsen mit dem König-Konrad-Denkmal schaut, an dem wir später vorbeikommen werden.

Unser Wanderweg führt an der Gebüschinsel links vorbei und knickt dann kurz vor Erreichen der Höhe links ab. Auf einem wunderschönen Hangweg wandern wir durch lange schon verwilderte Weinberge und dann wieder hinab ins Lahntal. Voraus baut sich schon mächtig **Burg Runkel** auf, aber **Achtung:** Der Lahnhöhenweg kreuzt hier nicht die Bahnlinie, sondern führt rechts wieder bergan und in Serpentinen auf die Höhe. Bei den ersten Häusern von **Schadeck** links, an der Gabelung rechts – zunächst aber links zum **Dr. Otto Bruchhäuser-Tempel,** einem Holzpavillon mit Paradeblick übers Lahntal zur Burg Runkel. Die auf der hiesigen Lahnseite gelegene Burg Schadeck wurde schon 1276 erbaut.

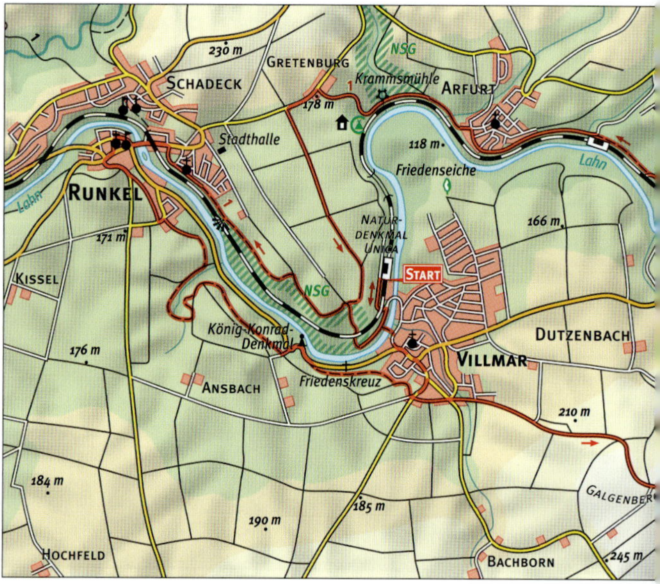

Wir gehen also oben weiter, an der Kirche vorbei unter der Kirchturmbrücke hindurch und dann die rampenartige Straße hinunter zur alten **Lahnbrücke** (1448), die uns hinüber nach **Runkel** führt (1.15 Std.). Dort gehen wir rechts und dann nach etwa 200 m links die Burgstraße hinauf zum Schlossplatz. Weiterweg dann nach rechts durch die Obertorstraße.

Zunächst wollen Sie aber vielleicht Schloss und Burganlage besichtigen. Die 1159 erstmals genannte Burg ist wahrscheinlich eine Gründung Kaiser Barbarossas zur Sicherung eines Lahnübergangs. Nach Zerstörungen während des Dreißigjährigen Krieges

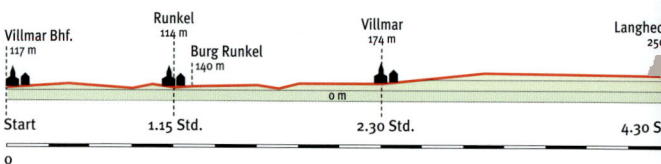

144

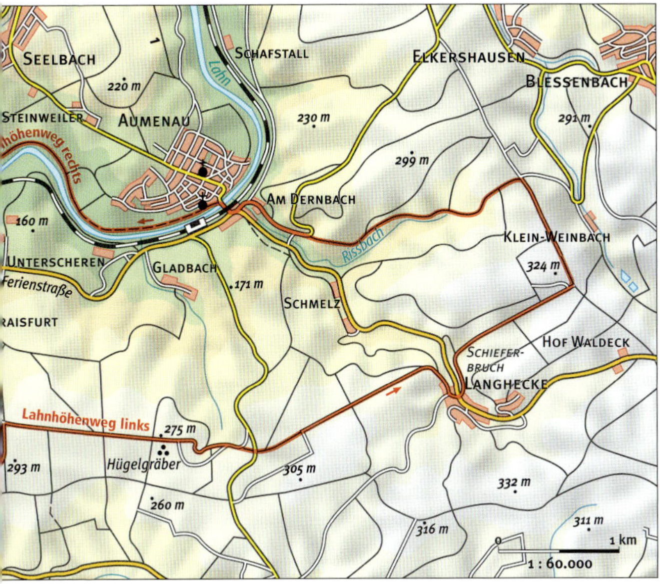

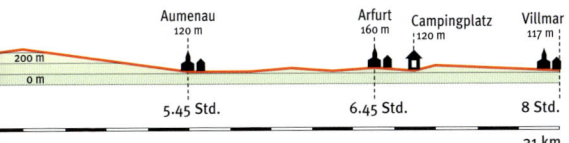

blieb die Oberburg mit den Türmen Ruine, nur die Unterburg wurde wieder aufgebaut.

Wir gehen also durch die Obertorstraße und vorne dann links bergan Richtung Brechen. Vor der Rechtskurve ausgangs des Ortes links ab und hinter den Häusern schön am Talhang entlang durch den Wald, nun wieder auf dem Lahnhöhenweg.

Wir folgen dann der Straße am Rand der Bebauung kurz rechts bergan (Ellersweiherweg), dann links bergab und sofort wieder rechts Richtung Kriegsgräberfriedhof.

Hinter dem **Kriegsgräberfriedhof** gehen wir weiter am Waldrand ent-

lang. An der Aussichtsbank vorne im Rechtsbogen **Achtung:** Der Lahnhöhenweg führt hier als schmaler Pfad steil ins Tal hinab, unten dann rechts. An der Gabelung geht es links tiefer in das verwunschene Seitental, das wie eine wundersame Märchenwelt von Felsen und Auwald wirkt. Sie endet an einer Wiese, wo der Lahnhöhenweg links bergan führt. Auf der Höhe wandern wir nach links am Waldrand entlang und folgen hinter der Senke der Hecken-/Baumreihe nach rechts , vorne links, weiter am Waldrand entlang.

Unterhalb des Hofes führt der Weg dann kurz auf asphaltiertem Wirtschaftsweg zu Tal und trifft auf die Landstraße, der wir kurz nach rechts um die Kurve zum Parkplatz unterhalb des **König-Konrad-Denkmals** folgen. Es erinnert an jenen aus dem Lahngau stammenden König, der 918 aus Staatsräson auf eine dynastische Erfolge zugunsten seines größten Rivalen verzichtete. Prächtiger Blick übers Lahntal und auf den ersten Teil unserer Wanderung.

Der Lahnhöhenweg führt gegenüber dem Parkplatz wieder bergan und dann am steilen Talhang entlang. Ein schöner Blick auf Villmar bietet sich vom **Friedenskreuz,** das 1991 aus Lahnmarmor errichtet wurde und ein Holzkreuz ersetzte, das 1946 von Kriegsheimkehrern hier aufgestellt worden war.

Wir gehen durch die Senke und erreichen dann auch schon die ersten Häuser von **Villmar** (2.30 Std.), an denen wir rechts entlang und weiter zur Durchgangsstraße gehen, die wir bei der **Kapelle Oberheiligenhaus** in die Straße Am Weyerkreuz kreuzen.

Abkürzungsmöglichkeit

Wer die Wanderung hier beschließen möchte, geht links hinab in den Ort und zurück zum Bahnhof. Die prachtvoll mit Lahnmarmor ausgestattete Pfarrkirche ist einen Besuch wert, ebenso die Freiluft-Ausstellung alter Maschinen zur Marmorbearbeitung.

Der Lahnhöhenweg kreuzt unten eine weitere Durchgangsstraße schräg nach rechts in die Straße Zum Galgenberg, die sich hinter dem Ort als asphaltierter Wirtschaftsweg fortsetzt. Mit schönem Blick über die Lahnlande erreichen wir die Höhe, wo der Weg im Bogen am Gipfel des Galgenberges vorbeiführt. Am Abzweig zum **Gasthof Heidehof** gehen wir ge-

radeaus und an der Schutzhütte vorbei in den Wald.

Wir bleiben auf dem Hauptweg, unten an der T-Gabelung rechts. Nun marschieren wir immer geradeaus und schließlich in eine Waldsenke hinab, wo es an der Wegegabelung auf dem rechten Zweig weiter geht. **Achtung:** Eingangs der starken Linkskurve führt der Lahnhöhenweg geradeaus ansteigend weiter und kreuzt oben die Landstraße.

Auf der Höhe marschieren wir wieder an allen Abzweigen geradeaus, bis es schließlich rechts hinab nach **Langhecke** (4.30 Std.) geht. Hier folgen wir der Durchgangsstraße kurz nach rechts und verlassen dann links durch die Forsthausstraße den Ort. Eindrucksvolle Schieferhalden erinnern daran, dass hier bis um 1960 ein besonders haltbarer Schiefer abgebaut wurde.

Wir halten uns immer geradeaus auf dem Hauptweg, der schließlich durch Fichtenforst bergan führt. An der T-Gabelung hinter der Kuppe führt der Lahnhöhenweg nach links weiter. **Achtung:** In der Senke ausgangs des Waldes gehen wir am Wegestern halb links auf grasigem Weg bergab (nun Markierung schwarzes Rechteck; nicht mehr Lahnhöhenweg).

Immer der Falllinie folgend führt der stellenweise etwas ruppige Pfad ins lauschige Rissbachtal hinab, an dessen rechter Flanke sich der Wanderweg hält. Aber **Achtung,** wenn der Fahrweg in der Linkskurve ganz in den Talgrund hinabführt, zweigt unser Weg rechts ab, führt oberhalb der Waldweide entlang und dann als schöner Hangweg durch den Wald.

Schließlich erreichen wir die Landstraße und folgen ihr links hinab nach **Aumenau** (5.45 Std.). Dort gehen wir über die Lahnbrücke, dahinter gleich links, hinter der Kirche nochmal links und aus dem Ort in die Lahnauen (an der Gabelung geradeaus auf dem unasphaltiertem Weg).

Wir wandern nun durch die wunderschöne Tallandschaft, die nicht ganz ohne Grund auch als »kuschelig« charakterisiert wird. Schließlich verengt sich die hiesige Talseite und der Weg führt direkt am Fuße des eiszeitlichen Prallhangs entlang, wo wir an einem Abzweig auf dem ufernächsten Pfad bleiben. Der beginnt dann bergan zu steigen und trifft fast auf der Höhe auf einen asphaltierten Fahrweg, dem wir links bergab wieder ins Lahntal hinab folgen.

Vor dem Bahnübergang führt der Lahnhöhenweg dann rechts als Pfad weiter. Wir erreichen den Bahnhof Arfurt und marschieren auf der Zufahrtsstraße nach **Arfurt** (6.45). Oben im Ort geht es links in die Straße An der Linde und dann gleich wieder links in die Runkeler Straße. Unten in der Linkskurve führt der Lahnhöhenweg geradeaus wieder in die Lahnauen hinab und begleitet weiter die Bahnlinie, bald unterhalb imposanter Felswände, und erreicht schließlich die **Gaststätte am Campingplatz** des Eisenbahner-Sportvereins Limburg (7 Std.).

Weil es keinen flussnahen Durchgang gibt, müssen wir ein letztes Mal die Höhe erklimmen. Oben folgt der Lahnhöhenweg kurz der Landstraße 200 m nach links und biegt dann hinter dem Hof wieder links ab – auf Villmar zu. Gegenüber liegt der Galgenberg. Am Ende der Hochfläche gehen wir rechts am Waldrand entlang bis zu der Stelle (Stromleitung), wo sich der Kreis unserer Wanderung schließt

und wir wieder ins Lahntal hinabsteigen und zum Bahnhof von **Villmar** (8 Std.) zurückkehren.

Naturdenkmal Unica

Direkt hinter dem Parkplatz weist ein Schild nach links (gegen Ende der Kleintierzüchterkolonie rechts) den Weg zum Naturdenkmal Unica. So wurde der hier gewonnene »Lahnmarmor« genannt, der den Villmarern jahrhundertelang Lohn und Brot gab. Unter einer kühnen Zeltdachkonstruktion ist eine angeschnittene Wand glattpoliert worden, so dass sehr schön die charakteristische, reiche Farbigkeit des Lahnmarmors zum Vorschein kommt – die zugleich verrät, dass es sich gar nicht um echten Marmor handelt! Dieser entsteht nämlich durch hohen Druck in größerer Tiefe, wobei die Farbigkeit weitgehend verloren geht. Beim Lahn-»Marmor« handelt es sich dagegen um ein kalkhaltiges Sedimentgestein, das auf Korallenriffe des Devonmeeres (vor ca. 350 Mio. Jahren) zurückgeht. Der überdachte Aufschluss ist als Kernstück eines zukünftigen Lahn-Marmor-Museums gedacht, in dem dann auch gezeigt wird, wo überall auf der Welt der bunte Stein von der Lahn Verwendung fand. Am stolzesten sind die Villmarer wohl darauf, dass für die repräsentative Innenausstattung des Empire State Building in New York die Wahl auf ihren Marmor fiel, so dass 1930/31 sage und schreibe 723 Tonnen die Reise von der Lahn über den Großen Teich antraten.

32

Tour

Barock und Kristall

Von Weilburg über die Kubacher Kristallhöhle zum Tiergarten

Wo die Weil in die Lahn mündet, glänzte einst auf einem Felskegel der Nassauer Hof – und ein Kristalldom schlummerte tief im Erdinneren bei einem nahen Kuhdorf...

DIE WANDERUNG IN KÜRZE

++

Anspruch

5 Std.

Gehzeit

19 km

Länge

Charakter: Mittelschwer; für die Zeitplanung müssen die drei Besichtigungsmöglichkeiten einkalkuliert werden: Schloss, Kristallhöhle und Tiergarten.

Wanderkarte: Naturpark Lahn Nassau 1:50000, hg. vom Landesamt für Vermessung und Geobasisinformation Rheinland-Pfalz und dem Hessischen Landesvermessungsamt

Einkehrmöglichkeiten: Guntersau; Kubacher Kristallhöhle; Tiergarten (Mo

Ruhetag)

Anfahrt: Mit der **Bahn:** Weilburg liegt an der Lahntal-Bahnlinie Koblenz–Wetzlar. Mit dem **Auto:** A 3 bis Anschlussstelle Limburg-Nord oder A 45 bis Wetzlar-Ost, dann jeweils B 49 Richtung Weilburg und hinter resp. vor Allendorf B 456 nach Weilburg.

Öffnungszeiten: Kubacher Kristallhöhle: 1. April– 31. Okt. Mo–Fr 14–16 Uhr, Sa, So, Feiertags 10–17

Wir beginnen unsere Wanderung in **Weilburg** auf dem von der Lahn umflossenen Stadtberg, am Weilburger **Schloss.** Vom Schlossplatz (Bergbau- und Stadtmuseum mit Schaustollen) gehen wir durch den Innenhof des Renaissanceschlosses, dessen vier Flügel aus den vier Jahrzehnten zwischen 1533 und 1572 sich bis heute fast unverändert erhalten haben. Auf dem **Löwenbrunnen** präsentiert der »nassauische Löwe« das Wappen des Grafengeschlechts. Dahinter führt ein Durchgang in den **Schlossgarten,** der den Ausbau des eher düsteren Renaissanceschlosses zur lichten Barockresidenz vorstellt. Rechter Hand liegt die halbrunde **Obere Orangerie** (1705) mit der anschließenden

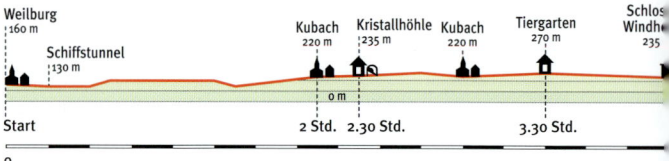

Weilburg 160 m		Schiffstunnel 130 m		Kubach 220 m	Kristallhöhle 235 m	Kubach 220 m	Tiergarten 270 m	Schloss Windh... 235
Start				2 Std.	2.30 Std.		3.30 Std.	

0 m

0

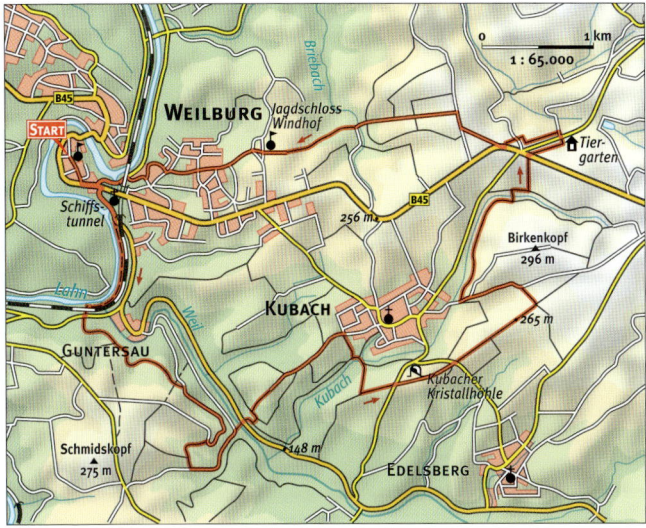

Schlosskirche, deren Kuppel das Stadtbild von Ferne beherrscht.

Wir wenden uns nach links zur Balustrade über dem steil abfallenden Schlossfelsen, von wo sich ein schöner Blick ins Lahntal bietet, unten das parkartige »Gebück«. Ursprünglich ein Annäherungshindernis miteinander verwobener Bäume und Dornsträucher (s. Tour 24), wurde das undurchdringliche Dickicht nach Anlage des Schlossgartens im 18. Jh. gelichtet und durch Neuanpflanzungen zu einem Baumpark umgestaltet.

Wir spazieren weiter und erreichen durch den schattigen »Lindensaal« die Terrasse auf dem Dach der **Unteren Orangerie** (Schlosscafé):

Weilburg
160 m

5 Std.

19 km

voraus das Lahntal, unsere erste Etappe.

Die Freitreppe führt auf die untere Terrasse, von der aus wir den Schlossgarten rechts am alten **Stadtturm** (14. Jh.) vorbei über den Treppenabgang hinunter zum König-Konrad-Platz verlassen.

Auf der anderen Straßenseite gehen wir nach links auf dem Bürgersteig zwischen Landtor (Lahnmarmor, 1759) und ehemaliger katholischer Kirche hindurch (bis 1959; vor 1820 Gefängnis), dahinter geradeaus die Frankfurter Straße kurz bergan und vor der Umfassungsmauer des Alten Friedhofs rechts (Markierung »L« des Lahnhöhenweges). Der Friedhof enthält das älteste noch vorhandene Bauensemble Weilburgs: Die Heilig-Grab-Kapelle von 1505 rechts vom Eingang ist eine freie Nachbildung der Jerusalemer Grabeskirche im Kleinmaßstab, eines der wichtigsten Denkmäler der Heiliggrabverehrung im ausgehenden Mittelalter. In gedanklicher Verbindung steht der Kalvarienberg auf dem Hügel linker Hand mit der Kreuzigungsgruppe in einem offenen Rundtempel. Solche symbolischen Nachbildungen der Jerusalemer Topografie kamen nach den Kreuzzügen in Mode, hier in Weilburg inspiriert durch zwei Pilgerfahrten des Grafen Johann Ludwig ins Heilige Land.

Der Lahnhöhenweg steigt hinter dem Friedhof über Stufen ins Lahntal hinab, wo wir der Straße nach links folgen. Voraus ist der Tunnelkopf der Lahntalbahn zu sehen, unmittelbar davor liegt der Ausgang des berühmten **Schiffstunnels** von 1844–47, des einzigen seiner Art in Deutschland. Heute ist das technische Denkmal mit der Doppelschleuse hier am unteren Ausgang eine Attraktion für Kanuten (überwundener Höhenunterschied: 4,65 m). Der 195 m lange Durchstich der Flussschlinge war im Zuge der Schiffbarmachung der Lahn zwischen Limburg und Gießen erfolgt, verlor aber rasch an Bedeutung, als Anfang der 1860er Jahre die Lahntalbahn mit dem benachbarten Tunnel gebaut wurde.

Vor der Eisenbahnbrücke geht es dann rechts auf dem asphaltierten ehemaligen **Leinpfad** entlang der Lahn weiter, Markierung bis auf Weiteres »L« des Lahnhöhenweges. Leinpfade waren für die Bergauffahrt nötig, um die bis zu 100 t schweren Kähne an »Leinen« mit Pferdekraft gegen die Strömung zu ziehen.

Achtung dann knapp 300 m hinter dem Steg über die Weilmündung – auf der anderen Seite der Bahntrasse steht ein Haus –, hier zweigt der Lahnhöhenweg links Richtung Weilmünster ab und unterquert durch einen gekrümmten Tunnel den Bahnkörper. Dahinter gehen wir rechts zur Straße (links Restaurant Guntersau), kreuzen sie schräg nach rechts und steigen dann beim Markierungszeichen der L 3323 auf einem kaum erkennbaren Trittsteig nach links in den Wald hinauf. Der erste Teil des Pfades erreicht nach einer Rechtswendung einen breiten Forstweg, dem wir nach links folgen. Der schöne Hangweg umgeht bald ein kleines Seitental, Abzweige werden ignoriert.

Schließlich treffen wir auf einen geschotterten Forstfahrweg und folgen ihm nach rechts. Am Wegedreieck dann, dessen eine Seite von markanten Buchen gesäumt ist, geht es geradeaus weiter, am nächsten Wegedreieck dann aber links. Es geht nahe eines kleinen Bachs abwärts, dann treffen wir auf einen aus dem Tal heraufziehenden und nach rechts weiterführenden Forstweg und gehen links weiter zur Weggabelung. Hier sagen wir dem Lahnhöhenweg ade und folgen der Markierung Dreieck geradeaus am Rande einer tief eingeschnittenen Erosionsschlucht ins Weiltal hinab.

Unmittelbar vor der Linkskurve zweigt der Weg rechts hinab ab und trifft auf den befestigten **Weiltalweg,** der hier auf der ehemaligen Trasse der Weiltalbahn angelegt wurde.

Wir folgen ihm wenige Meter nach rechts, dann zweigt eine Weggspur links ab zur **Weil,** die wir auf einem Steg dicht unterhalb des Wehres überqueren, dahinter rechts. Wenn gleich darauf der Weg unter den Bäumen heraustritt, ist voraus die Burgruine Freienfels zu sehen. Vorne überqueren wir die Landstraße schräg nach links und folgen dem Wanderweg in den Wald bergan.

Achtung: Wenn auf dem ersten Absatz des Anstiegs der mit dem Dreieck markierte Weg nach links weiterführt, gehen wir halb rechts auf unmarkiertem Weg weiter. Ausgangs des Waldes dann rechts am Waldrand entlang und durch die Feldflur. Voraus taucht dann schon das Gewerbe- und Neubaugebiet von **Kubach** auf (2 Std.).

Wir treffen auf einen asphaltierten Fahrweg und folgen ihm nach rechts auf den Ort zu (Markierung »Naturpark-Hochtaunus-Rundweg« und »Höhle«). An der Gabelung am Ortsrand gehen wir geradeaus die Weilbergstraße hinunter, am ersten Abzweig rechts und auf grasigem Weg hinab ins **Kubachtal.**

Unten folgen wir dem Querweg nach rechts und an der Gabelung links. **Achtung:** Nach 30 m zweigt unser Wanderweg links auf einen nur an Trittspuren im Gras erkennbaren Pfad zum Wald hin ab, quert den zur Weil fließenden Kubach auf einem Steg, dahinter geht es steil bergan. Oben folgen wir dem Wiesenpfad kurz nach rechts, an der gleich folgenden Gabelung links und steigen nun – bald am Waldrand entlang – auf den Kamm des vorausliegenden Höhenzuges. Linker Hand ist das Servicegebäude über der **Kubacher Kristallhöhle** (2.30 Std.) zu sehen, wohin oben dann der asphaltierte Wirtschaftsweg führt. Im Weiltal sehen wir die Ruine Freienfels.

Ein Steingarten mit Beispielen aus verschiedenen Epochen der Erdgeschichte empfängt den Besucher, im Höhlenmuseum erfährt man, wie die Kubacher Kristallhöhle als einzige ihrer Art in Deutschland entstanden ist. Große Teile der Wände v. a. des »Doms« (44 m Tiefe) sind mit schneeweiß glitzernden Calzitkristallen überzogen, und noch tiefer im Erdinneren (70 m) kann man die mit 30 m höchste Halle aller deutschen Schauhöhlen bestaunen.

Von der Kristallhöhle folgen wir weiter dem Kammweg, der bald die Landstraße kreuzt und weiter vorne dann in den Wald führt. **Achtung:** Dort gehen wir aber links hinab am Waldrand entlang (weiter auf dem Naturpark-Hochtaunus-Rundweg), durch den Linksbogen und an Grill- und Sportplatz vorbei wieder auf **Kubach** zu.

Kurz vor dem Dorfeingang biegt der Wanderweg beim Kinderspielplatz rechts ab (Windmühle, Wasserrad) und führt dann unter schattigen Bäumen am Kubach entlang talaufwärts. An der Gabelung nach gut 1 km, wo das Tal sich nach rechts wendet, queren wir durch die Wiesenaue nach links zur anderen Talseite, dort dann rechts am Waldrand entlang.

Achtung: Nach etwa 150 m biegt der Wanderweg etwas verdeckt an einem Hochstand links ab und führt hinauf zur B 456. Gehen Sie dort links vor zur Kreuzung und dann rechts auf der Landstraße zum **Tiergarten Weilburg** (3.30 Std.). Wer gleich weiter will, biegt am Ende der linken Leitplanke nach rund 100 m auf den Pfad ein, dem die Hauptroute später folgt.

Seit 1590 hielten die Nassauer Grafen hier in einem Gehege Damwild zur Versorgung des Weilburger Hofes, später wurde die Anlage zu einem Jagdpark ausgebaut und mit einer fast 4 km langen Mauer umgürtet. Für den Bau der Mauer mussten natürlich die Untertanen aus den umliegenden Dörfern aufkommen, der Hof stellte nur den Kalk. Der heutige Tiergarten der hessischen Forstverwaltung wurde 1970 eröffnet. Er bietet Gelegenheit, heimische, aber auch längst verdrängte Wildarten wie Elche und Wölfe in großen Freigehegen zu beobachten. Fürs leibliche Wohl wird im **Hessenhaus** gesorgt, einem über 200 Jahre alten Fachwerkbau, der aus der Limburger Gegend hierher verpflanzt wurde.

Der Weiterweg führt zu bezeichneter Stelle am Beginn der Leitplanke zurück, wo der Lahnhöhenweg (»L«) rechts der Straße als grasiger Pfad in den nahen Wald führt. Es geht dann im Linksbogen leicht bergan, an der Wegkreuzung weiter geradeaus. Wir erreichen den **Parkplatz Pfannstiel** und verlassen ihn nach rechts auf breitem Forstfahrweg. Unten an der T-Gabelung gehen wir rechts, an der folgenden Wegkreuzung links und nun immer geradeaus durch den Wald, unten durch einen Wiesengrund und weiter zum **Schloss Windhof,** das auf einer Anhöhe über Weilburg thront. Die 1726 fertiggestellte Sommerresidenz der Weilburger Grafen wird heute von der Staatlichen Technikerschule u. a. als Wohnheim genutzt. Ursprünglich bestand eine – heute von Bäumen verstellte – Sichtachse zum Stadtschloss.

Wir kreuzen die unterhalb querende Straße Am Windhof in den Braunfelser Weg (Bürgersteig) und können uns nun ganz der Schwerkraft überlassen: Es geht bald steil hinab in die Stadt, einmal ist die Schloss-kirche auf dem Lahnfelsen zu sehen.

Unten, an der Kreuzung hinter dem Friedhof, gehen wir geradeaus durch die Goethestraße, an deren Ende das Teehäuschen steht, 1811 als Inventar eines heute nicht mehr vorhandenen Landschaftsgartens errichtet. Dahinter führt ein Treppenweg im Schatten hoher Bäume abwärts, an der Gabelung links und hinunter zur Straße. Diese kreuzen wir, folgen dem Pfad kurz rechts bergan und stehen auch schon über der oberen Einfahrt des Eisenbahntunnels. Wenn man die Stufen etwas

hinunter geht, sieht man auch die diesseitige Einfahrt des Schiffstunnels.

Der Weiterweg führt aber links durch zur Frankfurter Straße, die uns rechts hinab zum **Landtor** zurück führt. Über den König-Konrad-Platz gehen wir geradeaus weiter und dann rechts durch die Marktstraße mit ihren schönen Fachwerkhäusern hinauf auf den Marktplatz von **Weilburg** (5 Std.).

Dem – antiken – Beschützer der (Lahn-)Schifffahrt huldigt der Neptunbrunnen vor der **Schlosskirche,** einem ganz ungewöhnlichen Bau: Der Turm stammt bis zur Gesimshöhe noch von der mittelalterlichen Kirche, an deren Stelle 1707/08 ein luftiger Barockbau trat, der auf den ersten Blick so gar nichts Kirchliches hat. Des Rätsels Lösung: Hier wurden nonchalant Rathaus und Kirche unter einem Dach vereint. Dem Rathausteil fiel zum Markt hin die Schauseite zu (heute Café), die Kirche, die man durch den Turm betritt, entfaltet mehr die inneren Werte. Die bedeutendste protestantische Barockkirche Hessens sollte man gesehen haben: Der Kanzelaltar mit dem krönenden Orgelprospekt weist sie als protestantische »Predigerkirche« aus, die der Betonung des Wortes in der evangelischen Liturgie räumlichen Ausdruck gibt wie auch Luthers Wertschätzung der Kirchenmusik als einem die Seele für Gottes Wort öffnenden Medium. Der lichte Saalbau ist exquisit stuckiert von Andreas Gallasini, dem späteren Baumeister des Fuldaer Fürstabtes. Dem Altar gegenüber liegt die Grafenloge, wo der weltliche Herrscher von erhöhtem Orte dem Wort Gottes lauschte.

Der Osttaunus bei Butzbach

Vom Forsthaus Butzbach nach Ebersgöns und Cleeberg

Butzbachs Lage am Osttaunusrand ist ideal: Autobahnnah dehnen sich Wälder und lauschige Täler, ein Wandergebiet der leisen Töne, das seinen ganz eigenen Beitrag zu dem leistet, was man »typisch Taunus« nennt...

DIE WANDERUNG IN KÜRZE

+
Anspruch

Charakter: Höchst einfache Wanderung auf meist guten Wegen ohne nennenswerte Steigungen.

3.30 Std.
Gehzeit

Wanderkarte: Topografische Freizeitkarte 1:50000 Taunus (östlicher Teil), hg. vom Taunusklub e. V. und dem Hessischen Landesvermessungsamt

15 km
Länge

Einkehrmöglichkeiten: Forsthaus Butzbach (Di Ruhetag); Ebersgöns; Cleeberg

Anfahrt: Mit dem **Auto:** Über A 5 und AS 13 bis Bad Nauheim, weiter auf der B 3 Richtung Butzbach an Nieder-Weisel vorbei und links in die L 3053 Richtung Waldsolms/Usingen abbiegen; über Hausen zum Forsthaus Butzbach.

Vom Parkplatz rechts vom **Forsthaus Butzbach** gehen wir an der Wiese hinter dem Anwesen entlang und folgen dann an der Wegegabelung dem mittleren, schmalsten Weg in den Wald (schwarzer Punkt u. a.). Dieser Weg führt immer geradeaus durch schönen Buchenwald, zunächst parallel zum Forstfahrweg, von dem er sich schließlich – breiter werdend – nach links verabschiedet.

Achtung: Wenn dann nach gut 1 km linker Hand durch die Bäume hindurch ein Gebäude sichtbar wird, folgen wir dem kreuzenden Limesweg (Markierung »Wachturm«) links auf kaum erkennbarem Pfad etwas ansteigend. Der Weg kreuzt gleich oben einen Forstfahrweg stark schräg nach links und trifft dann auf einen schmalen Pfad, dem wir nach

rechts folgen. Der Rest des römischen Grenzwalls (s. S. 14) ist noch ganz gut zu erkennen. Das Modell eines Wachturms und eines Palisadenzauns gibt einen Eindruck der ehemaligen Situation – wenn auch auf dem Stand von 1900, als man noch keinen Steinturm für diese Stelle annahm. Schöner Blick über Butzbach in die Wetterau. Davor Denkmal für Friedrich Ludwig Weidig (1791– 1837). Er »prägte mit seinen politischen Ansichten viele Butzbacher«. Der Pfarrer, Lehrer und Turner, der großen Anteil an der Verbreitung der Gedanken von Turnvater Jahn im Rhein-Main-Gebiet hatte (Turnen als Ausdruck der deutschen Einheitsbewegung), war ein Freund Georg Büchners, mit dem er 1834 in Gießen die »Gesellschaft für Menschenrechte« gründete. Im gleichen Jahr verfassen beide zusammen die Flugschrift »Der hessische Landbote«, einen Aufruf an die hessische Landbevölkerung zur revolutionären Erhebung gegen die Herrschenden. Er sollte beide 1837 auf die eine oder andere Art das Leben kosten: Büchner starb im Schweizer Exil an Typhus; Weidig beging im Gefängnis Darmstadt Selbstmord. An die Zellenwand hatte Weidig mit eigenem Blut geschrieben: »Da mir der Feind jede Verteidigung versagt, so wähle ich den schimpfl. Tod von freien Stücken. F. L. W.«

Der Limesweg folgt hinter dem kleinen Park weiter dem Grenzwall und kreuzt bald einen Fahrweg, an der Gabelung dahinter halb rechts, auf der Wallkrone des Limes bergab. Unten wird ein weiterer Fahrweg gekreuzt, dann geht es auf etwas breiterem Forstweg am Ortsrand von Butzbach entlang.

Wir treffen auf eine Asphaltstraße, folgen ihr wenige Meter rechts hinab, dann links in die Merowinger Straße, am Gasthaus Am Wald vorbei, später an der T-Gabelung links (nun rotes Dreieck). An der gleich folgenden Gabelung geradeaus auf dem Hauptweg, an der nächsten dann auf dem rechten Zweig weiter.

An der Gabelung hinter der Wiese gehen wir rechts, dann an der Kreuzung links und nun immer geradeaus, ausgangs des Waldes dann hinab nach **Ebersgöns** (1.30 Std.).

Wenn wir dort auf die Hauptstraße treffen, folgen wir dieser nach links durch den Ort, an der Gabelung vor dem schönen Fachwerkhaus halb rechts in die Taunusstraße (blauer Punkt).

Diesem Wanderweg folgen wir hinter dem Ort rechts, dann links Richtung Grillplatz und nun immer geradeaus, talaufwärts zum **Grillplatz** im Wald.

Am Wegedreieck auf der Höhe gehen wir rechts. Wenn wir aus dem Wald treten, liegt voraus **Cleeberg** (2.30 Std.) in der Senke, wohin wir nun über den freien Höhenrücken gemächlich hinabwandern. Auf der einstigen Burg saßen Herren, die in der Gegend einiges zu sagen hatten.

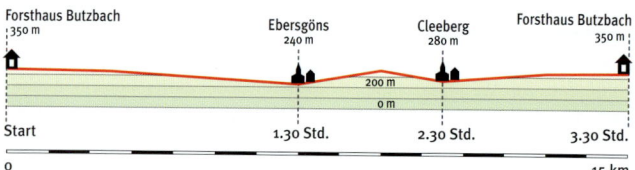

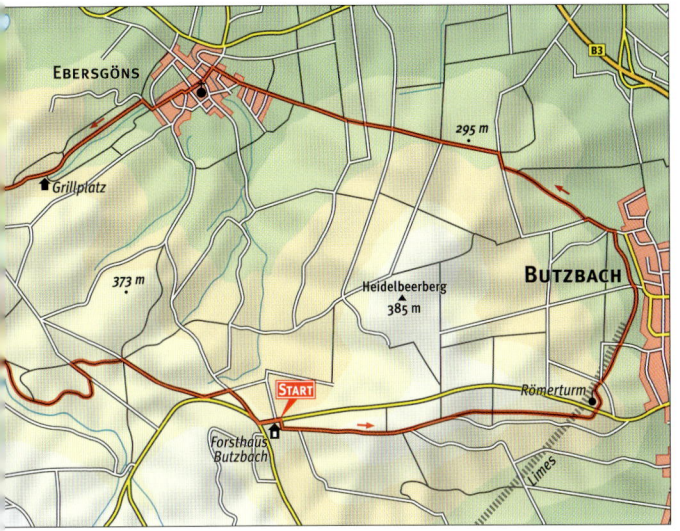

Beim **Forsthaus** gehen wir links hinunter und dann gleich den nächsten Weg links (schwarzer Punkt; »Fuchs«).

Wir wandern nun in den **Seegrund.** An der Dreifachgabelung zu Beginn des Waldes nehmen wir den mittleren, die Höhe haltenden Weg, der im Schatten eines jungen Eichenwaldes am Rand des Tales mit seinen Fischteichen entlang führt. Wenn nach rund 2 km der Hauptweg nach rechts auf die andere Talseite führt, biegen wir auf dem »Fuchs«-Weg vor dem Bachübergang ab und setzen den Weg talaufwärts fort, auf der kleinen Anhöhe geradeaus.

An der Gabelung beim Wasserbehälter gehen wir links, so auch an der gleich folgenden Wegegabelung. Oben in der leichten Rechtskurve kreuzt ein Weg, dem wir nach rechts folgen (blauer Balken), später links zu einem Forstfahrweg, dort rechts (nun auch schwarzer Punkt u. a.).

Vor der Einmündung in die Landstraße führt der Wanderweg wieder links in den Wald. An der bald folgenden Wegkreuzung geht es rechts, vor Einmündung in die Straße wieder links und zurück zum **Forsthaus Butzbach** (3.30 Std.).

Die Maibacher Schweiz

Felsen und Täler des Usinger Landes

Die Eschbacher Klippen gehören ja zu den meistabgebildeten Naturdenkmälern des Taunus – doch wo liegen sie eigentlich genau? Das werden wir heute feststellen und eine Hintertaunusecke entdecken, die mit einigen Überraschungen aufwartet...

DIE WANDERUNG IN KÜRZE

++
Anspruch

5 Std.
Gehzeit

21 km
Länge

Charakter: Aufgrund der Länge mittelschwer, sonst eher leicht mit nur einem nennenswerten Anstieg

Wanderkarte: Topografische Freizeitkarte 1:50000 Taunus (östlicher Teil), hg. vom Taunusklub e. V. und dem Hessischen Landesvermessungsamt

Einkehrmöglichkeiten: Hattsteinweiher; Krans-berg; Usingen

Anfahrt: Mit dem **Auto:** Über A 5 und Anschlussstelle 14 bis Obermörlen, weiter auf der B 275 nach Usingen. Richtung Bad Schwalbach durch den Ort; kurz dahinter rechts Richtung Wilhelmsdorf, am nächsten Abzweig rechts Richtung Hattsteinweiher.

Vom **Parkplatz** vor dem **Hattsteinweiher** bei Usingen folgen wir der asphaltierten Zufahrt am Restaurant Haus Hattstein vorbei zum Weiher, gehen am rechten Ufer entlang und an der Gabelung dahinter geradeaus. Der alte Stauteich wurde erstmals 1610 erwähnt mit der Bemerkung, dass sein Wasser schon seit über 200 Jahren zu den öffentlichen Brunnen von Usingen geleitet werde. Die erste Badeanstalt wurde 1851 eröffnet.

Nach etwa 50 m biegt unser Wanderweg rechts auf einen Pfad ab (Markierung »Eichenblatt«), der bis kurz vor den **Brunnenweiher** führt, davor aber links und dann rechts. An der bald folgenden Gabelung hinter dem Weiherareal gehen wir links bergan (Markierung »Rehbock«) –

zuvor aber vielleicht rechts, um von einer der Bänke den Blick auf den stillen Weiher zu genießen. Auf der Höhe gehen wir weiter geradeaus, vorne an der Wegkreuzung ebenso (unmarkiert) und am folgenden Abzweig rechts (nun »schwarzer Keil«).

Am Wegestern halten wir uns halb links, kreuzen bald die B 456 und wandern dann geradeaus bergab, unten auf dem Forstfahrweg rechts. Wir gehen nun immer geradeaus, zum Schluss rechts, linker Hand liegt dann der **Saienstein** oder **Kaiser-Friedrich-Felsen**.

Hinter dem Parkplatz kreuzen wir die Straße und gehen dann rechts Richtung Klippen. Die **Eschbacher Klippen** (1.30 Std.) – auch Buchstein genannt – gehören wie der Saienstein zu einem 6 km langen Quarz-

gang, der sich hinunter ins Usatal
zieht. Heute wird das Naturdenkmal
gerne als Kletterschule genutzt.

Hinter den Klippen gehen wir
durch bis zum Waldrand und folgen
dort dem Weg nach links mit schönem Blick über die Osthälfte des
Usinger Beckens. Auf dem linken
Hochtaunusausläufer ist der Sendemast auf dem Steinkopf zu sehen
(Tour 35).

Am Wegestern auf der Höhe gehen wir halb rechts (nun wieder
schwarzer Keil u. a.), immer geradeaus, schließlich in den Wald, wo wir
in der Linkskurve des Hauptweges
dann steil bergab ins Michelbachtal
wandern.

Auf der anderen Talseite biegen
wir gegenüber dem Anwesen rechts
auf den – unmarkierten – Wiesenweg ab und wandern dann am Waldrand entlang talabwärts, später an
der Gabelung rechts. Allmählich tauchen erste Exemplare jener Felsklippen auf, die der Gegend den Namen
»Maibacher Schweiz« geben.

In der Linkskurve oberhalb des
Teichs biegen wir rechts auf den
Pfad ab, um weiter dem Talrand zu
folgen, überqueren den Bach und
folgen oben dann dem Weg nach
rechts entlang der Klippen oberhalb
der Fischteiche (nun Andreaskreuz
u. a.).

Der Weg führt schließlich rechts
hinab zur Straße, kreuzt diese und
zweigt dann gleich rechts auf den
Wiesenweg ab, der in schönem Bogen gegenüber Wernborn zur anderen Talseite führt, dort rechts den asphaltierten Wirtschaftsweg kreuzt
und dahinter dann rechts weiter
bergab führt. Unten schließlich gehen wir rechts auf die andere Talseite und zur Straße am Rande von
Wernborn hoch. Der Straße folgen
wir nach links ins Usatal hinab, kreu-

Die Eschbacher Klippen

zen die B 275 und marschieren dann
auf der anderen Talseite nach links
weiter.

An der **Herrnmühle** kreuzen wir
die Straße nach halb links und gehen rechts Richtung Friedrichsthal,
hinter der Brücke dann rechts in den
Wald. Der schöne Talweg erreicht
Kransberg (3.15 Std.), rechter Hand
lugt bald der Schlossturm über die
Wipfel.

Bei erster Gelegenheit gehen wir
rechts hinüber auf die andere Talseite, kreuzen die Durchgangsstraße
und steigen Richtung Friedhof bergan, bald links auf einem Parallelweg
zur Fahrstraße, der direkt vor
Schloss Kransberg raus kommt.

Wir gehen nach rechts am Schloss
vorbei und dahinter an der Gabelung
zwischen den beiden Fahrstraßen
geradeaus durch die alte Hainbu-
chenallee, die in gerader Linie, den

Talgrund kreuzend, vom Schloss zur **Kreuzkapelle** von 1699 hinaufführt (im zweiten Teil sind viele Bäume schon abgestorben).

An der Kapelle vorbeigehend, erreichen wir bald den beim Aufstieg gekreuzten Forstfahrweg (»Hirschkäfer«) und folgen ihm nach rechts. An der T-Gabelung gehen wir rechts, so auch am folgenden Abzweig – nun unmarkiert – und an den folgenden Gabelungen dann geradeaus und hinab ins Usbachtal. Voraus liegt schon Usingen.

Unten ausgangs des Waldes gehen wir rechts hinab (schwarzer Punkt), an der **Schlappmühle** vorbei zur B 275, der wir kurz nach links folgen und dann rechts abbiegen. Vor dem Eschbach geht es dann auf dem Feldweg nach links auf Usingen zu. Wir treffen auf einen planierten Weg, folgen ihm nach rechts, vorne geht es dann links hoch zum Ortsrand von **Usingen.** Dort gehen wir rechts in den Schlappmühler Pfad, dann immer geradeaus durch den Ort und dahinter noch knapp 1 km weiter bis zum **Parkplatz** am **Hattsteinweiher** (5 Std.).

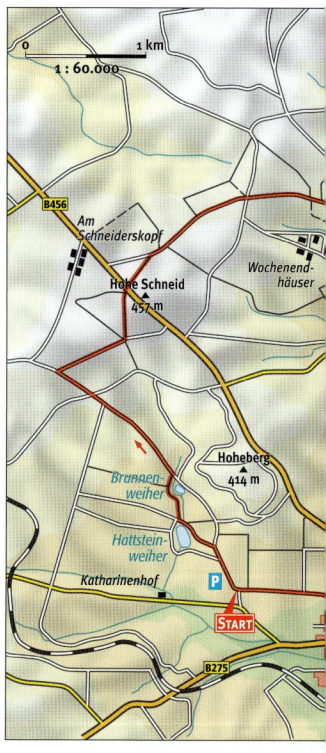

Schloss Kransberg

Schloss Kransberg hat eine ausgesprochen bewegte Geschichte: Es wurde um 1200 als Burg von den Cranichen von Cranichsberg erbaut. Nach dem Aussterben des Herrengeschlechts 1326 gaben sich immer neuer Herren die Burgtorklinke in die Hand – seit dem 19. Jh. bürgerliche Besitzer –, bis die Nazis Kransberg zu zweifelhaftem Ruhm verhalfen: Das Schloss wurde ab 1940 von Albert Speer in den militärischen Komplex Adlerhorst/Ziegenberg integriert (s. Tour 35) und diente während des Krieges als zeitweiliges Luftwaffenhauptquartier Görings. Die Amerikaner internierten hier

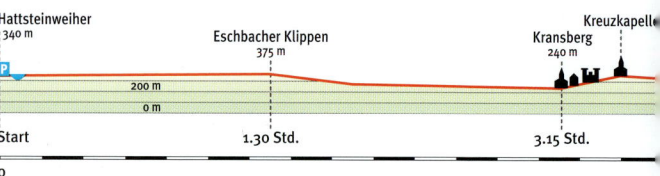

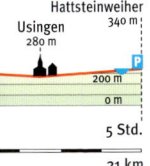

dann technische und wirtschaftliche Prominenz des Dritten Reiches, darunter Hjalmar Schacht, Wernher von Braun und Albert Speer, der im Sommer 1945 gegenüber einem amerikanischen Geheimdienstoffizier auspackte. Bis Ende der 70er Jahre saßen amerikanische und deutsche Militärs auf dem Kranichsberg, heutiger Schlossherr ist ein erfolgreicher Internet-Unternehmer, der viele der militärischen Umbauten rückgängig macht und das Schloss in weiten Teilen saniert. Der Rittersaal kann für stilvolle Feiern gemietet werden.

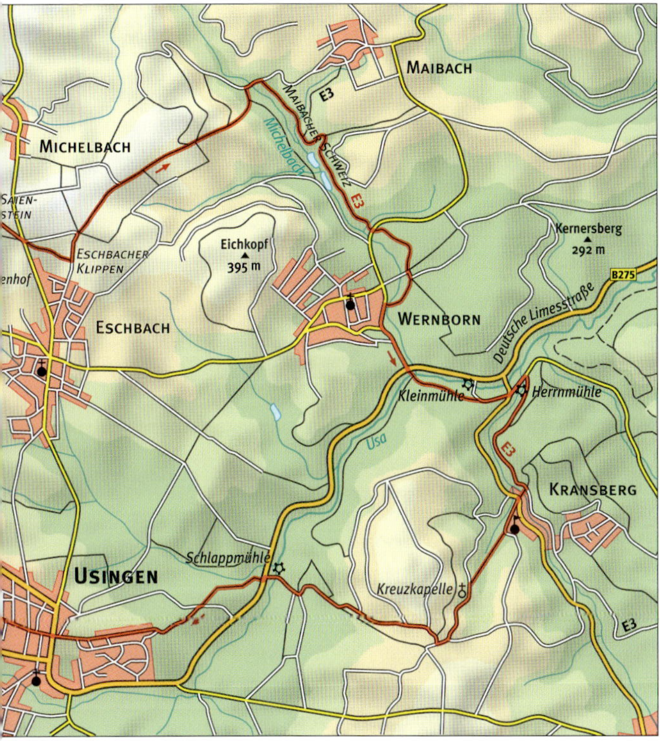

Tour 35

Zur Kapersburg über den Winterstein

Von Ziegenberg zum Kastell Kapersburg

Geheimtipp: Wenn an strahlenden Sommerwochenenden alle Welt in den Taunus pilgert, findet man hier ein Refugium, das in aller Stille den ganzen Taunus en miniature darstellt: Ein Limeskastell tief im Walde versteckt, Felsklippen, Feldbergblick, ein uralter Kultplatz – alles im Nullkommanichts von der Autobahn erreichbar.

DIE WANDERUNG IN KÜRZE

++
Anspruch

5 Std.
Gehzeit

21 km
Länge

Charakter: Mittelschwer; der Limespfad auf den Gaulskopf mag für den gewöhnlichen Spaziergänger etwas ruppig und steil sein, von diesen 2 km aber einmal abgesehen (die auch umgangen werden können) hat man es ansonsten durchweg mit gepflegten Wegen zu tun.

Wanderkarte: Topografische Freizeitkarte 1:50000 Taunus (östlicher Teil), hg. vom Taunusklub e. V. und dem Hessischen Landesvermessungsamt

Einkehrmöglichkeiten: Forsthaus Winterstein (Mo/Di Ruhetag); Ziegenberg

Anfahrt: Mit dem **Auto:** Über A 5 und AS 14 bis Obermörlen, weiter auf der B 275 Richtung Usingen über Ober-Mörlen nach Ziegenberg. Öffentlicher Parkplatz am Anfang des Ortes links.

Vor der Tankstelle am anderen Ortsende von **Ziegenberg** gehen wir links und über die Usabrücke auf die andere Talseite. Im Blick zurück ist auf der Höhe nun Schloss Ziegenberg mit dem runden Bergfried der alten Burg zu sehen. Es war Teil des Führerhauptquartiers »Adlerhorst«, wo Hitler von Dezember 1944 bis Januar 1945 die Ardennenoffensive plante. Der weitläufige militärische Komplex bezog mehrere Ortschaften ein und erstreckte sich bis Schloss Kransberg (Tour 34). Das Barock-

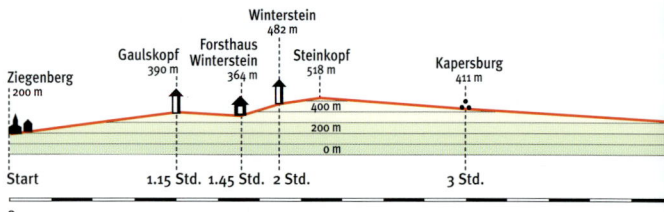

schloss wurde in den letzten Kriegstagen 1945 völlig zerstört und erst in den 1970er Jahren wieder aufgebaut (heute Privatbesitz).

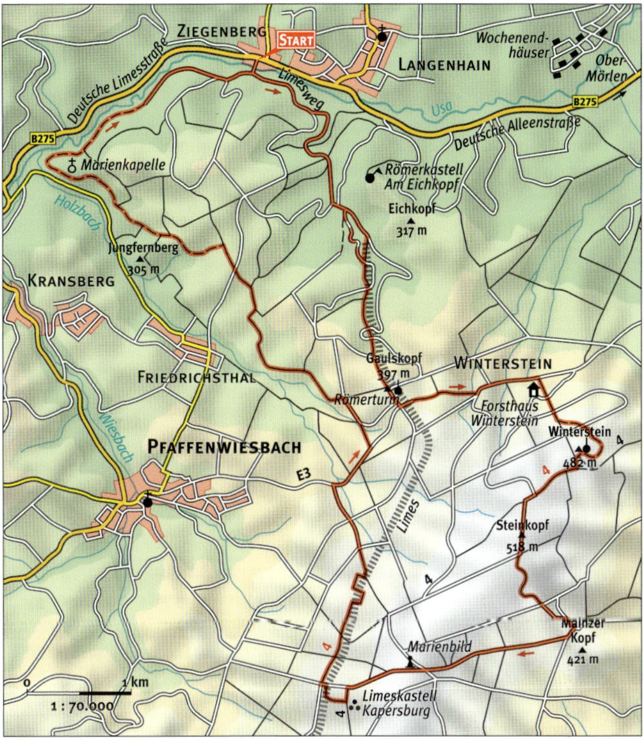

Wir folgen auf der anderen Talseite dem **Limesweg** nach links (Markierung »Wachturm« u. a.), der an den folgenden Abzweigen auf dem Hauptweg bleibt. Etwas unterhalb liegt bald der ehemalige Gutshof des Militärkomplexes, ein gutes Beispiel für die Zweckarchitektur jener Zeit.

An der Gabelung nach knapp 1 km geht es links auf dem Hangweg weiter, der schließlich in eine Talaue hinabführt, an deren Ende ein umzäuntes Fischteichareal liegt. An dessen Tor gehen wir halb rechts, am Rastplatz vorbei und an der gleich folgenden Gabelung geradeaus auf dem linken Zweig weiter (der Wegweiser Limesweg Richtung Kapersburg auf dem rechten Zweig ist falsch! – gültige Markierungen sind jetzt Eichhörnchen, Wachturm u.a.). **Achtung:** Nach etwa 300 m, hinter der sachten Doppel-S-Kurve, folgen wir dem kreuzenden Holzfuhrweg

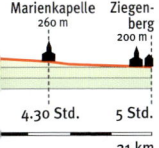

Marienkapelle 260 m · Ziegenberg 200 m

4.30 Std. · 5 Std.

21 km

nach rechts und überqueren den Bach. Dahinter zweigt links ein Pfad ab, der auf den gut sichtbaren Wall des Limes führt. Auf dessen Krone wandern wir nun förmlich »durch Dick und Dünn« auf die Höhe und kreuzen dabei mehrfach Forstfahrwege (beim zweiten Mal führt unser Pfad schräg gegenüber zunächst steil bergab.

Alternativroute
Dieser Limespfad ist eher für geübte Wanderer, die auch mal bei etwas höherem Wasserstand einen Bach kreuzen können und denen ruppige und steile Wegstrecken nichts ausmachen. Wer es einfacher haben will, folgt weiter dem Hauptweg (Markierung »Wachturm«). In der Talsohle rechter Hand sieht man bald den Limeswall, der oben den Weg kreuzt. Dahinter an der Gabelung links, an der T-Gabelung schließlich rechts und steil hinauf auf den Gaulskopf.

Der Limespfad (zum Schluss gelb-rot markiert) erreicht schließlich den 1926 rekonstruierten römischen Wachturm auf dem **Gaulskopf** (1.15 Std.). Das Original dürfte nach neueren Erkenntnissen ein noch deutlich höherer Signalturm gewesen sein, der in Sichtverbindung mit einem Signalturm im heutigen Bad Nauheim stand. Die Aussicht ist leider durch Baumwipfel stark eingeschränkt, man kann aber gut die bisher zurückgelegte Wegstrecke überschauen.

An der Gabelung rechts des Turms folgen wir nun den Wanderwegen nach links Richtung Winterstein, links auch vorne am Abzweig, an den Gebäuden vorbei, hinter denen der Limesweg rechts abbiegt, während wir geradeaus weiter zum **Café-Re-**

staurant Forsthaus Winterstein gehen (1. 45 Std.), das schon im 19. Jh. ein beliebtes Ausflugsziel für die in Bad Nauheim kurende europäische Hautevolee war. Kaiser Wilhelm, Kaiserin Sissy, der bulgarische Zar – sie alle sind hier schon eingekehrt.

Unmittelbar hinter dem Anwesen führt der Wanderweg (Markierung liegendes U) rechts Richtung Kapersburg schnurgerade bergan. Nach einem Drittel des letzten, steilen Anstiegs biegt dieser Weg links ab und führt im großen Bogen hinauf auf den **Winterstein** (2 Std.). Die eindrucksvolle Taunusquarzitklippe wird von einem hölzernen Aussichtsturm gekrönt, von dem man einen wunderbaren Blick in die Wetterau hat.

Unser Weg führt kurz rechts vom Turm weg und dann links leicht bergab, an der folgenden Gabelung geradeaus und an der T-Gabelung dann rechts. Wir erreichen schließlich eine asphaltierte Fahrstraße und folgen ihr nach links zum Fernsehturm auf dem Gipfel des **Steinkopfs.**

An der Kreuzung 200 m hinter dem Gipfel gehen wir geradeaus (nun roter Punkt). Dieser Weg führt in schönem Bogen durch den Taunuswald bergab. Unten an der Wegkreuzung geradeaus (nun schwarzes Rechteck).

Nach 300 m geht es rechts weiter (jetzt auch gelbes Rechteck). Linker Hand bald ein Gedenkstein von 1958. An der Schutzhütte folgen wir dem Hauptweg nach rechts (nur noch gelbes Rechteck). Wir erreichen schließlich die Wegkreuzung am Bildstock **Marienbild,** wo es geradeaus weiter geht, so auch an den folgenden Abzweigen.

Ausgangs des Nadelwaldes – am Ende der Gefällstrecke – biegen wir links vom markierten Weg ab und sehen nach wenigen Metern rechter Hand die beachtlichen Grundmauern des **Limeskastells Kapersburg** liegen (3 Std.). Es war wie das Feldbergkastell (Tour 13) für einen *numerus* (150 Mann) ausgelegt. Zusammen flankierten beide die 7 km entfernte Saalburg. Sehr gut ist noch der tiefe Graben zu erkennen. Wir betreten die Anlage durch das Südost-Tor. Grundmauern von Gebäuden sind noch zu sehen, auch ein Brunnen. In die Nordostecke rechter Hand hatte sich die verringerte Besatzung gegen Ende der römischen Herrschaft am Limes um 250 n. Chr. zurückgezogen, im restlichen Kastellareal hat wahrscheinlich die verbliebene Zivilbevölkerung Zuflucht gefunden, die während der Blütezeit am Hang hinter uns gesiedelt hatte.

Wir verlassen die Anlage durch das Nordwest-Tor und wenden uns nach rechts. Vor dem **Wanderheim** liegen die Grundmauern des einstigen **Kastellbades.** Hinter dem Wanderheim gehen wir links und nach wenigen Metern rechts, nun auf dem Limesweg (»Wachturm«), der Wallrest begleitet uns rechter Hand.

Nach gut 1 km teilen sich die Wege, wir folgen dem schwarzen Keil nach links vom Limes weg. An den folgenden beiden Kreuzungen geradeaus und dann unten am Wegestern rechts. Für einen knappen Kilometer bleiben wir auf dem Hauptweg (an der Gabelung geradeaus), dann zweigt der schwarze Keil links hinunter ab.

Wir treffen bald wieder auf einen Forstfahrweg und folgen ihm geradeaus. Nach 250 m an der Wegkreuzung biegt der schwarze Keil links ab. Unten, an der Wiese, führt unser Wanderweg halb rechts wieder in den Wald hinein. Wir folgen hier zugleich dem »Lehrpfad Holzbachtal«

entlang der Landesgrenze aus dem 19. Jh., begleitet von Grenzsteinen von 1828.

An der Gabelung folgen wir dem linken Zweig, einem schönen Hangweg im schattigen jungen Buchenwald. Achtung, unser schwarzer Keil biegt 70 m hinter der Wegekreuzung oberhalb einer Wiese rechts etwas ansteigend ab und läuft dann nach links auf einem Parallelweg weiter. Später, wenn beide Wege ziemlich dicht nebeneinander verlaufen – Position 5 des Lehrpfades, Grube »Wundesheck« –, folgen wir dem linken (!) Hauptweg, der sich bald – linker Hand herrlicher Blick zum Feldberg! – am Waldrand oberhalb von Friedrichsthal entlangzieht und schließlich als grasiger Weg bergab führt. Unten folgen wir dem Waldrand nach links (Eichenblatt«; die anderen Wanderwege führen in den Wald).

Achtung an der nächsten Waldecke (Bank), vor der Feldscheune: Hier führt unser Weg nach rechts als schmaler Pfad in den Wald und dann bald wieder an dessen Rand entlang. Im Blick zurück ist als Wegmarke der Fernsehturm auf dem Steinkopf zu sehen.

Weiter unten führt unser Wanderweg wieder in den Wald, weiter der alten Grenzlinie folgend. An Gabelungen auf dem linken, bergab führenden Zweig bleibend, erreichen wir schließlich freies Feld oberhalb der Landstraße und gehen rechts bergan.

Oben gehen wir links an der **Heinrich-Hörle-Hütte** vorbei. Sie ist nicht etwa nach dem bekannten Kölner Maler der 20er Jahre benannt, sondern nach dem gleichnamigen Pfarrer der Frankfurt-Riederwälder Gemeinde, der diese bis heute genutzte Anlage in freier Natur 1929 für und mit seinen Schäflein baute.

Die Marienkapelle auf dem Holzberg

An der Gabelung hinter dem kleinen Sportplatz gehen wir auf dem rechten Zweig weiter zur **Marienkapelle** auf dem **Holzberg** (4.30 Std.). Das ist einer der magischen Orte des Osttaunus mit Ausstrahlung in die Wetterau. Schon die Germanen sollen hier eine Thingstätte gehabt haben, ein Gerichtsplatz ist seit 1442 bezeugt, 1218/19 ein hier gelegenes Dorf Holzburg mit Kirche urkundlich erwähnt. Diese war bis um 1600 Pfarrkirche von Kransberg (Tour 34) und geht vermutlich auf eine der »Bergkirchen« zurück, die irische Mönche bei der Christianisierung der Wetterau schon vor dem Jahre 700 bauten. Sie ist bis heute eine der bedeutendsten Wallfahrtskirchen des Taunus. An den Wänden hängen Votivtafeln, alljährlich findet noch immer die traditionelle Maria-Himmelfahrts-Wallfahrt statt (15. August).

Das »grüne Eichblatt« führt uns hinab ins Usatal. Unten vor der Kläranlage geht es dann nach rechts weiter, auch an der folgenden Gabelung rechts, an der nächsten dann links als schöner Hangweg über dem Tal zurück nach **Ziegenberg** (5 Std.), wo wir bei schönem Wetter die Wanderung im Biergarten von Landhaus Lindenhof ausklingen lassen können.

Register

Abbildungsnachweis

Stefan Etzel, Frankfurt: S. 8, 10, 24, 29, 31, 42, 45, 68, 84, 87, 96, 104, 115, 112, 157
Sandhofer / Helga Lade Fotoagentur, Frankfurt/Main: Titelbild
Dietmar Scherf, Mainz: S. 1, 6, 12, 14, 19, 34, 39, 53, 58, 62, 100, 107, 121, 134, 138, 164

Kartografie: DuMont Reisekartografie, Fürstenfeldbruck
© DuMont Reiseverlag, Ostfildern

Impressum

Titelbild: Burg Schwalbach

Über den Autor: Stefan Etzel, geboren 1949 in Fulda, studierte in Frankfurt und Freiburg Germanistik, Volkswirtschaft und Politik, danach Lehrtätigkeit und Promotion, seit 1987 freiberuflicher Buchautor. Nach zahlreichen Reisen inner- und außerhalb Europas konzentriert sich sein Interesse zur Zeit auf die deutschen Landschaften. Auf seiner Homepage (www.stefan-etzel.de/taunus) stellt er zahlreiche weitere Informationen zum Taunus zur Verfügung.

Graphisches Konzept: Groschwitz, Hamburg
2., aktualisierte Auflage 2005
© DuMont Reiseverlag, Ostfildern
Alle Rechte vorbehalten
Druck: Rasch, Bramsche
Buchbinderische Verarbeitung: Bramscher Buchbinder Betriebe

ISBN 3-7701-5248-4